하루 10분, 키워드로 배우는

세상에서 제일 쉬운
경제 수업

하루 10분, 키워드로 배우는

김경민, 박혁진 지음

세상에서 제일 쉬운
경제 수업

BM 황금부엉이

머리말

누군가에겐 재앙, 누군가에겐 기회

이 책의 출간을 앞두고 머리말을 어떻게 쓸지 고민하고 있을 때쯤 투자의 귀재로 불리는 짐 로저스가 국내의 한 언론과 화상으로 인터뷰한 기사를 봤습니다. 그는 코로나19 사태로 인한 작금의 상황에 대해 이렇게 언급했습니다.

"문제는 앞으로 좋아질 가능성은 크지 않고, 최악을 향해 달려갈 것이라는 점이다. 당신 일생이나 내 일생을 통틀어 최악일 것이다. 2008년에도 어마어마한 빚이 있었다. 하지만 이번에는 더 나빠질 것이다."

짐 로저스 인터뷰의 핵심은 그다음에 있었습니다. "누구는 위기로 갈 것이고, 누구는 더 좋아질 것이다. '재앙과 기회는 같은 것이다'라는 말이 있다." 재앙과 기회, 두 결과의 차이를 만들어 내는 것은 무엇일까요? 우리는 그것이 '지식' 즉 '앎'에 있다고 생각합니다. 짐 로저스의 투자 원칙 중 하나도 바로 '모르는 것에 투자하지 않는다'는 것입니다.

알고 있는 것에 투자하는가?

요즘 어딜 가나 주식 얘기뿐입니다. 적지 않은 시간 동안 기자생활을 해온 저 역시 이렇게 일상생활에서 주식 얘기를 많이 듣는 것은 처음입니다. 아마 이 책을 산 독자 중 상당수도 최근 들어서야 주식 투자를 시작한 분들이 많을 겁니다. 문제는 과연 우리가 주식에 대해 얼마나 아느냐는 것입니다. 삼성이 망하면 대한민국이 망할 것이란 막연한 투자심리로 삼성전자에 투자하거나, 2차 배터리가 대한민국의 미래 먹거리라는 언론보도만 보고 묻지마 투자를 한 것은 아닌가요? 짐 로저스 같은 사람도 모르는 분야에는 투자하지 않는다는데 말입니다.

지금 보유한 주식 종목의 특징은 무엇인가요? 왜 우리 같은 개미투자자들이 프로그램매매를 하는 기관투자자나 외국인 투자자에 비해 불리할 수밖에 없을까요? 기본적인 주식 차트에서는 무엇을 봐야 할까요? 이런 작은 앎의 차이가 제법 큰 결과의 차이를 가져옵니다.

코로나19 시대에 맞서는 개념 수록

이 책은 지식을 통해 작은 차이를 극복하고, 그것을 자신의 기회로 만들고자 하는 이들을 위해 썼습니다. 언론에서 무작정 떠드는 얘기 같지만 사실 우리 일상과 밀접하게 관련된 경제개념들이 있습니다. 젠트리피케이션이나 디플레이션, 주52시간 근무제가 그런 것들입니다. 코로나19 시대가 한창인 지금 우리에게는 회색 코뿔소가 달려오고 있습니다. 일선 취재현장에서 많은 이야기를 접하는 저희가 '자본주의 시대를 살아갈 때 이 정도만 알면 저어도 재앙은 멀리할 수 있다'라는 생각으로 꼽은 154개의 키워드를 분야별로 엮어서 썼습니다. 특히 언론고시를 준비하거나 금융권에 취업하려고 하는 취업준비생들이라면 더없이 시의적절한 경제키워드들을 모았다고 자부합니다. 최근 한국경제와 관련한 키워드 및 코로나19 시대 이후에 중요하게 떠오르는 개념과 예시들로 독자의 이해를 높이려고 애썼습니다.

포스트 코로나 시대를 대비하라

코로나19가 종식되면 완전히 새로운 개념의 경제 생태계가 우리 앞에 펼쳐질 것입니다. 재택근무가 증가하고, 언택트 산업은 더욱 활황일 가능성이 큽니다. 이런 거대한 변화 속에서 우리는 무엇을 해야 할까요? 대비하는 사람에게는 반드시 기회가 온다고 믿습니다. 이 책이 그런 여러분의 발걸음에 큰 도움이 될 것이라 확신합니다.

차례

PART 2   슬기로운 경제생활을 도와줄 재테크 상식

PART 3　　투자의 배경 지식을 더해줄 금융 상식

PART 4   새로운 가능성과 기회를 얻게 할 신기술 트렌드

PART 5   경제 흐름을 읽게 해줄 한국 경제와 최근 이슈

PART 1

경제 공부의
첫걸음 기초 상식

경제활동이란 한정된 자원·자본을 가지고 최대한의
이윤과 효과를 내기 위한 활동입니다. 모든 경제문제는 희소성과
연관되어 있고, 인간의 모든 경제활동은 이 희소성을
극복하기 위한 노력이라고까지 말할 수 있습니다.

001 희소성 인간의 끝없는 욕심

─────── 사람의 물질적 욕구에 비해 그것을 충족시키는 재화나 서비스가 질적, 양적으로 부족한 상태를 뜻한다. 중요한 것은 물리적으로 부족한 것이 아니라 인간의 욕망에 비해 부족하다는 점이다. 경제활동은 이 희소성을 줄이기 위해 재화와 서비스를 얼마나 효과적으로 분배하느냐에 초점을 맞추고 있다.

지난 해 출시된 삼성의 폴더블폰 '갤럭시폴드'는 예약판매 물량이 모두 조기에 소진됐습니다. 삼성전자가 고전을 면치 못하고 있는 중국 시장에서도 '갤럭시폴드'만큼은 판매물량이 일찌감치 바닥났죠. 우리나라와 중국 시장에 풀린 물건이 각각 2만 대 수준이기 때문에 삼성전자가 실질적으로 얻은 이익은 그리 많지 않을 것입니다. 이 전략이 효과를 보이는 부분은 따로 있습니다. 만약 삼성전자가 다른 휴대폰 출시 때처럼 대량생산했다면 지금 같은 주목은 받지 못했을 겁니다. 오히려 '삼성 야심작 갤럭시폴드. 고전 면치 못해' 같은 제목의 기사가 온라인을 도배했겠죠. 삼성전자는 일부 '얼리어답터'만을 대상으로 하는 판매전략을 취함으로써 무형의 홍보 효과까지 얻을 수 있었습니다. 항상 혁신에서 애플에 밀렸던 삼성전자는 이번 전략으로 '플렉서블 디스플레이를 바탕으로 한 디바이스 시장의 선구자'라는 이미지까지 얻었습니다. 단순히 돈으로 살 수 없는 평판까지 얻은 것이죠.

경제활동이란 한정된 자원·자본을 가지고 최대한의 이윤과 효과를 내기 위한 활동입니다. 삼성의 경우처럼 모든 기업은 한정된 재화로 최대의 효과를 내기 위해 큰 노력을 기울입니다. 모든 경제문제는 희소성과 연관되어 있고, 인간의 모든 경제활동은 이 희소성을 극복하기 위한 노력이라고까지 말할 수 있습니다. 반면, 공기처럼 유용하긴 해도 무한한 것은 '자유재'라고 합니다. 이런 자유재는 경제적 가치는 없지만 지금처럼 미세먼지 등으로 공기의 질이 점점 나빠진다면 언젠가는 공기도 희소성 높은 경제적 가치를 갖게 되지 않을까요?

#인간의욕망 #재화 #효과적분배 #자유재

002 | 대체재와 보완재 소고기 비싸면 삼겹살 먹지 뭐

~~~~~~~~~~~~ '대체재'란 서로 다른 재화에서 같은 효용을 얻을 수 있거나 비슷해서 대신 쓸 수 있는 재화를 말한다. '보완재'는 2가지 이상의 재화를 사용함으로써 하나의 효용을 얻을 수 있는 재화다. 보완재는 서로 보완적이고, 대체재는 서로 배타적이다.

보완재는 보완적인 관계라서 한 재화의 수요가 증가하면 다른 재화의 수요도 증가합니다. 그런데 한 재화의 가격이 상승할 때 다른 재화의 수요량이 증가한다면 통상적으로 이들 재화는 '대체재'라고 할 수 있습니다. 정의로는 그렇지만 최근에는 대체재와 보완재의 구분이 모호해지고 있는데, 자세히 볼까요?

최근 몇 년간 미세먼지로 대기질이 악화하면서 미세먼지 발생 원인을 두고 중국에서 넘어왔다, 디젤 자동차가 증가하면서 많아졌다 등 여러 가지 주장이 나오고 있습니다. 결론적으로 말하면 둘 다 맞는 얘기입니다. 그래서인지 소비자들을 중심으로 디젤 승용차에 대한 기피 현상이 늘면서 그 대안으로 떠오르고 있는 것이 전기차와 수소차입니다. 자동차 업체 역시 점차 디젤엔진 등 내연기관을 사용하는 자동차 생산을 줄여가는 추세입니다.

이때 전기차는 내연기관(가솔린·디젤) 자동차의 대체재라고 할 수 있습니다. 전기차나 수소차가 많아지면 당연히 충전소도 많아지겠죠? 이렇게 기존에 없던 새로운 형태의 재화, 즉 이 경우 차량용 전기나 수소는 전기차의 보완재라고 정의할 수 있습니다.

　대체재와 보완재를 음식으로 설명하면 더 쉽습니다. 삼겹살엔 소주, 치킨에 맥주, 부침개엔 막걸리인데 이때 소주와 맥주, 막걸리는 각 음식의 보완재 역할을 합니다. 커피 소비가 늘 때 설탕 소비도 느는 것은, 설탕이 커피의 보완재이기 때문입니다. 또 삼겹살을 먹으면서 한 번쯤 이런 생각을 해봤을 겁니다.

　"언제부터 삼겹살이 1인분에 15000원이었지? 예전에는 1만 원도 안 했는데."

　삼겹살 가격이 급등했던 시기는 광우병 소고기 파동이 있던 직후였습니다. 소고기 전반에 대한 불신이 높아지면서 대체재인 삼겹살 수요가 크게 늘었습니다. 삼겹살 공급은 제한적인데 수요가 늘자 당연히 돼지고기 가격도 크게 올랐습니다. 이 경우 돼지고기는 소고기의 대체재입니다. 코카콜라가 없으면 펩시콜라를 먹는 것도 서로 대체재이기 때문입니다.

　밀과 옥수수도 마찬가지입니다. 국제적으로 가장 많이 소비되는 밀의 작황이 좋지 않으면, 농산물 시장에서 밀의 가격은 수요와 공급의 법칙에 따라 오릅니다. 그러면 소비자는 대체재인 옥수수와 쌀을 찾게 되고, 옥수수와 쌀의 수요가 늘면 그 가격도 오르게 되어 있습니다.

#효용성　#시너지효과　#커피와설탕

————————— 무엇인가를 선택함으로써 포기해야 하는 것들 중 가장 가치가 큰 것을 말한다. 하나를 선택해야 하는 상황에서 포기하는 것의 가치를 경제적으로 따져본다는 점에서 전형적인 경제학적 개념이라 볼 수 있다. 얼마를 썼는지를 말하는 명시적 개념과 기회비용까지를 포함해 고민하면 합리적인 선택에 도움이 된다.

회사원 A씨는 설날 특별 상여금으로 100만 원을 받았습니다. 이 돈으로 구형 핸드폰을 90만 원짜리 신형으로 바꿀 것인지, 여름 해외여행비로 쓸지, 아니면 부모님께 50만 원의 용돈을 드릴지 고민하다가 여름 해외여행비로 결정했습니다. 하나를 선택하면 다른 하나를 포기해야 한다는 말이 경제학에서처럼 널리 통용되는 곳도 없습니다. 제한된 재화를 가진 경제주체가 어떤 선택을 한다면 다른 몇 가지는 반드시 포기해야 하니까요.

A씨는 해외여행을 가는 대신 신형 핸드폰을 얻을 기회와 부모님께 용돈을 드릴 기회를 포기했습니다. 경제학에서는 신형 핸드폰과 부모님 용돈, 둘 다를 모두 기회비용으로 보지는 않습니다. 둘 중 경제적 가치가 더 큰 신형 핸드폰만 기회비용입니다. 이러면 신형 핸드폰이 영구 씨가 해외여행을 가기로 선택한 것의 기회비용이라고 할 수 있습니다.

경제적으로 합리적인 선택을 하려면 자신이 할 선택과 이에 따른 기회비용을 잘 비교해봐야 합니다. 자신의 선택이 유무형의 기회비용보다 더 가치가 클 때 합리적인 선택이라고 할 수 있겠죠? 기회비용은 정부의 정책결정 과정에서도 고려됩니다. 2019년 여당인 더불어민주당의 씽크탱크인 민주연구원은 총선 공약 중 하나로 모병제의 필요성을 주장하고 나섰습니다. 민주연구원이 모병제를 시행할 경우 여러 가지 장점이 있는데 그중 기회비용이라는 개념을 언급했습니다. 다음은 민주연구원이 2019년 11월 7일 발표한 자료에 언급된 내용입니다.

"(현재의) 징병제로 인한 학업·경력 단절 등 사회적 비용을 고려하면 기회비용이 최대 15조 7000억 원이고, 모병제로 사병 18만 명을 감축하면 국내총생산(GDP)이 16조 5000억 원 증가한다."

현재처럼 징병제를 시행할 경우 우리 사회는 경제적으로 15조 7000억 원이라는 기회비용이 요구되며, 모병제를 시행할 경우 이 정도의 경제적 이득을 예상할 수 있다는 의미로 해석할 수 있습니다.

#현명한소비 #신중한판단 #합리적선택 #매몰비용

004 | 매몰비용 돌이킬 수 없다면!

─────── 의사결정 시점 이전에 지출되어 회수할 수 없는 비용을 뜻한다. 이미 지출된 비용이라는 점에서 기회비용과 대조된다. 국가나 기업, 개인이 어떤 경제적 의사결정을 할 때 그 선택에 대한 기회비용은 반드시 고려해야 하지만, 매몰비용은 의사결정에 반영하면 안 된다. 과거의 일이라 되돌릴 수 없기 때문이다.

불과 5년 전까지만 해도 뷔페식 패밀리 레스토랑이 인기였습니다. 평일 2만 원, 주말 3만 원 정도면 고기, 해산물, 한식, 양식, 일식 등 다양한 음식을 맛볼 수 있다는 장점 때문에 30분 이상 줄을 서야 입장할 수 있는 곳이 많았죠. 그런데 대부분은 두세 접시쯤 먹고 나면 후회하기 시작합니다. 돈은 이미 모두 냈는데 위에 한계가 있다 보니 본전 생각이 나는 거죠. '겨우 이 정도 먹으려고 3만 원이 넘는 거금을 냈단 말인가?' 하지만 이미 돈을 냈으니 후회해도 소용없습니다. 이때 다음과 같은 결심을 한다면 그는 '경제적 인간'입니다. '다음에는 뷔페에 가지 말아야지. 차라리 그 돈의 절반으로 한 가지 맛있는 음식을 두 번 먹겠어.' 이 상황을 경제학적으로 풀어보면 이미 낸 뷔페식당 입장 비용을 '매몰비용'이라고 할 수 있습니다. 회수할 수 없으니까요. 하지만 여기서 뷔페 비용을 포기했을 때 누릴 수 있는 또 다른 음식은 '기회비용'입니다. 경제학적 관점으로 보면 매몰비용은 아무리 후회해도 아무 소용 없으니 수업료를 냈다고 생각하고 다음 기회에 더 나은 선택을 하는 것이 훨씬 현명합니다.

　어떤 경제적 의사결정을 할 때 그 선택에 대한 기회비용은 반드시 고려해야 하지만, 매몰비용은 의사결정에 반영하면 안 됩니다. 매몰비용은 애초의 선택을 번복해도 회수할 수 없으므로 기회비용이 아니거든요. 현재 시점에서 앞으로 쓸 비용과 얻어질 편익을 비교하여 의사결정을 하는 것이 합리적입니다.

이런 선택은 기업경영에서도 마찬가지입니다. 어떤 사업이나 제품개발에 시간과 비용을 투자했으나, 결과가 기대치에 도달할 가능성이 희박할 때도 있죠. 이때 이미 투자한 비용(매몰비용) 회수를 포기하고 해당 사업이나 제품개발을 중단하는 것이 합리적인 결정입니다. 하지만 성공 가능성이 희박하다는 사실을 알면서도 이미 투입된 비용이나 노력이 아까워 계속 비용과 시간을 투자하는 상황도 종종 있는데, 이러한 상황을 두고 '매몰비용의 함정(덫)에 빠졌다'라고 말합니다.

매몰비용과 관련해 가장 잘 알려진 사례는 초음속 여객기 콩코드를 둘러싼 영국과 프랑스의 일입니다. 1962년 영국과 프랑스 양국은 세간의 엄청난 기대하에 공동으로 초음속 여객기 '콩코드' 개발에 착수했습니다. 막대한 자금을 투입해 시작했지만 개발과정에서 초음속 여객기로서의 기술적 한계는 물론이고 경제적 수지타산도 맞지 않는다는 문제점을 인식하게 되었습니다. 당연히 사업을 중단해야 하지만 이미 막대한 비용이 투자된 데다가 자존심이 걸린 문제라 양국은 사업을 포기하지 않고 콩코드 여객기 운항을 개시했습니다. 결국 우려했던 대로 손실이 불어나 2003년 콩코드 여객기 운항은 중단됐지요. 그래서 매몰비용의 함정을 '콩코드 오류'라고도 부르기도 합니다.

#기회비용 #콩코드오류 #투자비회수

───────── 경제가 정상적으로 돌아간다면 정부의 특별한 간섭 없이도 시장원리
에 의해 재화의 가격이 자연스럽게 결정된다는 원리를 은유적으로 표현한 것이다. 《국
부론》에서 애덤 스미스가 처음 사용한 용어다.

경제에 정부가 얼마나 개입하느냐에 대해서는 정치에서도 토론의 대상
이죠. 좌파경제학자들은 '정부가 시장에 적극적으로 개입해서 각종 불
균형을 조정해야 한다'라고 주장합니다. 이에 우파경제학자들은 '정부의
시장 개입을 최소화해야 한다'라고 반박합니다. 우파 주장의 뿌리를 찾
다 보면 '보이지 않는 손' 이론이 나옵니다. 즉 각 경제주체가 충실하게
개인의 이익에 따라 활동하다 보면 수요와 공급의 법칙에 따라 가격은
자연스럽게 결정된다는 것이죠. 경제에서는 이런 현상을 '조화'라고까지
표현합니다. '보이지 않는 손'이라는 표현을 굳이 경제학적 용어로 바꾸
면 '시장의 기능' 정도로 바꿀 수 있을 것입니다.

　보이지 않는 손이라는 표현은 '시장경제의 아버지'로 불리는 애덤 스
미스가 처음 사용했습니다. 1758년 이전부터 사용했으나 그가 죽은 후
에 출판된 철학논문 〈천문학사〉 편에 쓰여 널리 알려졌습니다. 그는 자
신의 저서 《국부론》에서 각자의 이기적 경쟁이 결과적으로는 공익(公益)
으로 이어진다고 주장했죠. 심지어 그는 이 보이지 않는 손을 '자비로운
신(神)이 세상을 다스리는 은밀한 방식'이라고까지 해석했습니다. 그의

이런 주장은 이기심의 긍정적 측면과 경쟁의 효율성을 발견했다는 점에서 높게 평가받고 있습니다.

경제주체가 자신의 이익을 위해 합리적으로 경제활동을 수행하고, 정부는 공공의 안녕과 공공시설을 건설하고 유지하는 일 등 자유방임 정책을 수행하면 경제는 가격의 자동조절 기능인 '보이지 않는 손'에 의해 조화를 이루면서 발전한다는 이론입니다. 하지만 수요와 공급에 따라 가격이 결정된다는 시장 이론의 핵심인 '보이지 않는 손'은 후대에 자본주의를 자유무역주의로 탈바꿈시키는 데 사용됐습니다. 일부에선 정부 규제를 없애 개인의 무제한적인 이윤추구 자유를 주장하는 논리의 근거로도 사용합니다. 그래서 자유방임주의를 돈을 벌기 위해 기업과 기업인이 무슨 일을 해도 좋다는 뜻으로 받아들이는 현상도 나타났죠. 스미스를 추종한 경제학자들은 '시장 성공 경제학'에만 관심을 뒀을 뿐 '시장 실패 경제학'에는 눈을 감았습니다.

이에 10명이 일하는 빵공장을 보며 이런 이론을 만들었던 1800년대와 지금의 경제상황은 다르니 21세기에는 적당하지 않다는 반대쪽 주장 역시 꾸준히 제기되어 왔습니다. 요즘은 기본적인 가격 결정은 시장에 맡기되, 부조리한 구조나 복지 문제에 대해서는 정부가 더 적극적으로 개입해야 한다는 수정자본주의가 설득력을 얻고 있습니다.

#애덤스미스 #국부론 #수요와공급의법칙 #시장의기능

베블런 효과 똑같은 건 못 참아

─────────── 가격이 오르는데도 수요가 줄지 않는 현상을 말한다. 경제학에서는 수요와 가격은 반비례한다고 보는데 물건 가격이 오를수록 수요가 줄어든다는 의미다. 베블런은 이런 현상의 주된 원인이 상류층의 허영심이라고 지적했다.

2019년 하반기 한국 경제가 몹시 어렵다고들 했습니다. 그런데 이상한 점이 있습니다. 실물경기를 나타내는 수치가 어느 때보다 나쁘고, 서민들의 체감경기도 최악이라고 하는데 서울 시내 부동산 가격은 하늘 높은 줄 모르고 치솟고 있습니다. 그뿐만 아니라 자동차나 의류 등 전 분야에서 최고가로 분류되는 제품들이 그야말로 불티나게 팔립니다. 어찌 된 일일까요?

미국의 사회학자인 베블런(Thorstein Bunde Vebelen)은 1989년 출간한 《유한계급론》에서 가격이 오르는데도 수요가 줄지 않는 현상에 대해 이렇게 말했습니다. "상층 계급의 두드러진 소비는 사회적 지위를 과시하기 위해 자각 없이 행해진다. 따라서 가격이 오르는 물건의 수요가 더 높아질 수 있다." 그는 이런 현상의 주된 원인이 상류층의 허영심이라고 지적했습니다.

이런 현상을 대표적으로 보여주는 뉴스가 2019년 11월 중순에 보도된 바 있습니다. 11월 16일 산업통상자원부와 한국수입자동차협회 등의 발표에 따르면 2019년 1월부터 10월 말까지 국내에서 판매된 람보르기니 브랜드 차량은 총 130대로, 2018년 같은 기간에 8대였던 것에 비하면 무려 1525% 증가했다고 합니다. 람보르기니는 지난 2017년 총 24대 팔린 데 이어 2018년에는 11대에 그쳤으나 경기가 바닥을 치고 있는 2019년에 판매가 급증한 것은 정말 의외입니다. 람보르기니의 국내 연간 판매량이 100대를 넘어선 것은 2015년 집계가 시작된 이후 처음입니다.

세계 최고의 스포츠카 브랜드로 꼽히는 람보르기니의 가격이 얼마일까요? 여러 라인이 있지만 대당 평균 판매가격은 무려 3억 3500만 원에 달합니다. 그뿐만이 아닙니다. 롤스로이스의 대당 판매가는 4억 5900만 원인데, 2019년 1월부터 10월까지 무려 140대가 팔렸습니다. 람보르기니는 2018년 한 해 동안 팔린 97대에 비해 44.3%나 늘어난 겁니다.

이런 현상의 원인은 여러 가지로 설명할 수 있습니다. 부의 양극화일 수도 있고, 국내 소비자에게 자동차 브랜드의 인지도가 높아졌을 수도 있겠죠? 하지만 이런 설명만으론 뭔가 부족합니다. 오히려 상류계층이 사회적 지위 내지 부를 과시하기 위해 초고가 럭셔리 자동차를 구매한 것이 주요 원인일 가능성이 큽니다. 과거에는 벤츠, BMW 같은 브랜드가 상류층을 대변했는데, 이런 차들이 대중화되자 상류층은 더 높은 가격의 자동차에 눈을 돌린 것입니다. 이런 주장을 뒷받침할 만한 자료가 있습니다.

2019년 1월~10월 수입차 판매 대수는 총 20만 6천 229대로, 지난해 같은 기간보다 12.2%나 줄었다는 점을 고려하면 이들 초고가 럭셔리 자동차의 판매량은 뭔가 이상하죠? 돈 있는 사람들이 초고가 자동차를 사들임으로써 만족감을 느끼는 행위. 전형적인 베블런 효과라고 할 수 있겠습니다.

유한계급론 #베블런 #상류층의허영심

～～～～～～～～ 경제학에서 '인구절벽'이란 생산가능인구가 급속도로 줄어드는 현상을 의미한다. 생산가능인구는 15세에서 64세 사이를 말한다. 인구절벽이 시작되면 생산과 소비를 할 수 있는 인구가 급속도로 줄어들면서 경제가 심각하게 위축되어 경제위기를 불러올 수 있다.

서울시 중구 충무로에 있는 제일병원은 1963년 문을 연 한국 1호 여성 전문병원입니다. 제일병원은 산부인과가 특히 유명합니다. 많은 불임부부가 제일병원에서 인공수정 및 시험관 시술 등을 통해 아이를 출산했죠. 하지만 2018년부터 의료업계에서는 제일병원의 폐원설, 매각설이 돌기 시작했습니다. 병원이 어려워진 이유가 한둘은 아니겠지만, 2002년부터 시작된 우리나라의 저출산 기조가 주요 원인 중 하나라는 견해가 있습니다. 유치원과 초등학교 등의 인원수가 줄어드는 것도 이런 저출산 기조가 계속 이어지고 있기 때문입니다.

저출산과 함께 우리 사회의 심각한 문제는 급격한 노령화입니다. 2019년 통계청 자료에 따르면 2030년이면 우리나라 국민 4명 중 1명이 만 65세 이상의 고령자가 되고, 2067년엔 고령자가 생산가능인구보다 많아진다고 합니다. 아이가 점점 줄어들고, 노인은 많아지니 일할 수 있는 사람의 비율이 줄어드는 거죠. 경제학에서 말하는 생산가능인구(15~64세)가 점점 줄어들면 이들이 짊어져야 하는 경제·사회적 비용은 점점 증가합니다. 생산가능인구는 미국의 경제학자 해리 덴트(Harry Dent)가 2014년에 출간한 자신의 저서《The Demographic Cliff》에서 처음 제시한 개념입니다.

인구절벽의 문제점은 악순환을 불러온다는 것입니다. 고령화로 인해 고용시장에 큰 변화가 생기고, 이로 인해 경기침체가 계속된다면 소비자는 지갑을 닫게 됩니다. 소비가 줄어들면 자연스럽게 그다음은 경기 불황입니다. 경기불황이 시작되면 이번에는 기업이 고용을 줄이거나 기업을 닫게 됩니다. 그렇다고 해서 사람들이 '경제를 위해 아이를 출산해야 한다'라는 전제에 쉽게 동의할까요? 그렇지 않겠죠. 이런 인구절벽을 막으려면 젊은 부부가 아이를 출산할 수 있는 사회적 환경을 만들어야 하고, 노인들을 위한 고용대책도 필요합니다.

LG경제연구소가 2017년에 발간한 자료에 따르면 일본은 생산가능인구 감소 이후 약 20년이 지나자 노동 부족 현상이 심화하는 모습을 보였습니다. 정보통신 분야를 비롯해 고령자에 대한 간호 서비스와 소매, 외식산업 등에서 인력난을 호소하고 있으며, 기술 및 노하우 단절 등이 산업경쟁력 상실 우려로 이어집니다. 독일은 감소 초기부터 컴퓨터 등 하이테크 업종을 중심으로 구인난이 심했으며, 현재도 전문과학, 소프트웨어 등 숙련노동자와 교사, 보육교사 등의 인력부족 문제가 계속 제기되고 있습니다. 동유럽 역시 경제불안으로 생산인력이 해외로 이탈하면서 노동부족이 불러온 경기침체가 심해지는 악순환을 겪고 있습니다. 우리나라는 다른 나라들보다 빠르게 인구절벽이 진행되고 있는 만큼 사회전반적인 진지한 논의가 필요한 시기입니다.

#해리덴트 #생산가능인구 #저출산 #경기침체 #고용대책

━━━━━━━━━ '회색 코뿔소'란 경제문제와 관련한 경고가 계속되었고, 이를 대비할 수 있었음에도 간과한 위험요인을 말한다. 미셸 부커 세계정책연구소 대표이사가 2013년 다보스포럼에서 처음 언급하면서 유명해진 개념이다.

이 용어는 코뿔소는 멀리서도 눈에 잘 띄고 진동만으로도 움직임을 느낄 수 있지만 정작 두려움 때문에 아무것도 하지 못하거나 대처 방법을 알지 못해 일부러 무시한다는 것을 비유한 말입니다. 문제는 이 위험이 현실로 다가오면 눈앞의 코뿔소처럼 통제할 수 없는 커다란 위기가 된다는 점이죠.

2019년 시진핑 중국 국가 주석은 경제문제와 관련해 '중국의 회색 코뿔소를 예방해야' 한다고 수차례 언급했습니다. 시진핑 주석이 언급한 중국의 회색 코뿔소란 정부·기업·가계 부채, 그림자금융, 부동산거품 등을 말합니다. 중국 GDP 대비 기업부채 비율은 세계에서 가장 높은 수준입니다. IMF는 2018년 금융안정보고서(GFSR)에서 중국의 기업부채 규모가 2008년 금융위기 당시의 4.4배에 달한다며 위험성을 경고했습니다. 기업부채가 이렇게 늘어난 이유는 정부가 국유(국영)기업에 사회기반시설의 일감을 몰아주고, 이들 기업은 빚으로 투자했기 때문입니다. 이런 이유로 전체 기업부채 중 국영기업의 부채가 120%나 됩니다. 중국 국영기업은 위안화 가치가 10% 떨어지면 부채상환 부담이 10% 늘어나게 되고 파산 위기에 직면할 수밖에 없습니다. 말 그대로 '부실 덩어리'라고 볼 수 있죠. 중국의 미분양 아파트도 위험 수준을 넘어선 것으로 알려져 있습니다. 미분양폭탄이 되면 그야말로 세계 경제의 재앙이 될 것입니다.

중국의 이런 위험요소는 세계 경제에도 큰 위험이 됩니다. 최근 20년간 세계 경제를 떠받친 것은 중국입니다. 대부분의 국가 및 글로벌기업들이 중국에 투자하거나 중국의 투자를 받아왔습니다. 하지만 몇 년 전부터 중국의 성장률이 급격하게 하락하면서 중국 경제의 '회색 코뿔소'가 세계 경제에 위협이 되는 상황입니다. 중국 정부가 발표하는 수치가 정확한 것인지는 아무도 모르니 정확한 대비도 쉽지 않고, 위험하다고 생각할 뿐 대처 방법을 모르는 거죠. 또 안다고 해도 지금 당장 중국에서 철수하거나 중국기업과의 거래를 끊을 수도 없습니다. 전형적인 회색 코뿔소 현상입니다. 우리나라의 인구절벽 문제도 마찬가지입니다. 이미 2000년대 중반부터 여러 곳에서 경고 사인을 보냈고, 정부도 인구절벽을 해결하기 위해 천문학적인 돈을 쏟아붓고 있지만 밑 빠진 독에 물 붓기라는 지적이 많습니다.

경제학에서는 회색 코뿔소의 반대 개념으로 '블랙스완'(검은 백조)을 사용합니다. 블랙스완은 도저히 일어날 것 같지 않은 일이 일어나는 것을 뜻합니다. 금융전문가 나심 니콜라스 탈레브가 2007년 발간한《The Black Swan》이라는 책에서 '발생 가능성이 지극히 낮지만 일단 일어나면 예상치 못한 충격과 파급효과가 있는 것'으로 묘사한 이후 금융 분야에서 널리 쓰이고 있습니다.

#미셸부커 #세계 경제 #블랙스완 #검은백조 #서브프라임사태

009 | **외부효과** 뜻밖에 찾아온

~~~~~~~~~~~ 경제학에서 정의하는 '외부효과'란 시장에 참가하지 않은 다른 사람이나 기업에, 의도하지 않은 혜택이나 손해를 끼치면서도 이에 대한 대가를 받지도, 비용을 지급하지도 않는 상태를 말한다. 혜택을 줄 때는 긍정적(positive) 외부효과, 손해를 끼칠 때는 부정적(negative) 외부효과로 정의한다.

긍정적 외부효과를 말할 때 대표적으로 등장하는 사례는 과수농가와 양봉농가의 관계입니다. 과수원 옆에 양봉농가가 들어왔을 때 양측은 전혀 기대하지 않은 효과를 누리게 됩니다. 과수농가는 꽃가루를 옮겨 주는 양봉농가의 벌들이 고맙고, 양봉농가는 벌들에게 꿀을 제공하는 과수농가의 꽃들이 고맙죠. 그렇다고 해서 이에 대한 대가를 서로에게 지급하지는 않습니다. 상부상조의 전형이죠? 가장 중요한 것은 두 업자 모두 자신의 재화를 투입하지 않았는데도 결과물에 효과가 나타난다는 사실입니다.

부정적 외부효과의 대표적인 사례는 대기오염입니다. 공장 설립이 증가하면 실질적인 경제규모가 늘어나지만, 그 공장 인근 주민들이 대기오염으로 인한 피해를 받게 됩니다. 요즘 심각해지는 미세먼지도 비슷한 경우입니다. 이럴 때 사회 전체가 감당해야 하는 비용, 즉 사회적 비용이 늘어나기 때문에 이를 부정적 외부효과라고 할 수 있습니다.

외부효과를 이렇게 정의할 수는 있지만 이 사례가 복잡해진 현대사회에 맞지 않은 면도 분명히 있습니다. 요즘은 님비(Not In My Back Yard)나

핌피(Please In My Front Yard)라고 해서 기대치 않은 외부효과를 법과 제도로 통제하려는 시도가 많아지고 있기 때문입니다. 요즘은 부정적 외부효과를 조율하는 것이 정부의 중요한 역할로 꼽히기도 합니다.

부정적 외부효과가 있을 때 정부가 대응하는 방법은 크게 2가지로 나눌 수 있습니다. 첫 번째는 정부가 명령과 통제로 직접 규제하는 방법입니다. 예를 들면 미세먼지가 악화되자 정부가 노후 경유차에 대한 규제를 강화하는 경우입니다. 두 번째 방법은 세금이나 보조금 같은 방법을 통해 선제적으로 사람들의 행동을 바꾸어 가는 것입니다. 최근 정부가 미세먼지가 나오지 않는 전기차나 수소차 등을 사려는 사람에게 정부 보조금을 지급하는 것이 좋은 예가 될 수 있겠네요.

#상부상조 #양봉농가와과수농가 #님비

010 | 트리클다운 성장이냐 분배냐 이것이 문제로다

━━━━━━━ 단어 그대로 '액체가 아래로 흐른다'라는 의미로 경제학에서는 '낙수 (落水)효과'를 뜻한다. 양동이가 꽉 차 넘쳐흐른 물이 바닥을 고루 적시는 것처럼 정부가 대기업의 성장을 촉진하면, 결과적으로 중소기업과 소비자에게 그 혜택이 돌아가 경기를 활성화한다는 경제이론이다.

경제문제와 관련해 학계 내에선 오랜 논쟁이 하나 있습니다. 분배와 성장 중 과연 어느 것이 먼저냐는 것입니다. 최근 우리나라 경제가 좀처럼 침체에서 벗어나지 못하면서 이런 해묵은 논쟁들이 다시 수면 위로 떠오르고 있습니다. 고전적 자본주의 시각에선 성장이 분배보다 우선한다고 보고 있습니다. 성장을 통해 부의 절대적인 크기를 늘리면 자연스럽게 누구나 더 풍요로워질 수 있다는 주장이죠. 부유층의 소득 증대가 유발하는 소비와 투자가 경제성장으로 이어져, 결과적으로 저소득층도 그 과실을 맛보게 된다는 것입니다.

사실 '트리클다운(trickle-down)'이라는 표현은 경제학자들이 아니라 윌 로저스(Will Rogers)라는 미국의 작가가 미국 31대 대통령인 허버트 후버(Herbert Clark Hoover)의 대공황 극복을 위한 경제정책을 비꼬면서 세간에 처음 사용한 표현입니다. 윌 로저스는 이렇게 말했습니다. "상류층 손에 넘어간 모든 돈이 부디 빈민들에게도 낙수 되기(trickle down)를 고대한다." 윌 로저스가 '성장우선주의자'의 주장을 이 한 문장으로 요약하면서부터 '트리클다운'이란 단어가 널리 사용되기 시작했습니다. 이

것은 시장 중심주의자가 금과옥조처럼 여기는 이론이기도 합니다. 이들은 '성장이 이뤄지면 분배는 자연스럽게 이뤄지는 선순환 구조가 만들어진다'라고 주장하지만 성장 효과가 일부 고소득층으로만 몰려 빈익빈 부익부의 원인이 된다는 지적도 있습니다. 실제로 경제학자 중 트리클다운의 현실적인 효과를 객관적이고 구체적으로 입증한 학자는 한 명도 없습니다.

우리나라에서는 이명박 정부가 '낙수효과'를 기대한 성장우선주의 정책을 펴면서 소득세나 법인세를 감면하고 유연한 노동정책을 택했었죠. 반면, 문재인 정부는 성장보다는 분배에 우선을 둔 정책을 펼치면서 복지정책 강화를 우선순위에 두고 있습니다. 성장우선주의자는 "복지 확대에 드는 재원을 마련하려면 경제가 성장해야 하는데, 정부가 성장 정책을 등한시하고 있다"라고 비판합니다.

트리클다운과 반대되는 경제학 개념으로는 '분수효과(fountain effect)'라는 것이 있습니다. 경제성장의 원동력을 분수처럼 아래에서 위로 뿜어져 나오게 한다는 의미입니다. 분수효과는 복지정책 강화를 통한 저소득층의 소비 증대가 핵심이며, 이를 성장의 발판으로 삼고 있습니다. 복지재원을 부유층에 대한 세금으로 확보한다는 점에서 성장보다 분배를 우선시하는 경제철학이라고 할 수 있습니다.

#낙수효과 #시장중심주의 #성장우선주의 #윌로저스 #분수효과

───────── 가치가 낮은 것이 가치가 높은 것을 몰아낸다는 뜻이다. 영국 금융업자 토머스 그레셤(Thomas Gresham)이 주창한 이론으로, 품질이 좋은 제품 대신 저질 제품이 판치는 사회현상을 가리킬 때 자주 쓰인다.

'악화(惡貨)가 양화(良貨)를 구축(驅逐)한다.' 많이 들어본 말이죠? 16세기 영국의 금융가이자 정부 재정 고문관이었던 헨리 8세는 화폐의 물리적 가치를 낮춤으로써 경제적 이익을 얻었습니다. 무슨 말이냐고요? 헨리 8세는 당시 통용되던 순은으로 된 은화를 새로 만들면서 기존 유통되던 은화보다 은의 함량을 낮췄습니다. 그는 신(新) 은화와 구(舊) 은화가 거래되는 과정에서 남은 은으로 얻은 이익을 재정으로 보충했습니다. 그러자 사람들은 양화(순 은화)는 집에 쌓아 두고 악화(은 함량이 낮은 은화)만 사용하기 시작했죠. 저질 은화가 남발되기 시작한 겁니다. 헨리 8세 사후 그레셤은 엘리자베스 1세에게 '악화가 양화를 구축한다(Bad money drives out good)'라는 글귀로 이 현상을 설명했습니다.

　이것처럼 품질이 좋은 제품 대신 저질 제품이 판치는 사회현상을 '그레셤의 법칙'이라고 말합니다. 그레셤의 법칙을 설명할 수 있는 예는 많습니다. 정품 소프트웨어보다 복사한 프로그램이 더 많이 유통되는 것이 대표적입니다. 한때 불법 유통되는 영화 파일이 범람하면서 돈을 주고 영화를 보는 관람객이 줄어든 것도 같은 현상입니다.

이 용어는 경제학에서만 쓰는 게 아닙니다. 회사가 똑똑한 사람보다는 말 잘 듣는 사람을 키워 유능한 인재가 회사를 떠나게 만들었을 때도 적용할 수 있겠죠? 그레셤의 법칙을 가장 잘 설명할 수 있는 곳은 정치판이란 얘기도 있습니다. 다수의 불량 정치인이 국회를 장악하면서 소수의 훌륭한 정치인까지 매도당하는 것은 악화가 양화를 구축하는 좋은 예일 수 있겠네요.

#토마스그래셤 #헨리8세 #불법소프트웨어유통

012 | 퍼플오션 레드와 블루가 섞이면?

─────── 경제학에서 치열한 경쟁 시장을 뜻하는 레드오션(red ocean)과 미개척 시장인 블루오션(blue ocean)을 조합한 신조어다. 발상의 전환과 기술개발, 서비스 혁신을 통해 기존과 다르게 창출된 시장을 뜻한다. 미술에서 레드와 블루를 혼합하면 얻을 수 있는 색이 퍼플(보라색)이라는 것에서 가져온 개념이다.

2000년대 초반 레드오션과 블루오션이란 단어가 유행했습니다. 레드오션이란 이미 과포화 상태의 시장을, 블루오션이란 경쟁자가 거의 없는 무한가능성을 지닌 시장을 말합니다. 레드오션에 경쟁자가 많고, 블루오션엔 없는 건 다 이유가 있습니다. 레드오션 시장은 진입장벽이 낮지만, 블루오션은 진입장벽이 높고 개척하기도 어렵기 때문입니다. 중요한 건 기존의 레드오션 시장에서 약간만 발상을 전환하면 새로운 시장이 열리는 경우가 있다는 점입니다.

삼겹살 시장이 그렇습니다. 삼겹살은 국민 회식 메뉴로 꼽힐 정도로 흔한 음식이고, 그만큼 파는 식당도 많습니다. 몇 집 건너 하나는 삼겹살을 팔 정도니 요식업계에서는 이만한 레드오션도 없는 셈이죠. 그런데 삼겹살 고기를 써는 모양이나 곁들임 음식, 굽는 방식 등을 달리한 식당들이 하나둘 나오기 시작했습니다. '삼겹살은 쌈장과 김치'라는 고정관념을 깨고 명이나물을 싸서 먹거나 고추냉이를 찍어 먹는 식당이 생겨나면서 폭발적인 인기를 끌었습니다. 고기도 얇고 길게 써는 것이 아니라 각목을 썰어놓은 듯 두툼하게 썰어서 육즙을 살리는 식당도 생겼습니다. 삼겹살이라는 레드오션 시장에서 발상의 전환을 통해 새로운 수요를 창출한 건데, 이런 걸 '퍼플오션'이라고 합니다. 사업자로서는 이미 시장성이 증명된 곳에서 약간의 아이디어만으로 새로운 길을 개척했으니 최소한의 시간과 비용을 들인 것이죠.

퍼플오션은 미치 코헨 프라이스워터하우스쿠퍼스(PwC) 부회장과 존 스비오클라 익스체인지 소장(PwC의 비즈니스 싱크 탱크)의 저서 《억만장자 효과》에서 나온 신조어입니다. 그들은 미국 경제 격주간지 《포브스 Forbes》가 제시하는 전 세계 억만장자 중 자수성가형 인물 120명을 임의로 선택해 사례를 분석했습니다. 재밌게도 이들의 80% 이상이 기존의 레드오션에서 새로운 기회를 창출한 보랏빛 바다, 즉 퍼플오션 전략을 취했다는 분석 결과가 나왔습니다. 퍼플오션의 예는 업계마다 다양한 모습으로 존재합니다. 식품업계에선 소비자 수요를 조사해 기존의 형태를 새롭게 조합한 메뉴를 개발해 퍼플오션을 발견하기도 합니다. '단짠' 감자칩의 새로운 지평을 열었던 '허니버터칩'을 포함해 오랫동안 인기가 있던 죠스바를 떠먹는 형태로 만든 것도 퍼플오션의 예라고 할 수 있습니다.

#레드오션　#블루오션　#억만장자효과　#미치코헨　#존스비오클라

013 | 매파와 비둘기파 금리 인상 vs 금리 인하

──────── 미국 정치인이나 관료의 성향을 조류인 매와 비둘기에 빗대어 분류할 때 사용하는 말이다. 매는 강하고 공격적이지만, 비둘기는 온순하다는 특성이 있다. 정치적으로는 보수강경파를 매파로 부르고, 온건주의나 평화주의는 비둘기파라고 부른다. 경제적으로는 조금 다른 의미로 사용한다.

국제뉴스를 보면 매파와 비둘기파란 말이 종종 등장합니다. 특히 미국 금리와 관련된 뉴스에 많이 등장하죠. 미국 금리는 세계 경제와 연관된 지표가 되는 만큼 가볍게 넘길 수 없습니다. 과연 매파와 비둘기파는 무엇을 나타낼까요? 이 단어는 정치에서 사용되는 의미와 경제에서 사용되는 의미가 약간 다릅니다. 이 책은 경제용어 설명에 중점을 두고 있으니 경제적 측면에서 살펴봅시다. 결론부터 정의하면 매파는 물가안정을 우선시하고, 금리 인상 및 긴축정책을 주장합니다. 비둘기파는 경제성장을 우선에 두고 양적 완화(정부가 화폐를 찍어내 시중의 유동자금을 늘리는 것) 및 금리 인하를 내세우죠.

　매파는 일단 물가안정을 최우선으로 추구합니다. 물가를 안정시키기 위해서는 화폐의 가치를 재화의 가치보다 높여야 합니다. 화폐의 가치가 높아지려면 어떻게 해야 할까요? 화폐 발행량을 줄이고, 시중에 유통되는 화폐를 흡수해야겠지요? 그러려면 금리를 높여야 합니다. 금리가 높아지면 사람들이 저축의 비중을 늘리고, 기업은 무리한 대출을 통해 사업을 확장하지 않게 됩니다. 자연스럽게 시중에 유통되는 돈이 줄어

경제성장이 둔화합니다. 대신 화폐가치가 상승하는 만큼 물가는 안정됩니다.

비둘기파는 정반대로 경제성장을 최우선으로 추구합니다. 경제가 성장하기 위해서는 적정 수준의 물가상승은 불가피하다는 입장이죠. 오늘 1000만 원에 팔리는 자동차가 내년에 1500만 원에 팔린다는 걸 알면 가격이 오르기 전에 미리 차를 사려는 사람이 생기겠죠? 즉 소비가 촉진됩니다. 이런 물가상승은 시장에 돈을 푸는 효과를 가져오고, 경제가 활성화됩니다. 이를 위해 금리를 인하하고, 양적 완화를 합니다. 은행 금리가 낮아지면 저축은 줄어들고, 은행 돈을 빌려 사업하려는 사람이 늘어납니다. 또 정부가 화폐를 많이 찍어내 유동자금을 늘리면 시중에 돈이 많아집니다. 대신 물가가 상승하기 때문에 서민들의 부담이 늘거나 경제 펀더멘털이 약해질 수밖에 없습니다.

정치적으로는 조금 다르게 사용됩니다. 정치적으로 매파는 주로 자국 이익을 중심으로 하고 상대 국가에 대해 강경 일변도 정책을 펴는 보수 강경파 집단을 뜻합니다. 트럼프 정부의 대표적인 매파는 존 볼턴 전 백악관 국가안보 보좌관이 있습니다. 그는 트럼프 정부의 대북협상 과정에서 북한에 대한 군사적 옵션을 주장해왔습니다. 반대로 비둘기파는 협상과 대화를 중시합니다.

#금리안정 #성장우선 #연방준비이사회

| **공유지의 비극** 어차피 내 거 아니니까 막 써!

~~~~~~~~~~~ 남을 희생시켜서라도 자기의 이익과 권리를 극대화하려고 할 경우, 결과적으로 자신을 포함한 공동체 전부가 피해를 보게 되는 현상을 뜻한다. 개인과 공공의 이익이 서로 맞지 않을 때 개인의 이익만을 극대화하면 경제주체 모두가 파국에 이르게 된다는 이론이다.

영국의 한 마을에 목초가 풍부해 가축을 기르기에 너무 좋은데 주인이 따로 없는 초원이 있었습니다. 초원 가까이 살던 목동은 소를 끌고 와 풀을 먹였죠. 소가 적을 때는 아무 문제가 없었지만 너도나도 초원에 소를 데려와 소가 늘자 상황이 바뀌기 시작했습니다. 좋은 풀은 줄어들고 대지는 오물로 가득 찼죠. 초원은 결국 소를 키울 수 없는 황무지로 변했습니다. 주인이 따로 없는 초원이니 경쟁적으로 더 많은 소를 끌고 나오는 것이 이득인 건 맞지만 결과적으로 초원이 황폐해져 아무도 좋은 풀을 얻을 수 없게 되었죠.

'공유지의 비극' 이론은 미국 캘리포니아대 생물학자 가렛 하딘이 인구증가 때문에 생기는 문제를 경고하기 위해 1968년 《사이언스》에 소개하면서 알려졌습니다. 이런 일은 영국의 산업혁명 과정에서 흔하게 볼 수 있습니다. 개인의 이익과 공공의 이익이 충돌할 때 개인의 이기심만 좇다 보면 모두가 파국을 맞이하게 될 것이라는 경고일 겁니다. 이 예는 특히 공동체가 함께 쓰는 재화의 관리를 개인의 절제력에만 맡겨놨을 때 생기는 부작용을 설명하기 위해 자주 쓰입니다. 공유지뿐만 아니라 깨끗한 물, 공기, 환경, 물고기, 야생동물 같은 공유자원 전체의 문제가 될 수 있겠습니다.

최근에는 우주 쓰레기가 심각한 문제로 대두되고 있는데, 이것 역시 '공유지의 비극'으로 설명할 수 있습니다. 지금 지구 궤도에는 10cm 이상의 물체가 2만 9천여 개 정도인 것으로 파악되고 있습니다. 노후화된 인공위성, 쓰임새가 끝난 로켓발사대는 새로운 쓰레기가 되고, 이 잔해가 충돌해 더 작은 조각으로 부서지면서 파편의 수는 증가합니다. 이것에 부딪히면 우주선은 산산조각이 날 수 있습니다. 우주에 이런 물체들을 쏘아 올린 각국은 서로 눈치를 보며 선뜻 나서지 않습니다. 막대한 세금을 쏟아부어야 하는 사업이지만, 정치적으로 국내 지지층의 지지를 받을 만한 매력이 없기 때문입니다. 우주 쓰레기 문제는 인류 집단 전체를 고려하지 않고 각국의 이익에만 따라 행동한 결과이기 때문에 모두에게 더 큰 재앙으로 돌아올 수 있습니다. 21세기판 공유지의 비극입니다.

#가렛하딘 #인구증가 #공멸 #산업혁명 #공동체파괴

〰〰〰〰〰 한 국가가 경제·정치적인 이유로 외국에서 빌려온 돈의 상환을 일시적으로 연기하는 것을 말한다. 모라토리엄은 돌려줄 의사가 있다는 점에서 지급거절과는 다르다. 모라토리엄을 선언하면 채권국은 채무국과 채무조정작업을 거치는데, 결국 국제 신용도 하락과 환율, 물가 급등으로 극심한 혼란을 겪게 된다.

모라토리엄을 개인적인 것으로 돌리면 카드사의 리볼빙을 떠올리면 됩니다. 리볼빙이란 한꺼번에 카드값을 갚을 능력이 없는 개인이 분할상환 등을 요청하면 카드사는 분할에 따른 이자율 등을 조정해 이를 받아들이죠. 하지만 카드사는 사용자의 상환능력에 한계가 있다는 사실을 인지하고 신용등급을 낮추게 됩니다.

역사적으로 볼 때 모라토리엄의 사례는 크게 2가지입니다. 첫 번째는 1930년 1차 세계대전에서 패한 독일의 사례입니다. 독일은 전쟁과 함께 1320억 마르크라는 천문학적인 전쟁배상금을 내야 하게 되면서 국가적 파산 위기에 몰렸습니다. 선택의 여지가 없던 독일은 배상금을 분할 지급하기로 하고 돈을 빌려 배상금을 갚아 나갑니다. 그러나 단기 차입금 금리가 높아지고, 차입금 유출이 심해지자 독일 은행들은 줄도산하게 됩니다. 이후 마르크 시세가 폭락하고 초인플레이션이 발생하는 등 경제의 뿌리 자체가 흔들리는 대위기를 맞았고, 결국 1933년에 모라토리엄을 선언합니다.

한국에서 외환위기가 발발했던 1997년, 러시아도 국가적으로 큰 경제 위기를 맞았습니다. 당시 유가 하락으로 수출소득 및 세수 감소에 직면한 러시아는 1998년 8월부터 3개월 동안 모라토리엄을 선언하며 외채 상환을 일방적으로 중단했죠. 가깝게는 사막의 기적으로 찬사를 받던 두바이가 2009년 11월 모라토리엄을 선언한 바 있습니다.

모라토리엄의 어원은 라틴어 'Morari'인데 '지체하다'란 뜻입니다. 요즘처럼 전 세계가 하나의 경제권으로 묶인 상황에서 한 국가의 지급거절이 세계 경제에 미치는 영향은 매우 큽니다. 통화가치가 급락하고, 실물경제에도 심대한 타격을 미치게 되죠. 국가신용도에도 장기간 부정적인 영향이 가는 건 당연합니다. 따라서 어떤 나라든 모라토리엄은 최후의 카드로 남겨둡니다. 국제통화기금(IMF)을 위시한 국제금융기구의 활동도 채무상환 유예라는 파국을 막기 위해 존재한다고 할 수 있습니다. 우리나라도 1997년 외환위기 당시 IMF에서 구제금융을 받는 것보다 모라토리엄을 선언하는 게 나았을 거라는 이야기가 학계에서 제기되고 있습니다. 우리나라에선 지방자치단체인 성남시가 2010년 7월 모라토리엄을 선언해 관심을 집중시킨 적이 있습니다.

#상환유예 #지급거절 #독일패전 #국가신인도 #초인플레이션

016 | 승자의 저주 상처뿐인 승리

~~~~~~~~~~ 경쟁에서는 이겼지만, 그 과정에서 너무 많은 것을 투자해 결과적으로 많은 것을 잃는 현상을 뜻하는 말이다. 일반적으로 기업인수합병(M&A) 경쟁 등에서 지나치게 높은 가격을 써내고 인수한 기업이 그 후유증에 시달리는 현상을 보일 때 이런 표현을 쓴다.

국내 양대항공사 중 하나인 아시아나항공이 모기업인 금호아시아나 그룹의 품을 떠나 현대산업개발로 넘어갔습니다. 불과 10년 전만 해도 재계 6~7위권 그룹이었던 금호아시아나 그룹은 중견기업으로 쪼그라들었죠. 10년 사이에 무슨 일이 있었던 걸까요?

재계에서는 가장 큰 원인으로 '승자의 저주'를 꼽습니다. 무리한 기업 인수합병으로 외형을 키우다 오늘의 위기를 맞게 됐다는 겁니다. 금호 그룹은 2006년 산업은행으로부터 대우건설을 6조 4000억 원에 인수했습니다. 대우그룹이 세 손가락 안에 드는 건설사이긴 했지만, 당시 인수 적정가격은 6조 원도 안 된다는 것이 시장의 평가였습니다. 엎친 데 덮친 격으로 2008년 글로벌 금융위기 등으로 대우건설의 기업가치까지 하락하면서, 결국 인수 3년 만인 2009년 대우건설을 헐값에 되팔게 됩니다. 무리하게 대우건설 인수에 참여했다가 유동성 위기를 겪게 되자 계열사인 금호타이어와 금호산업은 워크아웃을 신청했습니다. '승자의 저주'에 직격탄을 맞은 것이죠. 이 일로 인해 박삼구 회장은 2009년 경영 일선에서 물러났다가 이듬해 복귀했는데, 계열사를 자금줄 삼아 그룹

재건에 나섰다가 결국 '아시아나항공 매각'이라는 최악의 상황을 맞게 되었습니다. 2015년 7300억 원을 들여 금호산업 재인수에 나서는 과정에서 동원된 아시아나항공은 급격히 부실해졌고 결국 2019년 4월 시장에 매물로 나오게 된 것이죠. 2018년 한 해 아시아나항공의 부채비율(별도기준)은 814%에 달했고, 그해 이자비용만 1634억 원이었습니다. 재기 불가능한 수준에 이른 셈입니다.

기업이 부동산을 비싸게 매입했다가 '승자의 저주에 빠질 수 있다'라는 우려를 받은 사례도 있습니다. 2014년 9월 현대자동차그룹은 서울 강남구 삼성동에 있는 구 한국전력 부지를 10조 5500억 원에 매입했습니다. 당시 이 부지를 놓고 삼성과 경쟁하던 현대차그룹은 감정가이자 입찰 하한선인 3조 3346억 원보다 3배 이상이나 높은 10조 5500억 원을 입찰가로 써낸 것입니다. 당장 이날 현대차그룹 3개 사의 주가가 급락하며 무려 8조 4118억 원의 시가총액이 하루아침에 증발했습니다. 낙찰가에 가까운 금액이 한나절에 사라진 것이죠. 주가 낙폭이 가장 컸던 현대차의 시총이 4조 4055억 원 빠졌고, 기아차와 현대모비스 시총도 각각 1조 8647억 원, 2조 1416억 원 급감했습니다. 현대차그룹 측은 결코 무리한 투자가 아니라고 했지만, 많은 전문가가 '높아도 너무 높은' 낙찰가라는 의견을 내놓았습니다. 당장 무리한 부동산 매입으로 인해 '승자의 저주'가 우려된다는 목소리가 나왔습니다. 아직은 이 땅을 산 것이 현대차그룹에 직접적인 타격을 주진 않았지만, 이 돈을 연구개발에 사용했을 때 얻을 기회비용까지 고려한다면 앞으로 현대차가 어떻게 될지는 지켜봐야 할 일입니다.

#기업인수합병 #과대평가 #합리적결정 #배보다큰배꼽

017 | 골디락스 뜨겁지도 차갑지도 않은 경제

─────────── 경제가 성장하면 물가상승이 오기 마련인데, 경제성장에도 불구하고 물가가 안정적인 이상적인 경제상황을 말한다. 동화책 주인공 소녀의 이름을 딴 '골디락스'는 경제가 너무 차갑지도 뜨겁지도 않은 적당한 상태를 뜻하며, 불황기와 호황기 사이에 잠깐 나타나는 것이라 오래 유지되리라 기대하긴 어렵다.

일반적으로 경제가 상승하면 물가도 함께 상승합니다. 그래서 성장론자는 서민들에게 부담이 되는 물가상승 압력이 있다 하더라도 경제가 전반적으로 성장해야 한다고 주장하지요. 그런데 아주 특이하게도 경제가 상승하는 상황에서도 물가가 안정적일 때가 있습니다. 2019년 미국의 경제상황을 '골디락스'로 표현하는 언론 보도가 많습니다.

골디락스(Goldilocks)의 사전적 의미는 '황금색 머릿결'입니다. 영국의 전래동화《골디락스와 세 마리 곰》에 나오는 주인공 금발 소녀의 이름이기도 하죠. 동화에는 숲속 어느 집에 사는 세 마리 곰 이야기가 나옵니다. 세 마리 곰은 각자 냄비에 죽을 끓인 후 죽이 식는 동안 산책에 나섰습니다. 그 사이 골디락스라는 금발머리 소녀가 찾아왔는데, 마침 배가 고팠던 이 소녀는 세 곰이 끓인 죽 중 너무 차갑지도 뜨겁지도 않은 죽을 골라 먹었습니다. 골디락스가 선택한 것처럼 경제가 딱 적당한 상태일 때 이 용어를 사용합니다.

2019년 12월 기준 미국은 연 2.4%의 성장률, 50년 만에 최저라는 3.5%의 실업률, 1.8%의 낮은 인플레이션을 기록했습니다. 특히 미국의 1분기

성장률은 3.2%. 약 20조 달러에 이르는 미국 경제의 잠재성장률 1.9%보다 훨씬 높았습니다. 성장 지표만 보면 인플레이션이 우려되는데, 물가는 오히려 안정되고 있습니다. 학자들은 미국의 대표적 골디락스 기간을 1996~2005년으로 보는데 최근 경제지표들을 보면 골디락스가 다시 시작된 거 아니냐는 평가가 많습니다. 특히 2019년 4월의 실업률 3.6%는 1969년 이후 49년 4개월 만에 가장 낮은 것으로 나타났습니다.

하지만 골디락스가 장기간 계속되는 경우는 거의 없다고 합니다. 골디락스 경제는 통상적으로 불황기(겨울)와 호황기(여름) 사이에 나타나는 것으로 알려져 있습니다. 즉 경제의 봄 같은 시기인 셈입니다. 경기 역시 계절처럼 계속해서 순환하므로 골디락스가 계속 유지될 것이라고 기대하긴 어렵습니다. 실제로 미국도 2005년 이후 서브프라임 모기지론 부실사태로 글로벌 금융위기가 나타났습니다.

시간이 지나서야 확인된 사실이지만 1996년부터 2005년 사이의 골디락스는 결국 빈익빈 부익부 현상을 불러왔습니다. 특히 이익 대부분이 자본가나 금융기관 관리자, 전문직 종사자 같은 한정된 소수에게 귀속됐습니다. 예를 들면 2004년 미국 상위 1% 부자에게 귀속된 실질소득은 전체의 12.5%였는데, 이에 비해 전형적인 대졸자 가장의 근로소득 중윗값(중간값)은 오히려 떨어졌다고 합니다.

#골디락스와세마리곰   #빈익빈부익부소환   #물가안정

018 유동성 중요한 건 현금화 능력

―――――――― 기업·금융기관 등 경제주체가 가진 자산을 현금으로 바꿀 수 있는 능력을 말한다. 쉽게 현금화할 수 있는 재산이 많으면 '유동성이 풍부하다'라고 하고, 반대면 '유동성이 부족하다'라고 한다. 현금이나 예금이 가장 유동성이 높고, 이에 비해 건물이나 토지 같은 부동산은 유동성이 낮은 재산으로 분류된다.

'유동성이 불안해지고 있습니다. 유동성 위기를 맞고 있습니다.'

경제 뉴스를 보면 이런 표현들이 자주 등장하는데, 유동성이 구체적으로 뭘까요? 쉽게 정리하면 유동성은 당장 현금으로 바꿔 쓸 만한 자산을 얼마나 갖고 있는가를 말합니다. 가장 단순하게 보면 '현금'이라고 이해해도 큰 무리는 없습니다. 그러면 그냥 현금이라고 하면 되지 왜 '유동성'이라는 표현을 쓰는 걸까요? 이것은 소유 재산의 종류에 따라 현금화하는 데 여러 가지 제약이 필요하기 때문입니다. 개인이나 기업, 국가가 소유한 재산에는 지갑 속 돈처럼 언제든 꺼내 쓸 수 있는 현금이 있는가 하면 부동산이나 채권처럼 당장 현금화하기 어려운 재산들도 있습니다. 경제주체 측면에서 보면 어떤 돈은 장기적으로 묶어두고, 어떤 돈은 당장 쓸 수 있도록 현금이나 예금통장에 넣어두는 것이 효과적인 재산관리입니다. 이런 균형을 잘 잡는 게 굉장히 어렵습니다. 유동성이 어려운 기업은 이런 균형을 잘못 맞추거나, 예상치 못한 변수로 자금 사정에 문제가 생긴 것입니다.

단기간에 현금으로 전환할 수 있는 재산, 즉 현금과 예금, 유가증권 등 당좌자산과 1년 이내에 현금화할 수 있는 외상 매출금, 대여금, 받을어음 등이 풍부하면 유동성이 높다고 할 수 있습니다. 이에 비해 건물이나 토지 같은 부동산은 당장에 현금화할 수 없으니 상대적으로 유동성이 낮은 재산으로 봅니다. 기업이 자체적으로 현금 또는 현금화할 수 있는 자산이 부족하거나 금융기관으로부터 돈을 빌리기 어려운 상황에 놓이면 유동성 위기에 빠졌다고 말합니다. 따라서 영업수익이나 자산이 많더라도 유동성이 부족하면 부도 위기로 몰리게 됩니다.

#현금　#유가증권　#예금

019	**출구전략** 잘 빠져나가는 자가 진정한 위너

───────── 경제에 미치는 영향을 최소화하면서 경기부양을 위해 펼쳤던 정책을 거둬들이는 전략적 경제정책을 뜻한다. 원래 출구전략은 군사용어였다. 전쟁 또는 전투 중 철군 상황이 생겼을 때 인명 및 장비 피해를 최소화하면서 퇴출하는 일종의 도피전략이다. 최근에는 정치, 국제문제 등에서까지 다양하게 사용된다.

일본이 오랫동안 경제 침체에 빠져 있었다는 사실은 널리 알려진 얘기죠. 이에 아베 신조 일본 총리는 지난 2012년 12월 2기 내각을 출범하면서 20년간 이어진 디플레이션(경기침체 속 물가하락)과 엔고 탈출을 목표로 과감한 경제정책을 발표했습니다. 언론에서는 이를 '아베노믹스'라고 불렀습니다. 이 정책은 대담한 통화정책을 통한 양적 완화, 정부의 재정지출 확대, 적극적인 성장전략 등 '세 개의 화살'을 축으로 합니다. 한마디로 정부 주도로 돈을 풀어 성장을 촉진하겠다는 전략이죠.

그 결과 일본 경제는 2012년 이후 연간 1.3% 성장했습니다. 일본의 명목 국내총생산(GDP)은 2012년 2분기 493조엔이었던 것이 올해 2분기에는 551조 엔으로 증가했습니다. 이렇게 돈을 풀어 경제를 살릴 수만 있다면 못하는 나라가 어디 있겠습니까? 문제는 돈을 푸는 과정에서 빚이 늘어난다는 겁니다. 일본 역시 다르지 않았습니다. GDP 대비 226%에 달하는 국가부채를 어떻게 해결할 것인지가 현재 일본 경제의 핵심과제가 되었으니까요. 이를 두고 언론에서는 '아베노믹스의 출구전략을 어떻게 세울지가 중요하다'라고 말합니다. 이처럼 경제정책에서 출구전략이란 경기침체 극복을 위해 취했던 다양한 정책을 정상화하는 것을 말합니다. 인하된 기준금리, 풀려나간 통화량, 확대된 재정지출, 감면된 세금, 부동산시장 규제 완화 조치 등을 다시 원래대로 되돌리기 위한 정책입니다.

#주식에도출구전략

020	**흑자부도** 흑자인데 왜 망해?

~~~~~~~~~~~~~ 영업실적이 좋고 재무상으로도 문제가 없어 건전 경영을 하던 기업이 갑자기 자금유통에 문제가 생겨 부도가 나는 것을 '흑자부도' 또는 '흑자도산'이라고 한다. 대부분은 기업이 단기부채를 갚기 위한 현금을 충분히 확보하지 못할 때 발생한다.

증권시장을 보면 재무제표상의 매출이나 영업이익, 당기순이익 등 경영성과가 다 좋은데 도산하는 기업이 간혹 나타납니다. 이것을 보통 '흑자부도(Insolvency by paper profits)'라고 부르죠. 아예 경영성과 지표가 안좋은 기업은 투자자들이 투자 자체를 꺼리기 때문에 피해가 크지 않지만, 이렇게 흑자도산 하는 기업은 투자자 피해가 큽니다. 기업의 자금 상황이 좋지 않으면 이자율이 높은 사채시장이나 제2금융권에서 돈을 융통해 단기채무를 상환합니다. 급전이라도 받아 상환해야 하는데 제2금융권이나 사채시장마저 얼어붙은 상황에서 현금을 구하지 못한 중소기업이 흑자도산 하는 경우가 적지 않습니다.

흑자도산 사례로 국내에서 가장 유명한 기업 중 하나가 지난 2008년 최종부도 처리됐던 '우영'이라는 회사입니다. 삼성전자에 LCD 부품을 납품하던 우영은 부도가 발생하기 직전 해인 2007년 3분기까지만 해도 매출 2622억 원, 영업이익 93억 원을 기록하던 탄탄한 흑자기업이었죠. 그런데 갑자기 2008년 3월에 불과 91억 원의 어음을 결제하지 못했다는 공시와 함께 부도가 나고 말았습니다. 설비투자 등에 자금을 많이 쓴 상황에서 납품물량이 일시적으로 감소하자 유동부채가 1713억 원까지 치솟은 게 원인이었던 것으로 알려졌습니다.

단기자금을 융통하지 못해서 생기는 흑자부도도 있지만 다른 이유도 있습니다. 일본의 경우 아베노믹스 이후 경기가 되살아났다고 하지만 중소기업 중 흑자도산한 기업이 지난해 300여 곳에 이를 정도로 많았는데, 주된 이유는 구인난이었습니다. 일본 청년들의 구직 선호도가 대기업이나 공기업, 아니면 파트타임으로 나뉘면서 중소기업 구직자 수가 급감한 것이 원인이었다고 합니다.

특히 대내외적인 경기악화 상황에서 흑자도산 기업이 늘어나는데, 기업에서 단기적으로 사업실적이 좋아질 것으로 판단하거나 새로운 블루오션 사업에 투자하기 위해 과감한 투자계획을 세워놨는데 갑자기 생각지도 못한 일이 발생할 때 등 원인은 복합적입니다.

#흑자도산 #단기채무 #단기자금융통

파레토의 법칙 vs 롱테일의 법칙 20%와 80%

─────────── '파레토의 법칙'이란 전체 결과의 80%가 전체 원인의 20%에서 일어나는 현상을 말한다. 그래서 '2대8 법칙'이라고도 한다. 이탈리아 인구의 20%가 이탈리아 전체 부의 80%를 가지고 있다고 주장한 이탈리아의 경제학자 빌프레도 파레토의 이름에서 따왔다. 반대 용어로는 '롱테일의 법칙'이 있다.

문재인 정부에서 자립형사립고를 완전히 폐지하기로 방침을 정하면서 보수 교육단체의 반발이 만만치 않습니다. 우수학생을 선발해 운영하는 자립형사립고나 특목고 같은 학교들이 전체 교육에 있어서 순기능이 많은지 역기능이 많은지는 딱 잘라 말하기 어렵습니다. 다만 자립형사립고와 특목고 존치를 주장하는 사람들이 금과옥조처럼 생각하는 대전제가 있습니다. '똑똑한 20%가 나머지 80%를 먹여 살린다' 즉 20%의 인재들이 결과적으로 나라 전체를 먹여 살리기 때문에 교육 정책도 그 20%에 초점을 맞춰야 한다는 거죠.

사실 이런 개념은 경제학에서 먼저 나왔습니다. 바로 '파레토의 법칙'입니다. 파레토의 법칙은 '80대20 법칙(80/20 rule) 또는 2대8 법칙'으로 불리며, 상위 20%의 매출을 차지하는 베스트셀러(best seller) 또는 블록버스터(blockbusters) 상품이 전체 매출액의 80%를 차지한다는 뜻입니다. 파레토 법칙은 VIP를 타깃으로 하는 전통적 마케팅 전략의 뿌리가 되었습니다.

그런데 인터넷 시대가 도래하면서 파레토의 법칙을 기반으로 한 전통적인 마케팅 전략이 달라졌습니다. 인터넷 상거래를 통해 단기적으로 소량이 팔리는 제품도 장기적인 누적 판매량을 보면 기업에 상당한 이익이 되는 거죠. 이러한 현상을 인터넷 비즈니스 잡지 《와이어드 Wired》의 편집장 크리스 앤더슨이 '롱테일(long tail)'이라는 용어로 처음 설명했습니다.

　앤더슨은 파레토 분포를 그대로 이용해 롱테일 법칙을 설명합니다. 파레토 분포에서 매출의 80%를 담당하는 상위 20%의 제품을 머리(head)로, 매출의 20%를 담당하는 하위 80%의 제품을 꼬리(tail)라고 불렀습니다. 전통적으로 머리는 소위 히트 제품으로서 주력 제품을 의미하며, 꼬리는 다수의 틈새 상품(niches)입니다. 그런데 인터넷 상거래가 활성화되자 꼬리에 해당하는 상품의 매출이 누적되면서 전체적으로 큰 비중을 차지하게 되었습니다. 그래서 롱테일 법칙은 단기적으로는 매출이 적지만, 장기간에 걸쳐 길어진 꼬리를 합산하면 상당한 매출량이 된다는 것을 의미합니다. 롱테일 법칙을 가장 잘 설명하는 예로는 미국 기반의 온라인 상거래 사이트인 '아마존'이 꼽힙니다.

#마케팅전략　#VIP타깃　#빌프레도파레토　#크리스앤더슨　#아마존

022 | 펭귄 효과 네가 사면 나도 산다

──────── 물건 구매에 망설이던 소비자가 남들이 구매하기 시작하면 덩달아 구매하게 되는 현상을 '펭귄 효과'라고 한다. 펭귄은 먹잇감을 구하기 위해 바다에 들어가야 하지만 바다표범 같은 천적이 있어 잠시 주저한다. 그러다 한 마리가 바다로 뛰어들면 나머지 펭귄들도 따라서 뛰어드는 습성이 있다.

해외여행 가서 쇼핑할 때 누구나 한 번쯤 이런 경험이 있을 겁니다. 우리나라에서도 충분히 구할 수 있는 물건이라 굳이 살 필요 없다고 생각하고 있다가, 옆에 일행이 사면 자연스럽게 손이 가게 되는 그런 경험 말이죠. 이처럼 물건을 선뜻 구매하지 못하고 있다가 누군가가 구입하면 그제야 따라서 구매하는 소비심리를 두고 '펭귄 효과'라고 부릅니다.

소비자가 구입을 망설이는 상황에서 지인이나 유명인사 등 누군가가 선두로 구매하면 이를 따라 폭발적으로 구매가 증가하는 현상도 펭귄효과의 일종입니다. 이런 펭귄 효과는 특히 우리나라에서 많이 나타난다고 합니다. 우리나라의 경우 타인의 시선을 의식하는 경향이 높으므로 소비심리에도 이것이 고스란히 반영된다는 것이죠. '펭귄 효과'를 노리는 마케팅 전략으로 드라마 속 주인공에게 상품을 협찬하거나 예능등의 출연진을 활용해 PPL을 진행하고, SNS 인플루언서를 통해 사용 후기를 확산시킴으로써 '이미 많은 사람이 사용하는 제품'이라는 이미지를 주는 방법 등이 있습니다.

현 정부에서 폭등했다는 분석이 나오는 부동산 시장에서도 펭귄효과가 나타나고 있습니다. 정부의 강한 부동산 규제로 투기처를 찾던 투기꾼들이 규제압박이 덜한 미분양 아파트에 투자하기 시작하자 이를 따라 실수요자들까지 몰리는 펭귄효과가 나타나면서 갑작스러운 가격 오름세가 생겼습니다.

　펭귄효과와 더불어 사용되는 경제용어로는 '퍼스트 펭귄'이란 말이 있습니다. 퍼스트 펭귄은 모든 펭귄이 얼음 위에서 머뭇거리며 바다에 뛰어들기를 주저할 때 용기를 내어 처음으로 바다로 뛰어드는 펭귄을 의미합니다. 펭귄들이 바닷속으로 뛰어들기를 주저하는 이유는 바다표범 같은 무서운 천적이 있기 때문입니다. 모든 펭귄이 주저할 때 퍼스트 펭귄이 바닷속에 뛰어들면 다른 펭귄들도 연달아 뛰어든다고 합니다.

#충동구매　#PPL　#소비심리

023 | 레몬마켓 신발을 주문했더니 벽돌이 왔다

〜〜〜〜〜〜〜 재화나 서비스의 품질을 구매자가 알 수 없어 불량품만 남게 된 시장 상황을 말한다. 레몬은 과일이지만 워낙 시어서 그냥 먹기보다는 식자재로 사용한다. 결국 과일이지만 과일이라기엔 불량품이라고 할 수 있다. 그래서 미국에서는 '구매 후에야 결함을 알게 되는 불량 중고차'를 뜻하는 속어로도 사용된다.

'중고차 시장' 하면 어떤 이미지가 먼저 떠오르나요? '합리적, 가성비, 신뢰, 친절' 아니면 '눈속임, 바가지, 불친절, 횡포'? 사람마다 다르지만 아마도 후자를 먼저 떠올리는 사람이 많을 겁니다. 그만큼 중고차 시장에 대한 오래된 불신이 쌓인 탓이겠죠. 이런 상황은 우리나라뿐만 아니라 중고차 시장이 가장 활성화되어 있는 미국에서도 비슷한가 봅니다.

미국 조지타운 대학의 경제학자인 애컬로프 교수는 1970년 〈The Market for lemons: Quality Uncertainty and the Market Mechanism〉이라는 논문에서 구매자와 판매자 간 거래대상 제품에 대한 '정보의 비대칭성'으로 인해 중고차 시장에는 레몬(불량 차량)만 남는 결과가 나왔다고 주장했습니다. 중고차 시장은 대표적인 레몬마켓으로 꼽힙니다.

레몬마켓으로 정의할 수 있는 특징 중 하나는 바로 정보의 비대칭성입니다. 즉 거래대상 제품에 관한 '숨겨진 정보(hidden information)' 때문에 구매자와 판매자가 얻을 수 있는 정보가 다르다는 뜻입니다. 판매자가 유리한 조건으로 계약을 체결하기 위해 차량의 결함 같은 정보를 구매자에게 숨기는 게 바로 정보의 비대칭성입니다. 그 차에 대해서 구매자는 제한된 정보 말고는 거의 아는 게 없으니까요.

만일 구매자와 판매자가 거래대상 제품에 대한 정보를 똑같이 공유한다면 정보의 비대칭성에서 자유롭게 됩니다. 이러한 시장을 '복숭아 시장(Peach Market)'이라고 합니다. 미국에서 품질이 좋은 우량 중고차를 복숭아(peach)라고 부르는 데서 가져온 용어입니다.

#애컬로프 #정보비대칭성 #복숭아시장 #중고차시장

경제성장과 실업의 상관관계를 나타내는 대표적인 법칙이다. 1962년 미국 경제학자 아서 오쿤이 찾아낸 것으로 실질 GDP(국내총생산)가 3% 증가하면 실업률은 1% 포인트 내려간다, 반대로 실업률이 올라가면 GDP는 일정 비율로 감소한다는 등 성장률과 실업률 간에 반비례 관계가 나타남을 보여준다.

경제가 좋아지면 실업자가 줄어들고, 나빠지면 실업자가 늘어나는 것은 언뜻 보면 당연한 말처럼 들립니다. 하지만 이런 막연한 상관관계에 일정한 법칙이 있다는 것을 찾아낸 사람이 있었습니다. 바로 1960년대 초 미국 존 F. 케네디 대통령의 수석 경제자문이었던 아서 오쿤이었습니다. 그는 실질 GDP가 1% 포인트 증가(감소)하면 실업률은 1% 포인트보다 작게 감소(증가)한다는 것을 밝혀냈습니다. 경제학자들은 오쿤의 이름을 붙여 '오쿤의 법칙(Okun's law)'이라고 불렀습니다. 오쿤의 법칙이 의미가 있는 이유는 경제정책에 가장 중요한 두 수치의 상관관계를 어느 정도 밝혀냈기 때문입니다. 아무래도 정확한 숫자가 제시되면 정책이 더 정확하고 수월하게 수립될 수 있겠죠. 실제로 이후 오쿤의 법칙은 경제성장률 예측 등에 유용하게 활용됩니다.

다만 이 법칙은 시간이 지나면서 약간씩 수정을 거쳤습니다. 특히 경제성장률에 따른 실업률은 국가나 시기에 따라 다르게 나타날 수 있으므로 어떤 국가에서는 경제성장률 1% 포인트 증가에 따른 실업률 감소를 1% 포인트로 보기도 하고, 어떤 국가에서는 경제성장률이 4% 포인트까지는 증가해야 실업률이 1% 정도 떨어진다고 보기도 합니다.

하지만 오쿤의 법칙이 나온 지 어느덧 50년이 훌쩍 넘었고, 경제 여건도 달라진 만큼 예전처럼 맞아떨어지지 않는다는 지적이 학자들 사이에서 나오고 있습니다. 가장 중요한 이유는 바로 '고용 없는 성장'이 대세가 됐기 때문입니다. 생산 자동화, 인력과 부품의 국제 아웃소싱 등이 원인입니다. 또 베이비붐 세대의 은퇴 같은 외적 요인도 실업률에도 영향을 미치고 있습니다.

오쿤의 법칙이 통하지 않은 대표적인 국가가 바로 중국입니다. 최근 중국에서는 경제성장과 동시에 실업률도 늘고 있습니다. 중국의 취업 증가율은 GDP 증가율과 동반 성장하지 않고 오히려 대폭 하락하는 모습을 보였습니다. 전문가들은 중국이 고용은 늘리지 않고, 이미 고용된 노동자의 노동시간을 늘리는 방식으로 경제성장을 해왔기 때문에 이런 결과가 발생했다고 보고 있습니다.

#아서오쿤 #성장과실업 #고용없는성장

025	**분식회계** 회계장부에 화장을 한다고?

──────── 기업이 고의로 자산이나 이익 등을 크게 부풀리고 부채를 적게 만들어 재무상태나 경영성과, 그리고 재무상태의 변동을 조작하는 것을 말한다. 분식회계에서 분식은 한자로 가루 분(粉)과 꾸밀 식(飾)을 사용한다. 즉, 화장을 하는 것처럼 회계장부를 남들이 보기에 예쁘게 수정한다는 말이다.

2019년 한 해 삼성그룹 경영권과 관련해 가장 중요한 이슈는 삼성바이오로직스의 분식회계였습니다. 검찰은 2015년 제일모직과 삼성물산의 합병 당시 삼성 측이 이재용 부회장의 경영권 승계에 유리한 비율을 만들기 위해 삼성바이오로직스에 분식회계를 했다는 혐의로 수사를 진행했습니다. 이 수사는 2018년 금융위원회 산하 증권선물위원회의 고발로 시작된 수사인데요. 증권선물위원회는 삼성바이오로직스가 2015년 말 자회사인 삼성바이오에피스를 종속회사에서 관계회사로 회계 처리 기준을 변경하는 과정에서 4조 5000억 원 규모의 고의 분식회계가 있었다고 판단하고 삼성바이오로직스를 고발한 바 있습니다.

분식회계가 뭐기에 언론에서 이렇게 크게 다뤘을까요? 회계는 기업의 상황을 숫자로 표시한 것입니다. 우리는 가계부에 소득이 얼마고, 얼마를 어디에 쓰는지를 적고 계산하죠? 기업도 얼마를 벌었고 얼마를 비용으로 사용했는지, 현재 남은 현금이 얼마고, 빚은 얼마인지를 작성하는데, 이것을 '회계'라고 합니다. 따라서 회사의 외부인이나 내부인이 회사의 현재 상황을 가장 객관적으로 볼 수 있는 자료가 바로 회계장부인 겁니다. 우리나라 기업들은 법에 따라 일정 시기마다 이 장부를 공개하게 되어 있습니다. 이때 기업은 유혹을 느끼게 됩니다. 회계장부의 숫자를 조금만 고쳐볼까? 이 유혹에 넘어가 장부의 숫자를 고치면 사업을 실제로는 못했는데 굉장히 잘한 것처럼 보이게 만들 수도 있죠. 말 그대로 '분식회계'가 되는 것입니다.

분식회계는 사업을 못 했을 때만 하는 것이 아닙니다. 사업이 너무 잘되어 이익이 많다면 당연히 세금도 많아지겠죠? 이때 세금을 조금이라도 덜 내기 위해 이익이 많지 않은 것처럼 꾸미는 것도 분식회계입니다. 분식회계는 회사가 악의를 가지고 많은 사람을 속이는 일이라 엄하게 처벌하도록 되어 있습니다.

해외의 경우 분식회계를 했다가 회사가 아예 공중분해된 일도 있었습니다. 분식회계의 아이콘으로 회자되는 미국 에너지 회사 '엔론(Enron)'의 경우 15억 달러, 우리 돈으로 1조 4250억 원의 분식회계를 저질렀는데, 이 일로 최고 경영자인 제프리 스킬링은 징역 24년 4개월을 선고받았고, 회사는 상장폐지되었습니다.

#시장교란 #투자자기만

컴퓨터가 사람을 대신하여 정보를 읽고 이해하고 가공하여 새로운 정보를 만들 수 있도록 만든 지능형 웹을 말한다. 현재 웹은 주로 사람들이 이해할 수 있는 자연어 위주인데, 시맨틱 웹은 컴퓨터가 이해할 수 있는 형태의 언어로 바꾸어 기계들끼리 서로 정보를 주고받으면서 자체적으로 필요한 일을 처리한다.

AI(Artificial Intelligence)라 불리는 인공지능의 시대가 성큼 다가왔습니다. 컴퓨터가 사람과 바둑을 둬서 이긴다거나 차량의 자율주행시스템 역시 모두 AI 기술을 바탕으로 하고 있죠. AI 기술의 핵심은 단순히 사람이 입력하는 지식을 처리하는 것이 아니라, 입력한 기술을 바탕으로 스스로 학습하고 결론을 도출하는 데 있습니다. 이 AI 기술의 바탕이 되는 것이 바로 '시맨틱 웹(Semantic Web)'입니다. 2020년이 지난 지금 사실 시맨틱 웹이라는 개념은 더 이상 새롭지 않습니다. 시맨틱 웹은 웹의 창시자인 팀 버너스리가 1998년에 처음 제안한 개념이며, 이미 우리 주변에 많이 도입되어 있습니다. 대표적인 것이 검색사이트의 연관 검색어입니다. 우리나라에서도 이미 2009년부터 이 기술을 적용한 웹사이트가 나왔다며 대대적으로 홍보한 적도 있습니다. 2009년 연합뉴스에 나왔던 기사를 보시죠.

"SK커뮤니케이션즈의 네이트가 의미 기반 검색인 '시맨틱 검색'으로 검색시장에서 승부수를 던진다. 시맨틱 검색은 단어나 문장 등 질의어의 뜻을 이해해 사용자의 의도와 질의어의 의미에 최적화된 결과를 내놓는 차세대 검색이다. 또 검색어에 대한 이해를 통해 관련된 다양한 주제들이 한눈에 펼쳐지기 때문에 키워드를 조금씩 바꿔가며 반복해서 검색하던 수고를 덜어준다. 한 예로 배우 '이민호'를 검색한다면 최근 소식과 경력, 데뷔 정보, 배역, 신체 사항, 선호 음식 등 수십 개의 주제어가 제공될 뿐만 아니라 신체사항에 대한 예상 답변으로 '186cm, 68kg'까지 제시된다." (연합뉴스, 2009년 9월 28일)

과거 우리가 사용하던 포털사이트의 검색은 이른바 '키워드 검색'이었습니다. 키워드 검색 기술은 검색 키워드와 문서 키워드가 같지 않으면 검색 자체가 불가능하고, 단어 수준의 검색만 가능했습니다. 또한 키워드 간 관계를 통한 추가 정보를 도출할 수도 없죠. 시맨틱 기술이 적용된 웹은 연관 검색어와 연관된 검색 결과까지를 보여줍니다. 모두 컴퓨터가 웹 언어를 능동적으로 이해하기 때문에 가능한 일입니다.

#팀버너스리   #AI   #검색꿀팁

～～～～～～～～ 전방산업과 후방산업은 전체 생산 공정 과정에서 앞뒤에 위치한 산업을 말한다. 즉 식품, 가전, 자동차 등 최종소비자가 접하는 제품을 전방산업, 완제품을 만드는 데 필요한 소재와 철강, 화학산업 등이 후방산업에 속한다. 서로 뗄 수 없는 밀접한 관계라 이를 '전후방산업 연관효과'라고 부른다.

일본 전범기업 미쓰비시를 상대로 일제 강제징용 근로자에게 보상하라는 우리나라 대법원의 판결이 나오면서 한국과 일본의 관계는 급속도로 악화했습니다. 일본은 표면적으로는 부인하고 있지만 대법원판결과 관련해 한국에 대한 경제보복을 감행했죠. 관계부처 장관은 이를 부인했는데 일본의 총리는 대외적으로 이를 부인하지 않는 코미디 같은 일도 벌어졌습니다. 그런데 일본이 경제보복의 무기로 삼은 제품들은 소비재가 아니었습니다. 반도체 원료 등으로 사용하는 소재를 들고 나왔죠. 일본의 경제보복이 단행되자 우리나라 국민은 자동차나 맥주, 의류 같은 일본제품에 대한 불매운동 등으로 대응했습니다.

　일본과의 무역분쟁은 우리나라 산업구조의 한계를 드러냈습니다. 즉 소비재는 대체재가 있지만 소재나 부품 등은 대체재가 없는 현실을 확인하게 된 거죠. 이를 산업적으로 분류해보면 우리나라는 주로 반도체 부품처럼 완제품 생산에 필요한 소재 같은 후방산업에 있어서 일본 측에 많이 의존하는 반면 자동차, 맥주, 의류 같은 전방산업에는 충분한 대체재가 있다는 것을 알 수 있습니다. 한일 무역분쟁이 터지기 전에는 우리나라가 반도체 핵심소재 일부를 일본에서 수입한다는 사실을 알고 있는 국민도 많지 않을 정도로 생소합니다.

군에서는 적과 싸우는 일선 전투부대를 전방, 이를 지원하는 보급부대 등을 후방으로 표현합니다. 경제전쟁에서도 이런 표현이 적절하다고 볼 수 있습니다. 즉 소비자의 지갑을 열게 만드는 최전방에 있는 제품들이 전방산업, 이런 제품을 만들기 위해서 뒤에서 원료 등을 공급하는 산업을 후방산업이라고 할 수 있죠. 전방산업과 후방산업은 전체 산업군에서도 분류할 수 있지만 한 제품의 생산 과정에서도 어느 정도 분류가 가능합니다. 예를 들어 자동차 산업에서 소재, 원료, 부품 등은 후방산업이고, 이를 소비자에게 파는 대리점이나 영업행위들은 후방산업이라고 볼 수 있습니다.

경제에 있어서 중요한 것은 두 산업 간의 연관효과입니다. 만약 자동차 산업이 불황에 빠졌다고 가정하면 먼저 후방산업인 제철, 부품산업 등 주로 원료가공, 소재 관련 산업도 불황에 빠집니다. 이 경우 후방산업 제품들을 제공하는 업체는 연관효과를 파악하고 생산물량을 줄여서 재고를 줄입니다. 반대의 경우도 마찬가지입니다.

자동차 완제품 생산은 철강이나 소재 같은 재료보다는 전방산업에 해당합니다. 하지만 요즘같이 파생상품이 많은 시대라면 전방산업과 후방산업은 상대적 개념이기도 한 것 같습니다. 블랙박스나 핸드폰 거치대처럼 자동차 액세서리 시장 측면에서 보면 자동차 완제품은 상대적으로 후방산업이 되기 때문입니다.

#연관효과 #산업구조

밴드왜건 vs 스놉 효과 앞서가는 사람들, 따라가는 사람들

〜〜〜〜〜〜〜 '밴드왜건'이란 서커스나 퍼레이드의 맨 앞에서 요란한 연주로 사람들을 끌어모으는 마차를 말한다. 이 마차가 지나가면 사람들은 그 소리와 퍼포먼스에 흥미를 갖고 이를 따르기 마련이다. 경제학에서는 대중이 유행에 따라 상품을 구매하는 현상을 말하며, '편승효과'라고도 한다. 반대는 '스놉(snob) 효과'다.

TV홈쇼핑 방송을 보면 '매진 임박, 주문 폭주'라는 자막이 번쩍이고, 쇼호스트도 '곧 매진입니다'라는 얘기를 여러 번 반복합니다. 주문이 폭주하고 있으니 서둘러 주문하라는 소리인데요. 사실 우리가 그 상품의 판매량을 직접 알 수 없으니 '매진이 임박했다'라는 말이 사실인지 거짓인지 알 길이 없습니다. 그렇지만 이런 문구가 보이면 빨리 물건을 사야겠다는 생각이 머리 한구석에서 생깁니다. 전형적인 홈쇼핑 업체의 마케팅 전략에 흔들리는 순간이죠. 이 같은 '매진 임박, 주문 폭주'라는 타이틀은 많이 팔리는 상품을 보면 따라 사고 싶어 하는 사람들의 소비심리를 이용한 마케팅이라 할 수 있습니다. '리미티드 에디션'(한정판)이라는 딱지가 붙은 제품을 사기 위해 소비자들이 한겨울 새벽부터 줄을 서는 것도 비슷한 전략입니다.

밴드왜건 효과는 정치 분야에서도 찾아볼 수 있는데요. 여론조사 결과가 좋게 나온 후보가 실제 선거에서도 많은 표를 받는 경우가 있습니다. 이는 판단이 모호한 유권자가 많은 사람이 지지하는 후보를 택하는 심리 때문이지요. 그 외에도 밴드왜건 효과는 우리 주위에 많습니다.

밴드왜건 효과와 정반대의 의미로 '스놉 효과'라는 용어가 있습니다. 스놉 효과는 '백로 효과'라고 불리기도 합니다. 검은 까마귀 떼 속에 있는 우아한 백로처럼 남들과 다르게 보이려는 심리를 반영해 붙인 이름이죠. 특정상품의 소비가 늘어나면 어느 순간을 기점으로 소비가 줄어드는 현상이 생깁니다. 예를 들어 특정 브랜드 가방의 소비가 늘어나면 오히려 그 제품의 인기가 식으면서 찾는 사람이 줄어드는 현상이 바로 '스놉 효과'입니다. 명품업체는 '스놉 효과'를 역이용해 고가의 마케팅 전략을 펼칩니다. 스놉 효과가 나타나는 이유는 나만 갖고 있다는 특별함 때문입니다. 누구에게나 흔한 물건이 된다면 다른 새로운 상품을 구매하고 싶어 합니다. 길에서 나와 똑같은 옷을 입은 사람을 많이 마주치면 더는 그 옷을 입고 싶지 않은 심리도 스놉 효과입니다.

판매자라면 밴드왜건 효과나 스놉 효과를 잘만 이용하면 상품 판매에 매우 효과적일 수 있습니다. 소비자라면 막연히 유행에 따르기보다는 자신에게 꼭 필요한 상품을 합리적으로 소비하는 태도가 중요하겠지요.

#편승효과　#리미티드에디션　#백로효과　#명품마케팅전략

——————— 물가 수준이 전반적으로 상승하는 현상을 말한다. 공급이 수요를 따라가지 못해 초과수요가 생기는 것이 주요 원인이다. 기타 여러 가지 이유로 물가가 계속 오르기만 하면 같은 물건을 사더라도 그전보다 더 큰 비용을 내야 하기 때문에 통화량이 증가하여 결국 화폐가치는 하락하게 된다.

남미의 소 장수들은 출하를 앞둔 소에게 소금을 억지로 먹여 물을 많이 먹도록 했다고 합니다. 소의 몸집과 무게를 키워 비싼 값을 받기 위해서죠. 이처럼 소의 배에 물을 가득 채우는 것을 '인플레이트(inflate 부풀리다)'라고 하는데, 인플레이션이란 말은 바로 여기에서 유래됐습니다. 경제학에서 인플레이션이란 물가가 지속해서 오르는 현상을 말합니다. 일반적으로 수요와 공급의 법칙에 따라 공급이 수요를 따라가지 못하는 경우에 발생합니다. 인기상품의 수요가 공급량보다 많을 때 상품가격이 오르는 것을 생각하면 이해하기 쉬울 겁니다.

제품 생산비가 상승하면 제품 가격도 자연히 오르면서 물가가 전반적으로 상승할 수도 있습니다. 또 기업이 임금 상승분만큼 제품 가격을 올렸을 때, 시장을 지배하고 있는 독과점기업이 제품 가격을 일제히 올릴 때 등 여러 이유로 물가가 상승할 수 있습니다. 물가와 가장 관련이 깊은 것은 통화량입니다. 물가가 오르면 시중에 도는 돈, 즉 통화량이 자연스럽게 커집니다. 그렇게 되면 화폐의 가치는 하락하기 마련입니다.

사실 물가가 오르는 것을 반기는 소비자는 없습니다. 그래서 자신의 경제사정만 보면 인플레이션이 낮을수록 더 좋다고 생각하고, 체감물가는 상대적으로 늘 높다고 인식하는 경향이 있다고 합니다. 하지만 경제학자들은 적정 수준의 인플레이션은 필요하다고 말합니다.

왜일까요? 바로 기업이 투자를 늘려야 경제가 활성화되기 때문입니다. 기업은 물가가 오르면 통화량이 늘어나고 곧 돈이 돌고 있다고 판단합니다. 그 때문에 기업이나 자산가가 돈을 투자하기 시작합니다. 그뿐만 아니라 물가가 더 상승할 것을 우려해 미래에 살 물건을 앞당겨 사기도 합니다. 이렇게 거래가 늘어나면 기업은 물건을 더 많이 만들기 위해 채용을 늘립니다. 경제가 선순환하는 구조가 생기는 것이죠. 이 때문에 인플레이션 시기에는 물가가 오르긴 하지만 투자도 늘고, 소비도 많아지고, 일자리도 늘어나는 현상이 벌어집니다. 그래서인지 최근 한국은행 금융통화위원의 인터뷰를 보면 일반인들은 공식 통계보다 실제 인플레이션 지수를 높게 인식하며, 과도하게 낮은 인플레이션을 걱정해야 할 시점이라고 밝힌 바 있습니다.

물론 인플레이션이 적정수준을 넘어서면 국민이 감당할 수 없게 됩니다. 이것을 '하이퍼인플레이션(hyperinflation)'이라고 부릅니다. 국가가 통화를 계속 찍어내 물가가 감당할 수 없는 수준이 되면서 국민의 90%가 빈곤층으로 전락한 베네수엘라가 대표적인 사례입니다.

#디플레이션 #화폐가치 #물가 #경제효과 #하이퍼인플레이션

풍선 효과 신도시가 주변 지역에 미치는 영향

─────── 풍선의 한 곳을 누르면 그곳은 들어가는 반면 다른 곳이 팽창되는 것처럼 문제 하나가 해결되면 또 다른 문제가 생겨나는 현상을 말한다. 경제와 관련해서는 주로 부동산의 수요 공급 효과를 설명할 때 사용한다. 정부가 한 지역의 집값을 인위적으로 잡으려고 하면 반드시 다른 지역의 집값이 오른다는 의미다.

문재인 정부는 출범과 동시에 최저임금의 대폭 인상을 약속했습니다. 매해 최저임금이 급격한 속도로 오르자 즉각 반발이 터져 나왔죠. 최저임금을 인상해 저소득 근로자들의 소득을 높여보자는 좋은 취지와 달리 사용주가 근로자를 해고하는 부작용이 발생하기 시작했습니다. 특히 취약계층인 비정규직 근로자나 아르바이트생이 피해를 보았는데, 전형적인 풍선 효과입니다. 정부가 인위적으로 기업의 임금상승을 주도하다 보니 본래 뜻과는 다르게 엉뚱한 부작용이 터져 나온 것입니다.

　강남을 비롯한 마포, 용산, 성동 등 부동산 상승률이 높은 서울지역의 집값을 잡기 위해 정부는 강력한 대출억제와 세제정책을 펼쳤습니다. 투기세력들은 아랑곳하지 않고 광명이나 수원 같은 수도권 일부 지역에 투자하기 시작했고, 그 결과 수도권 집값 전반이 상승하는 결과를 낳았죠. 정부가 특정 지역의 부동산 과열 양상을 억제하기 위해 규제를 강화하면, 투기수요가 이전되어 다른 지역의 부동산 가격 상승으로 이어진 것은 비단 어제오늘의 일이 아닌데 바로 이것이 대표적인 풍선 효과입니다. 비단 부동산뿐만 아니라 가격정책, 고용정책 등 다양한 분야에서 정부의 인위적인 정책만으로는 시장에 존재하는 수요와 공급의 근본적 힘을 거스를 수 없다는 비판적 의미로 사용됩니다.

풍선 효과는 사회 각 분야에서 다양하게 일어납니다. 최근 이태원 클럽에서의 코로나19 집단감염으로 인해 서울시가 이 지역 클럽의 영업을 중지시키자 강남이나 신촌 등의 클럽으로 젊은 층이 몰리는 것도 풍선 효과로 볼 수 있습니다. 휴대폰 불법 보조금을 잡겠다고 정부가 강력한 단속을 펼치자 온라인상에서 메신저 등으로 은밀하게 불법 보조금을 주는 행위도 그렇고, 금융 당국이 가계대출을 구제하기 위해 은행권 대출을 줄이자 고금리에도 불구하고 제2금융권이나 사채를 쓰는 것 등도 모두 풍선 효과입니다.

#부동산대책

031 | 샤워실의 바보 "앗 뜨거, 앗 차거"

~~~~~~~~~~~ 경기과열 또는 경기침체에 대응하기 위한 정부의 시장 개입이 과도하거나 변덕스러울 경우 발생하는 역효과를 경고하는 말이다. 샤워기를 틀자 차가운 물이 확 쏟아진다. 차가워서 수도꼭지를 온수 쪽으로 확 돌리자 이번엔 뜨거운 물이 쏟아진다. 다시 찬물 쪽으로 돌린다. 샤워실의 바보는 이 과정을 무한 반복한다.

기업을 경영하는 사람들에게 '경영에 있어서 가장 어려운 외부적 요인이 무엇이냐'고 물으면 십중팔구는 정부의 일관성 없는 정책을 꼽습니다. 기업은 1~2년이 아니라 최소 5년 이상을 보고 투자하는데, 5년에 한 번 정부가 바뀌는 우리나라 제도의 특성상 5년 뒤를 보고 투자했던 사업이 정책변화로 인해 무산될 위기에 놓이는 경우가 적지 않습니다. 그나마 한 정당이 재집권하면 다행이지만 5년에 한 번 정권이 교체되면 기업으로서는 상당한 어려움을 겪게 되니까요. 일례로 원자력산업을 세계로 수출하겠다며 범정부 차원의 지원이 이뤄지더니 불과 5년 만에 탈 원전 정책을 내세운다면 원전사업에 투자했던 비용은 고스란히 날리는 셈입니다.

  미국 시카고대 교수이자 1976년 노벨 경제학상 수상자인 밀턴 프리드먼은 이처럼 오락가락하는 정부를 빗대 '샤워실의 바보'라는 표현을 사용했습니다. 샤워실에서 물이 차갑다고 뜨거운 물을 급하게 틀고, 갑자기 뜨거운 물이 나오니까 다시 차가운 물을 급하게 트는 사람을 바보로 비유한 것이죠. 이 바보는 결국 물만 소비하고 아무것도 얻은 게 없습니다. 정부가 경기에 대한 정책을 즉흥적으로 대응한다면, 샤워실에서 급하게 찬물과 뜨거운 물을 틀어대는 바보와 같다고 말한 겁니다. 단기 예측에 기초한 경제정책이 경기 변동을 더 키운다는 경고이기도 합니다. 때로는 무턱대고 시장에 개입하는 정부를 비판하는 말로도 사용됩니다. 바보는 섣부르게 개입하는 정부를, 수도꼭지는 정책을, 물의 온도는 경기의 등락을 의미한다고 볼 수 있겠네요. 밀턴이 이런 주장을 했던 이유는 그가 정부의 개입을 최소화해야 한다고 주장한 경제학자이기 때문입니다. 시장 만능주의자로 불리는 이들은 정부의 급격한 시장개입에 비판적이어서 정부를 샤워실의 바보라고 표현한 것이죠.

샤워실의 바보로 꼽히는 대표적 사례는 1980년대 중반과 1990년대 초반의 일본 정부입니다. 1980년대 당시 경제불황에 시달리던 일본은 확장적 통화정책, 즉 저금리 정책으로 경기 불씨를 살리려고 했습니다. 그런데 저금리가 지속되자 주식과 부동산 가격이 급격히 오르는 부작용이 발생했고, 1985년부터 5년간 부동산 가격은 약 4배가 올랐습니다. 급격한 인플레이션을 우려한 일본 정부가 뒤늦게 저금리에서 금리 인상 기조로 선회했고, 이는 1990년 이후 일본 주식과 부동산 폭락으로 이어졌습니다.

#밀턴프리드먼 #정부의시장개입 #시장만능주의

'지니계수'란 대표적인 소득분배 지표로 빈부격차와 계층 간 소득의 불균형 정도를 나타내는 수치. 즉 소득이 어느 정도 균등하게 분배되는지를 알려준다. 지니계수는 0부터 1까지의 수치로 표현되는데, 값이 '0'(완전평등)에 가까울수록 평등하고 '1'(완전불평등)에 근접할수록 불평등하다.

최근 오스카상을 받은 봉준호 감독의 〈기생충〉은 자본주의 사회에서의 빈부격차를 현실적으로 표현한 영화입니다. 빈부격차는 자본주의가 숙명적으로 가지고 있는 부작용이라고 할 수 있습니다. 자본주의는 일한 만큼 버는 것이 원칙이지만, 어느 순간부터 돈이 돈을 버는 상황이 되니까요. 특히 금융권력이 경제의 주도권을 잡으면서 이런 현상이 발생했습니다. 자연스럽게 돈을 가진 사람은 더 많이 갖게 되고, 없는 사람은 더 가난해지게 됩니다.

경제학자들은 이런 부작용을 해결하기 위해 먼저 빈부격차를 객관화할 필요를 느꼈고, 이런 고민 끝에 나온 것이 지니계수, 엥겔지수 등입니다. 지니계수는 빈부격차와 계층 간 소득의 불균형 정도를 나타내는 수치로 0부터 1까지로 표현합니다. 값이 '0'(완전평등)에 가까울수록 평등하고 '1'(완전불평등)에 가까울수록 불평등하다는 것을 나타냅니다. 그래서 정부마다 조금이라도 수치가 떨어지면 불평등이 완화됐다고 자화자찬하기에 바쁩니다. 보통 0.4를 넘으면 소득분배의 불평등 정도가 심한 것으로 보고 있습니다. 지니계수를 통해 국가 간 그리고 다양한 계층 간 소득분배를 비교할 수 있고, 국가 내에서 시간에 따른 소득분배의 변화상을 파악하여 소득 불평등 정도의 변화를 알 수 있습니다.

하지만 몇 년 전부터 우리나라 지니계수가 다른 OECD 국가와 비교하면 부정확하다는 지적이 제기되어 정부가 나섰습니다. 지니계수가 이렇게 현실과 잘 맞아떨어지지 않는 이유가 뭘까요? 이에 대해 통계청 관계자는 한 언론과의 인터뷰에서 "고소득자의 소득이 제대로 파악되지 않기 때문이다. 아무리 보완하려 해도 잘 안 되는 한계가 있다"라고 말했습니다. 다른 조건이 비슷하다면 고소득자의 소득이 적게 파악될수록 지니계수가 낮게 나온다는 얘기죠. 그런데 고소득자에게 접근하기가 어려워 조사 자체가 쉽지 않은 데다가 조사에 응하더라도 소득을 축소 보고하는 경향이 있다고 합니다. 만약 이 지표가 현실을 반영하지 못한다면 어떻게 될까요? 제대로 된 복지 및 재분배 정책을 수립할 수 없겠죠. 지니계수의 현실 반영도를 높이려면 다른 선진국처럼 국세청의 소득세 자료 등을 활용하는 방법 등을 고려해봐야 한다고 생각합니다.

#소득불균형 #엥겔지수

033	**GDP** 한 국가의 경제 성적표

━━━━━━━ 한 국가의 경제수준을 나타내는 지표를 말한다. 외국인이든 한국인이든 국적을 불문하고 일정 기간 우리나라 국경 내에서 이루어진 생산활동(재화 및 서비스 포함)의 총액을 나타내는 개념이다. 'Gross Domestic Product'의 약자이며, 우리말로는 '국내총생산'이라고 부른다.

GDP만큼 경제뉴스에서 많이 언급되는 단어도 많지 않을 겁니다. 한 나라의 경제를 재단할 수 있는 통계는 많지만 그중 GDP는 가장 포괄적으로 경제 전반을 포함한 수치입니다. 한마디로 개인과 기업 등이 한 나라 안에서 경제활동을 해서 생산하는 돈을 모두 더한 값이라고 할 수 있습니다. 즉 2019년 우리나라의 GDP는 총 1조 6296억 달러인데 이 돈에는 내가 한 해 동안 벌어들인 월급, 집 앞 단골식당 사장님의 수입, 동네 부동산 사장님의 중개수수료, 삼성전자가 국내에서 판 휴대폰 수입 등이 모두 포함된 거죠. GDP가 크다는 것은 그만큼 한 나라의 경제규모가 크다는 말이고, 이는 곧 경제활동에 참여하는 인구가 많다는 의미이기도 합니다. 그래서 GDP는 각 나라의 경제점수를 비교하는 최우선 척도로 사용하기도 합니다.

2020년 한 해 코로나19로 인해 경제활동이 급격하게 위축되면서 생산활동을 하는 사람도 많이 줄었죠. 생산활동이 줄었다는 것은 곧 GDP가 줄어들 것이란 의미입니다. 실제로 한국은행은 8월 27일 국내외 코로나19 재확산 등의 영향으로 올해 우리나라 실질 국내총생산(GDP) 성장률이 -1.3%에 그칠 것으로 전망했습니다.

GDP는 다시 명목GDP와 실질GDP로 나누는데, 전문가가 아니라면 두 차이를 구분하는 것이 큰 의미가 없으니 여기서는 간단히 설명하고 넘어갈게요. 명목GDP는 생산액을 당해년도 시장가격으로 평가한 것으로 물가상승분이 반영된 것이고, 실질GDP는 생산량에 기준년도의 시장가격을 곱해서 계산한 것으로 가격 변동은 제거되고 생산량 변동만을 반영합니다. 언론 등에서 주로 쓰이는 GDP는 실질GDP입니다.

참고로 최근 미국 휴대폰 제조업체 애플이 지난 8월 20일 상장회사 가운데 처음으로 장중 시가총액 2조 달러(약 2368조 6000억 원)를 돌파하며 미 증시 역사를 새로 썼다고 합니다. 2조 달러는 지난해 한국 국내총생산(1조 6295억 달러)보다 많고 세계 8위인 이탈리아와 비슷한 수준이라니 애플이라는 회사의 영향력이 새삼스럽죠?

#경제점수 #실질GDP #명목GDP

034 | 블랙스완과 네온스완 절대로 없는 것은 없다

~~~~~~~~~~ 백조(白鳥)란 한자 그대로 하얀 새다. 검은 백조란 존재하지 않는다. 따라서 경제에서 '검은 백조(블랙스완)'란 절대 일어날 것 같지 않은 일이 일어나는 것을 의미한다. '네온스완'은 스스로 빛을 내는 백조란 뜻으로 블랙스완보다 더 일어나기 어려운 현상을 말한다.

2019년 12월 중국 우한에서부터 발생한 코로나19 바이러스는 상상할 수 없는 후폭풍을 몰고 왔습니다. 각국의 경제가 2차 세계대전 이후 최악의 상황을 맞았다는 평가가 나오고 있는 가운데 대다수 국가가 2020년에 마이너스 성장을 기록할 가능성이 커졌죠. 2020년 5월 개최한 '제9차 혁신성장 전략점검회의 겸 정책점검회의'에서 우리나라 김용범 기획재정부 1차관은 코로나 19 확산에 따른 세계 경제위기와 관련해 '블랙스완(Black Swan)에서 나아가 네온스완(Neon Swan)도 배제할 수 없는 시기가 됐다'라고 진단한 적이 있습니다. 김 차관은 블랙스완과 네온스완이라는 단어를 사용했는데 두 단어 모두 현실에서 일어나기 어려운 상황이란 뜻에서 같은 의미지만 그 강도에 차이가 있습니다.

블랙스완이란 검은 백조, 즉 현실에 존재하지 않는 것을 뜻합니다. 그렇지만 한 번 일어나면 걷잡을 수 없는 파급효과를 몰고 온다는 게 문제죠. 블랙스완이라는 단어는 미국 월스트리트 투자 전문가인 나심 니콜라스 탈레브가 2007년에 출간한《블랙스완》에서 처음 사용했습니다. 그는 이 책에서 1987년에 발생한 블랙먼데이, 2001년에 발생했던 9·11 테러, 2008년 서브프라임 모기지 사태로 인한 글로벌 금융 위기의 공통점을 지적한 바 있습니다. 이런 사건의 발생 가능성은 극도로 낮으나 일단 일어나면 예기치 못한 엄청난 충격과 파급효과가 있다며 이를 블랙스완으로 묘사했던 것이죠. 최근에는 기후 변화가 초래할 경제·금융 위기를 뜻하는 의미에서 '그린스완'이라는 단어까지 등장했습니다.

2008년 미국 서브프라임 모기지 사태로 촉발된 글로벌 금융위기 때부터 많이 사용한 단어로 설마 했던 월스트리트의 몰락을 빗댔습니다. 그런데 코로나19 사태로 인한 경제위기는 전 세계에 글로벌 금융위기 이상의 충격을 던지고 있죠. 이에 경제학자들은 블랙스완이 아닌 '네온스완'이라는 표현으로 이번 사태를 나타내고 있습니다. 네온스완은 '스스로 빛을 내는 백조'라는 뜻처럼 상식적으로 절대 일어나기 어려운 상황을 말합니다. 실제 발생한다면 시장에 미치는 영향이 아주 큰 위협이 될 상황임을 뜻하는 금융용어입니다. 블랙스완보다 더 강력한 의미로 쓰입니다.

#니콜라스탈레브 #서브프라임사태 #그린스완 #네온스완

─────── 비관적인 관점에서 예측하는 경제 전문가를 일컬어 '닥터둠(Dr. Doom)' 이라고 한다. 미국의 투자전략가 마크 파버에게 처음 붙여진 별명이다. 1987년 뉴욕 증시 대폭락과 1997년 아시아 외환위기를 예견하면서 이런 별명이 붙었다.

누리엘 루비니 뉴욕대 경영대 교수는 코로나19로 인해 침체에 빠져 있던 미국 증시가 폭등한 2020년 5월 24일 월스트리트에 찬물을 끼얹었습니다. 그는 이날 야후파이낸스와의 인터뷰에서 '코로나바이러스 사태로 2008년 금융위기보다 훨씬 혹독한 위기가 닥칠 가능성이 크다. 3분기까지 겪은 금융위기보다 훨씬 가혹한 불황에 빠질 것이라는 데 의문의 여지가 없으며 관건은 4분기에 들어서 좋아질 가능성이 있느냐는 것'이라고 말했습니다.

루비니 교수는 '몇 주 안에 격리 조치 완화를 기대한다'라는 도널드 트럼프 대통령의 낙관론에도 정반대로 맞섰습니다. 그는 '만약 중국이 그랬고, 이탈리아가 이제야 하는 것처럼 한두 달 정도 경제를 완전히 멈춰서게 하지 않는다면 코로나바이러스 인한 경제위기는 걷잡을 수 없이 폭발할 수 있다'라며 트럼프가 한두 주 안에 경제를 다시 가동하겠다니 말도 안 되는 소리다'라고 직격탄을 날렸죠. 루비니 교수는 코로나 사태로 인한 경제위기는 1920년대 말 대공황보다 훨씬 가혹할 수 있다는 두려운 전망도 내놨습니다. 그는 이날 미 증시 폭등으로 'V자형 회복'이 가능할지 모른다는 기대감에 대해서는 'V자나 U자형 회복은 기대하지 마라. L자형도 아니고 I자형으로 급전직하하는 충격이 경제에 닥칠 것'이라고 했습니다. 그 어디에서도 긍정적인 생각은 찾아보기 힘들죠?

이렇게 비관적인 전망을 주로 하는 루비니 교수의 별명은 '닥터둠'입니다. 비관적인 관점에서 예측하는 경제 전문가라는 거죠. 영어 단어로 '둠'(doom)이 '파멸 혹은 비운'이니까 닥터둠은 '파멸'을 진단하는 의사라고 볼 수 있겠습니다. 미국 투자전략가 마크 파버가 1987년 뉴욕 증시 대폭락을 예견하고, 고객들에게 보유주식을 현금화하라고 권유하면서 처음 이 별명이 붙었습니다. 마크 파버는 1997년에도 아시아 외환위기를 예견한 바 있습니다. 그는 2001년부터 금에 투자하라고 권하면서 시선을 끌었으며, 글로벌 금융위기가 발생하기 전인 2007년부터 전 세계 증시의 거품이 꺼질 것이라고 경고하기도 했습니다.

#루비니교수 #마크파버 #뉴욕증시대폭락

036 | 규모의 경제 많이 찍어내면 단가가 떨어지는 마법

──────── 대량생산을 통해 재화에 들어가는 단위당 비용을 줄이고 이익을 늘리는 방법을 말한다. 최근에는 생산 설비를 증강함으로써 생산비를 낮추는데, 이처럼 생산 조직이나 생산 규모가 커질수록 생산과 판매를 위한 비용이 줄어들고 이익이 늘어나는 것을 '규모의 경제'라고 한다.

문재인 정부가 추진하고 있는 수소경제의 핵심 사업 중 하나가 바로 수소 자동차입니다. 아이러니하게도 수소차를 생산하고 있는 국내 자동차 브랜드의 설명에 따르면 이 차는 생산하면 할수록 손해라고 합니다. 이 차의 가격은 7000만 원 전후인데, 실제 생산비용은 1억 원에 달한다는 것이 업체의 설명입니다. 수소차에 들어가는 부품의 가격이 비싼 것도 있지만, 기계적인 생산라인이 아니라 전부 수작업을 통한 조립이기 때문에 그만큼 생산단가가 올라간다는 얘기였습니다. 수소차의 인기가 올라가자 자동차 브랜드는 자동화 라인을 통한 대량생산에 들어갔습니다. 이렇게 대량생산이 가능해지면 생산단가가 낮아지기 때문에 자동차 가격도 낮아지게 됩니다. 이와 같은 것을 경제학에서는 '규모의 경제(economic of scale)'라고 합니다. 대량생산이나 기술의 도움을 받아 제품 하나당 들어가는 비용을 줄여서 궁극적으로는 이익을 늘리는 것이죠.

  미국에서 생산하는 쌀이나 육류의 값이 우리나라에서 생산하는 것보다 저렴한 이유도 이것입니다. 대량생산 시설을 짓고 시설 자동화 설비나 기계를 통해 수확하거나 가축을 기르면 그 비용이 훨씬 줄어드니까요. 우리나라로 오는 물류비용을 상쇄하고도 남을 정도라고 하죠. 이 역시 규모의 경제에 해당합니다.

규모의 경제와 다른 의미지만 생산비용 절감 효과를 이야기할 때 같이 쓰는 용어가 있습니다. 바로 '범위의 경제'입니다. 범위의 경제(economies of scope)는 하나의 기업이 2가지 이상의 제품을 함께 생산하면 2가지를 각각 따로 다른 기업에서 생산할 때보다 비용이 적게 드는 현상을 말하며, 인수합병의 이론적 근거가 됩니다. 예를 들어 반도체를 만드는 회사가 휴대폰을 만들면 경제적으로 비용을 줄일 수 있다는 것이 범위의 경제에 해당합니다.

#범위의경제 #대량생산 #단가절감

양극화 시간이 갈수록 더 멀어지는

―――――――― 서로 다른 계층 또는 집단이 상반되는 방향으로 분리되는 현상을 말한다. 양극화는 경제적 양극화와 사회적 양극화로 나뉘는데, 주로 경제적 양극화의 결과로 사회적 양극화 현상이 나타난다.

양극화의 사전적 의미는 간단하지만 21세기 우리나라의 사회현상을 설명할 때 가장 많이 사용하는 단어이기도 합니다. 부의 양극화, 이념의 양극화, 기회의 양극화 등의 단어를 언론을 통해서 많이 접했을 겁니다. 경제적으로 양극화는 부의 편중 현상을 말합니다. 부자는 더욱 많은 것을 갖게 되고, 가난한 사람은 더욱 가난해지는 현상이죠. 고 노무현 전 대통령이 퇴임하면서 재임 중 가장 뼈아프게 생각하는 일이 바로 이 '양극화를 심화시켰다'라는 말이었죠.

원래 사회적 양극화는 경제적 양극화가 원인이라고 알려져 있습니다. 경제적으로 부유한 사람들은 돈을 벌 수 있는 더 많은 기회가 주어집니다. 그뿐만 아니라 부가 대물림되면서 다음 세대도 상대적으로 더 많은 것을 누릴 수 있습니다. 교육을 매개로 부유한 집안의 자녀는 더 많은 교육 기회를 누리게 되고, 더 좋은 학교 및 학과에 진학할 가능성이 커집니다. 이들은 다시 고소득이 보장되는 좋은 직장을 다니게 됩니다. 반면 가난한 집의 자녀들은 좋은 교육을 받을 기회가 상대적으로 적습니다. 이처럼 경제적 양극화는 소득의 양극화를 불러오고 이것은 다시 사회적 양극화를 불러옵니다. 이런 악순환이 계속되면서 사회적 양극화는 점점 심해집니다.

진보적 경제학자들은 이런 양극화가 '신자유주의의 결과물'이라고 말합니다. 이런 부작용을 바로 잡으려면 국가권력에 의한 '부의 재분배'가 필요하다고 주장합니다. 부를 재분배하기 위해서는 복지정책을 강화하고, 고소득층의 세금을 늘려 재원을 마련하는 등의 방법이 있습니다. 공교육을 강화하고 사교육을 억제하는 것도 사회적 양극화나 부의 대물림을 막기 위한 방안입니다. 정치권에서는 이런 양극화를 막기 위해 극단으로 엇갈리는 대안을 내놓기도 합니다. 어떤 정치인은 CEO 등의 임금을 정하는 최고임금제를 도입해야 한다고 주장하는 반면, 어떤 정치인은 최저임금을 올려야 한다고 주장합니다.

#신자유주의 #재분배 #최저임금 #비정규직의정규직화

038 통상임금 작고 소중한 내 월급

~~~~~~~~~~~~~ 근로자에게 정기적으로 지급되는 월급, 주급, 일급, 시간급 등을 총칭해서 '통상임금'이라고 말한다. 3가지 기준이 적용될 때 통상임금이라고 할 수 있다. 이런 통상임금을 어디까지로 볼 수 있느냐에 따라 사측과 노동자의 기준이 달라 현재도 통상임금과 관련한 수많은 소송이 법원에서 진행 중이다.

통상임금은 3가지 조건을 충족해야 합니다

첫 번째, 정기적이어야 한다. 즉 정해진 일정 기간마다 정기적으로 지급되어야 한다.

두 번째, 일률적이어야 한다. 일정한 조건에 해당하는 모든 노동자에게 일률적으로 지급해야 한다.

세 번째, 고정적이어야 한다. 이미 고정적으로 정해진 조건에 따라 지급해야 한다.

그렇다면 회사에서 연말에 받는 상여금은 통상임금에 해당할까요? 상여금이란 이익이 났을 때 매년 지급되긴 하지만 회사 실적이 마이너스로 돌아서면 지급되지 않을 수도 있습니다. 상여금이 통상임금에 해당하는지는 노사의 오랜 논란거리입니다. 이와 관련해 가장 유명한 건 기아자동차 노조가 회사를 상대로 낸 통상임금 소송입니다.

기아차 생산직 노동자 2만 7000명은 2011년 연 700%에 이르는 정기 상여금을 비롯한 각종 수당을 통상임금에 포함해 수당, 퇴직금 등을 정해야 한다며 소송을 냈습니다. 논란 끝에 지난 2019년 서울고등법원은 노동자의 손을 들어줬습니다. 다만 재판부는 1심에서 통상임금으로 인정한 중식비와 일부 수당 등은 통상임금에서 제외했습니다. 이 판결에 대해 기업들이 당장 반발하고 나섰죠. 상여금까지 통상임금으로 포함하면 인건비 부담이 대폭 늘어나기 때문입니다.

　통상임금을 어디까지로 볼 것인가는 워낙 첨예한 부분이라 법원의 판단을 따를 때가 많습니다. 예를 들어 회사가 출근한 노동자에게 지급한 구내매점용 물품구입권도 통상임금에 해당한다는 대법원판결이 있는가 하면, 회사가 노동자에게 지급한 복지포인트는 통상임금에 해당하지 않는다는 판결도 있습니다. 법원은 전자의 경우 '물품구입권은 실제 근무성적과 상관없이 근무일수에 따라 정기적·일률적으로 지급되어 온 고정적인 임금이고, 현금이 아닌 현물로 지급되었다고 해서 통상임금의 범위에서 제외할 수는 없다'라고 봤습니다. 그런데 후자의 경우는 '복지포인트의 전제가 되는 선택적 복지제도는 근로복지기본법에서 정한 제도'라며 '해당 법령은 근로복지 개념에서 임금을 명시적으로 제외하고 있다'라고 통상임금 제외 이유를 설명했습니다.

상여금

039 | 지하경제 보이지 않는 어둠의 세계

──────────── 공식적으로 집계되지 않는 모든 경제활동을 의미한다. '검은 경제 (Black economy), 그림자 경제(Shadow economy)'라고도 부른다. 일반적인 경제활동은 정부가 파악하여 적법한 절차에 따라 세금을 부과하지만 현금거래가 대부분인 지하경 제는 추적이 되지 않아 세금을 걷지 못한다.

취재 당시 한 국세청 직원에게 들은 얘기입니다. 대형 찜질방 세무조사 를 할 때였는데, 한 찜질방은 항상 손님이 많은 것에 비해 국가에 내는 세금이 너무 적었다고 합니다. 카드로 계산하거나 현금영수증을 끊으면 부가세 10%를 더 내야 했기 때문에 현금으로 계산하는 손님이 많았다 고 하네요. 그러다 보니 규모가 어느 정도인지 구체적으로 파악하기가 어려웠다고 합니다. 국세청에서 고안해낸 방법은 쓰레기통을 뒤져 이곳 에서 나오는 칫솔 개수를 파악하는 거였습니다. 정확하지는 않아도 어 느 정도 규모를 짐작할 수는 있을 거라는 생각에서였다고 하네요. 국세 청 직원들이 이처럼 쓰레기통까지 뒤지면서 매출을 파악하는 것은 바로 지하경제 때문입니다.

원칙적으로 한 국가 안에서 이뤄지는 모든 경제활동에 대해 세금이 부여됩니다. 다른 사람한테서 재화나 서비스, 부동산 등을 산 사람은 부 가세, 취득세 등을 내야 하고, 판 사람은 소득세, 법인세, 양도세 등을 냅 니다. 하지만 어떤 사람들은 세금을 내지 않기 위해 갖은 아이디어를 짜 냅니다. 이런 모든 행위가 바로 지하경제에 해당합니다. 지하경제는 한

마디로 정부가 파악하기 어려운 모든 경제활동을 말합니다. 흔하게는 소상공인들이 현금만 받는 행동도 지하경제죠. 하지만 마약거래나 뇌물 등의 불법자금 유통, 외환을 밀반출하는 행위, 불법적인 노동활동, 기업의 음성적 비자금 등 조직적이고 대규모인 불법행위가 지하경제의 큰 부분을 차지하고 있습니다.

지하경제 규모는 절대 작지 않습니다. 한국조세재정연구원이 2017년 내놓은 〈소득세 택스 갭(Tax Gap) 및 지하경제 규모 추정〉이라는 보고서를 보면 2015년 기준 지하경제 규모는 124조 7000억 원으로 그해 국내총생산(GDP)인 1558조 6000억 원 대비 8.0%에 달한다고 밝힌 바 있습니다. 그래서 5만 원권 지폐가 처음 나왔을 때 지하경제를 키워주는 일이라며 반대하는 여론이 만만치 않았습니다. 지하경제를 양성화할수록 세수가 늘어나는 만큼 역대 정부에서는 매번 지하경제와의 전쟁을 선포해왔습니다.

#세무조사 #탈세 #5만원권

~~~~~~~~~~~~ 법인의 실제 발생소득 전부 또는 상당 부분에 대하여 조세를 부과하지 아니하거나 법인의 부담세액이 당해 실제 발생소득의 15% 이하인 국가 또는 지역을 말한다. 탈세와 돈세탁용 자금 거래의 온상이 되기도 하며, 대표적인 조세피난처로는 버뮤다, 버진아일랜드, 바하마 등이 꼽힌다.

혹시 애플 앱스토어에서 결제한 카드 내역을 자세히 본 적 있나요? 유심히 보면 해외결제 내역이 버진아일랜드라는 것을 알 수 있습니다. 애플이 미국 회사인 줄 알았는데 왜 버진아일랜드에서 결제됐다고 나올까요? 여기에 바로 조세피난처의 비밀이 숨어 있습니다. 애플이 미국 대신 과세율이 낮고 비밀이 철저하게 보장되는 조세피난처에 법인을 세우고 이를 통해 앱스토어의 수익을 벌어들인 것이죠. 애플만 그러는 게 아닙니다. 마이크로소프트나 구글 같은 글로벌 기업이 통상적으로 쓰는 수법입니다. 우리나라의 웬만한 대기업도 해외계열사 중 조세피난처에 적을 두고 있는 곳이 최소한 두 군데는 있다고 해도 과장은 아닙니다.

개인도 마찬가지죠. 지난 2013년 전 세계 정치권을 발칵 뒤집는 한 언론보도가 있었습니다. 국제탐사보도언론인협회(ICIJ)가 조세피난처인 카리브해의 영국령 버진아일랜드(BVI)에 재산을 은닉한 유명인사들의 명단을 일부 공개한 것입니다. 여기에는 일함 알리예프 아제르바이잔 대통령 일가와 필리핀 독재자 페르디난드 마르코스의 맏딸 마리아 이멜다 마르코스, 프랑수아 올랑드 프랑스 대통령의 대선 재정 공동책임자

였던 장 자크 아우기어, 몽골의 국회 부의장 바야르적트 상가자브, 이고르 슈바로프 러시아 부총리의 아내 올가 슈바로프 등이 포함됐습니다.

　조세피난처의 특징은 법인 설립이 쉽다는 것입니다. 대부분의 나라에서 법인 설립은 상당히 까다롭고 엄격한 요건을 요구합니다. 해당 법인의 운영 방향을 결정하고 책임을 지는 자, 즉 이사가 누구인지를 투명하게 밝혀야 하고, 각종 규제를 받으며 세금도 내죠. 그러나 조세피난처에서는 신청서와 등록세만 내면 아주 쉽게 법인을 설립할 수 있습니다. 법인을 설립한 자와 운영한 자, 돈을 실제 투자한 자가 누구인지 밝히지 않아도 됩니다. 각종 세율도 0%이거나 아주 낮죠. 그래서 뇌물로 받은 '더러운 돈'을 안전하게 관리하고 싶은 정치인이나 탈세 목적의 기업들이 조세피난처에 법인을 설립합니다. 그렇다면 조세피난처에서는 왜 이런 나라들의 법인 설립을 쉽게 허락하는 걸까요? 법인 설립 과정에서 내는 등록세가 바로 조세피난처의 수익이 되기 때문입니다.

#합법적탈세　#자금세탁　#역외탈세

| **사외이사제** 회사에도 심판이 필요하다

──~~~~~~~~── 일정한 자격 요건을 갖추고, 대주주의 영향을 받지 않는 전문가들을 이 사회에 참여시키는 제도다. 기업 권력의 집중과 남용을 방지하고 기업의 사회적 책임을 성실히 수행하기 위해 도입되었으며, 우리나라에선 1996년 현대그룹이 국내 처음으로 이 제도를 도입했다.

사외이사 제도의 도입 취지는 견제와 균형입니다. 경영진의 독단적인 운영을 견제하기 위해 기업이 중요한 결정을 내릴 때 대주주의 영향을 받지 않는 전문가들을 참여시키는 것이죠. 전문가들은 주로 대학교수, 변호사, 공인회계사, 언론인, 사회시민단체 임원, 퇴직관료나 기업인 등으로 구성됩니다. 미국의 경우 상장회사들은 전체 이사진의 70~80%를 비상근인 사외이사로 두고 있습니다. 사외이사들은 1년에 수차례 이사회에 참석합니다. 기업의 중요한 경영방향에 대해 의견을 내고 감사활동도 병행합니다. 사외이사 제도가 원래의 목적에 맞게 운영되려면 사외이사의 선임과 그 운영이 투명하고 공정하게 이뤄져야 합니다.

우리나라는 2020년부터 사외이사 임기 제한제도를 시행합니다. 현재 많은 기업이 사외이사제를 시행하고 있지만 사외이사는 단지 비상근이사일 뿐 기업의 경영진과 특수관계에 있는 경우가 대부분이었습니다. 상장기업의 이사 가운데 평균 45.4%가 그 기업과 아무런 연관이 없는 외부이사로 구성되어 있어 철저하게 기업권력의 집중과 남용을 방지하는 미국과는 매우 다르게 운영되고 있었죠. 국내 대기업의 오너들은 사외이사 자리에 '자기편'을 심어두고 여전히 개인기업과 다를 바 없이 운영해왔습니다. 현재 상장기업 대부분이 사외이사추천위원회를 두고 있지만 이 역시도 '형식적'이라는 지적을 피하기는 어렵습니다. 실제로 2019년 대기업 상장계열사 사외이사의 안건 찬성률은 무려 99.6%에 달했습니다.

게다가 한번 선임된 사외이사가 한 회사에서 무기한 재직이 가능하다는 점도 문제점으로 꼽혀왔죠. 한국기업지배구조원(KCGS)이 2018년 '코스피 100' 기업을 분석한 자료를 보면 7년 초과 장기 재직 사외이사 수는 오너 기업에서는 23명이었던 반면 오너가 없는 기업에선 한 명도 없었다고 합니다. 이에 따라 정부는 국내에 사외이사 제도를 도입한 지 23년 만에 사외이사 독립성 확보를 위한 '상법 시행령' 개정안을 의결했습니다.

개정된 상법 시행령에 따라 사외이사는 한 회사에서 6년, 계열사까지 포함해 9년을 초과하면 더 이상 근무하지 못하게 되었습니다. 특정 회사 계열사에서 퇴직하면 2년 동안 그 특정 회사의 사외이사가 될 수 없도록 했죠. 전문가들은 이번 임기 제한을 두고 사외이사의 독립성을 확보하기 위한 최소한의 제동장치가 마련됐다고 평가하고 있습니다. 하지만 여전히 갈 길은 멀어 보입니다. 임기제한 제도가 시행된 직후인 2020년 4월 KBS가 국내 30대 그룹 사외이사들의 면면을 분석한 결과, 논란이 된 '고인물' 사외이사의 상당수가 다른 기업으로 자리를 옮긴 데 그쳤다고 합니다. 막강한 관료 출신들은 여전히 대접받았고 학계, 재계, 언론, 법조, 출신별 구성도 크게 달라진 게 없었습니다.

#거수기   #오너횡포견제

| **보아뱀 전략** M&A에도 전략이 필요하다

〜〜〜〜〜〜〜〜 작은 기업이 큰 기업을 인수합병하는 전략을 말한다. 이 전략은 성공확률이 매우 낮으며 실패 시 막대한 추가비용 발생 등 위험부담이 크다. 반면 성공 시 작은 기업이 단기간에 성장할 수 있다는 이점이 있다. 프랑스의 작가 생텍쥐페리의 《어린왕자》에서 보아뱀이 코끼리를 삼킨 이야기를 빗대 만든 용어다.

《어린왕자》에 코끼리를 삼킨 보아뱀 이야기가 나옵니다. 겉보기에 중절모처럼 보이는 그림이, 보아뱀이 코끼리를 삼킨 것이라고 설명하는 부분이 있는데, 어린왕자는 보아뱀이 코끼리를 소화하려면 여섯 달 동안 긴 잠을 자야 한다고 말합니다. 자신의 몸보다 큰 코끼리를 소화하기 위해 보아뱀은 오랜 시간을 들이는 것이죠.

경영에서 보아뱀 전략이 성공하려면 충분한 자원과 시간, 역량이 필요합니다. 전략 성공 시 얻게 될 장밋빛 미래만 보고 섣불리 덤벼들었다간 역효과를 피할 수 없습니다. 국내 보아뱀 전략 실패 사례로 가장 유명한 것은 2009년 효성그룹의 하이닉스 인수 건입니다. 2009년 9월 자산규모 6조 원의 효성그룹이 자산규모 13조 원의 하이닉스 인수를 발표했습니다. 우리나라 섬유업계의 대표 격인 효성그룹이 당시 법정관리 중이던 하이닉스를 인수하겠다는 것은 향후 반도체사업에 뛰어들겠다는 공표나 다름없었습니다. 국내외 투자자들이 모두 놀랐죠.

결과적으로 하이닉스는 효성이 삼키기엔 너무 큰 코끼리였습니다. 기술 첨단화를 위해 막대한 투자를 계속해야 하는 반도체사업의 속성을 얄잡아 봤던 것입니다. 효성은 그룹의 외형확장과 사업다각화를 위해 반도체기업을 인수하려고 했지만, 한 해당 1조 원이 넘는 투자를 계속하기란 쉽지 않았습니다. 결국 효성그룹은 인수 발표 2달 만에 하이닉스를 포기했습니다.

보아뱀 전략을 성공적으로 이뤄낸 기업도 있습니다. 2013년 NH농협증권은 자신의 규모보다 4배 이상 큰 우리투자증권을 인수했습니다. 당시엔 이 인수합병을 걱정스럽게 바라보는 시선이 많았습니다. 서로 다른 두 조직을 통합하기도 어려운 데다가 합병으로 인해 발생하는 비용도 적지 않기 때문입니다. 하지만 NH농협증권은 유연하게 대처했습니다. 자사의 조직과 시스템을 우리투자증권에 맞춰 통합했습니다. 각 기업의 노조도 적극적으로 협력하며 보아뱀 전략에 따른 부작용을 사전에 막았습니다. 이 인수로 인해 NH농협증권은 국내 최대 증권사인 NH투자증권으로 발돋움할 수 있었습니다. 결국 보아뱀 전략은 어떻게 활용하느냐에 따라 기업에 득이 될 수도 독이 될 수도 있는 셈입니다.

#기업인수합병 #성장전략

─────────── '독점'이란 단독기업이 하나의 산업부문을 지배하는 것을 말한다. '과점'은 소수의 유력업체에 의해 산업부문을 지배하는 것이다. 가장 흔한 독점 사례는 컴퓨터 보안인증을 위해 사용하는 공인인증서가 있다. 대표적인 과점 사례는 코카콜라와 펩시가 양분한 콜라 시장, 네이버와 다음이 양분한 포털 산업 등이다.

독점시장이 만들어지는 이유는 무엇일까요? 경제학적으로 풀어보면, 시장에서 경쟁이 불완전하게 이뤄진다는 것은 대체재가 없는데 진입장벽이 높다는 것을 의미합니다. 새로운 기업이 시장에 진입하는 것이 어려운 원인은 막대한 초기비용일 수도 있고, 기술적 노하우일 수도 있습니다. 이미 시장을 선점한 기업이 만들어낸 규제일 수도 있죠.

자연적으로 장벽이 발생할 때도 독점이 일어납니다. 가장 대표적인 분야가 우편서비스, 도시가스, 전력, 철도 공급 등입니다. 초기 투자비용이 너무 커서 국가에서 관리하는 경우입니다. 우리 주변에서 쉽게 찾아볼 수 있는 독점산업으론 공인인증서 제도가 있습니다. 1999년에 도입한 공인인증서 제도는 그동안 독점적인 지위를 누려왔습니다. 인증서 발급 절차가 까다롭고 각종 플러그인도 설치해야 하는 등 불편하다는 지적을 받아왔지만, 기관 대부분이 사설인증서를 인정하지 않기 때문에 사용자들은 울며 겨자 먹기로 사용할 수밖에 없습니다.

하지만 독점산업도 늘 경쟁시장의 도전을 받고 있고, 공인인증서도 마찬가지입니다. 까다로운 플러그인 없이도 전자거래의 안전성을 보장하는 블록체인 기술이 발전하면서 전자서명 시장에 새로운 경쟁자들이 등장했습니다. 카카오의 카카오페이 인증, 통신 3사의 패스, 은행권에서 만든 뱅크사인 등이 공인인증서를 대체할 후보군입니다. 독점시장을 규정하는 조건인 대체재가 등장한 거죠. 여기에 법적 진입장벽까지 완화되며 공인인증서 시장은 빠르게 변하고 있습니다.

　실제로 산업계에서는 완전독점이나 독점적 경쟁보다는 과점의 시장구조가 훨씬 광범위하게 존재합니다. 과점이란 독점과 비슷한 구조지만 하나의 기업이 아니라 몇몇 소수 기업이 시장의 대부분을 지배하는 형태를 말합니다. 과점기업들은 이윤을 극대화하기 위해 서로 담합하기도 합니다. 경쟁업체끼리 서로 합의해 과열경쟁을 피하고 가격을 결정합니다. 불공정한 카르텔을 형성하는 것이죠. 과점기업 간 담합으로 인해 가격경쟁이 활발하지 못할 때 그 피해는 고스란히 소비자에게 돌아갑니다. 또 과점기업끼리 디자인, 모델 변경, 광고, 판매 등 비가격경쟁을 벌이면 비용적인 낭비를 초래할 수도 있습니다.

　정부는 독점과 과점에서 오는 부정적 요인을 관리하기 위해 공정거래위원회를 설치해 운영합니다. 공정거래위원회는 국무총리실 소속 중앙행정기관입니다. 공정거래위원회의 주요 활동 내용은 경쟁 정책을 수립하고 운영하는 것입니다. 공정거래법에 따라 관련 사건을 심의 의결하는 역할도 담당합니다. 합의제 준사법기관이며, 이를 통해 산업 내 경쟁을 촉진하고, 소비자 주권을 확립하며, 중고기업의 경쟁 기반을 확보합니다.

#불공정경쟁　#기간산업　#국유기업　#공정거래위원회

044 | 어닝쇼크 주주들 뒷목잡게 만드는 실적

~~~~~~~~~~~~ '어닝(earning)'은 주식시장에서 기업의 실적을 의미한다. 분기 혹은 반기별로 기업이 영업실적을 발표하는 시기를 어닝시즌(earning season)이라고 한다. 어닝쇼크(earning shock)는 기업이 시장에서 예상했던 것보다 저조한 실적을 발표하는 것을 말한다. 반대는 어닝서프라이즈(earning surprise)'라고 한다.

코로나19가 2020년 상반기 경제를 강타하면서 2020년 1분기 산업계의 실적을 보도하는 언론에 어닝쇼크라는 단어가 자주 등장하고 있습니다. 지난 5월 중순 각종 산업계의 1분기 실적 성적표는 그 충격을 고스란히 반영하고 있죠. 특히 항공업계의 충격은 상당했습니다. 대한항공과 아시아나항공, 티웨이항공, 진에어, 에어부산 등이 줄줄이 마이너스 성적표를 받으며 어닝쇼크를 기록했습니다. 항공업계 관계자들은 코로나19 사태에 따른 노선축소와 여행수요 급감이 원인이라고 발표했습니다. 대한항공은 여객 매출의 94%를 차지하는 국제선 운항률이 10%대에 그치며, 매출액이 2조 3522억 8825만 원으로 전년동기(3조 414억 5259만 원) 대비 22.7% 줄어든 결과를 보였습니다. 아시아나항공도 1분기 별도재무제표 기준 2081억 6708만 원이라는 대규모 영업손실을 냈습니다. 적자 폭이 확대된 것이죠.

백화점업계도 사정이 크게 다르지 않습니다. 코로나19 여파로 인한 소비심리 위축과 면세점 사업 부진 등으로 어닝쇼크를 피할 수 없었습니다. 신세계는 올해 1분기 영업이익이 33억 원으로 전년동기보다 97%

나 감소한 것으로 잠정 집계됐다고 12일에 공시했습니다. 백화점 사업 매출은 3311억 원으로 전년동기 대비 11.7% 감소했고, 영업이익은 226억 원으로 57.7%나 줄었습니다.

어닝쇼크는 기업의 실적이 예상치보다 낮은 경우에 사용합니다. 반대 용어는 어닝서프라이즈입니다. 통상 기업의 실적이 예상치보다 높은 경우에 해당합니다. 어닝쇼크와 어닝서프라이즈는 본질적으로 같은 의미입니다. 시장에서 예상했던 실적과 다른 결과를 발표하는 건데, 예상치보다 실적이 좋으면 서프라이즈, 나쁘면 쇼크인 것이죠.

어닝쇼크라고 해서 해당 기업의 주가가 내려가는 것은 아니고, 어닝서프라이즈라고 해서 주가가 반드시 오르는 것도 아닙니다. 시장의 예상치보다 실적이 저조하면 기업이 아무리 좋은 실적을 발표해도 주가가 내려가기도 하고, 반대로 저조한 실적을 발표해도 예상치보다 나쁘지 않으면 주가가 오르기도 합니다.

어닝쇼크가 계속된다면 해당 산업계가 받을 충격은 눈덩이처럼 불어날 수 있습니다. 2020년 1분기에 어닝쇼크를 기록한 업계는 재빨리 2분기 목표를 하향조정하고 있습니다. 코로나19 직격탄 여파가 2분기부터 본격적으로 나타날 것이라는 전망이 나오고 있기 때문입니다. 여기에 최근 집회와 종교시설 등을 중심으로 발생했던 집단감염이 재발하며 코로나19로 인한 악영향이 장기화할 조짐을 보이는 것도 악재 중 하나입니다.

#기업실적발표 #어닝서프라이즈

━━━━━━━━━ 국적에 구애받지 않는다는 뜻으로 '초국적 기업'을 말한다. 세계적 미래학자 앨빈 토플러가 자신의 저서 《제3의 물결》에서 소개한 개념이다. 토플러는 초국적 기업이 해외시장을 자기 집 안마당처럼 종횡무진 누비면서 세계시장의 질서를 주도한다고 경고했다.

초국적 기업인 메타내셔널과 다국적기업인 멀티내셔널은 뭐가 다를까요? 가장 큰 차이는 기업의 목적과 본사의 핵심기능이 어디에 있는지에 따라 구분합니다. 다국적기업과 초국적기업 모두 전 세계를 상대로 회사를 운영합니다. 다국적기업이 해외에서 경영하는 이유는 저렴한 자원 활용과 제품판매 극대화에 국한됩니다. 본부나 연구개발(R&D), 핵심부품 생산기능은 본국의 본사에 남겨둡니다. 초국적 기업은 이런 점에서 다국적기업과 다릅니다. 핵심사업뿐만 아니라 아예 본사의 핵심시설까지 해외에 두니까요.

최근 들어 초국적 기업이 전 세계적으로 확산하는 이유는 지구촌 차원의 경쟁이 심화하고 있기 때문입니다. 초국적 기업은 진출한 국가의 현지기업에 비해 자금력이나 기술적 측면이 뛰어난 경우가 많습니다. 막대한 자금과 기술적 우위를 토대로 해외시장에서의 경쟁력과 생산력을 높이는 거죠. 실제로 미국 경제잡지 《포춘》이 선정하는 500대 기업 대부분이 초국적 기업입니다. 500대 초국적 기업이 전 세계 무역의 70%, 세계 국내총생산의 30%를 좌우하고 있다는 분석도 있습니다.

대표적인 초국적 기업으로는 네슬레와 나이키, 3M 등이 있습니다. 글로벌 음료업체인 네슬레는 회사 주요임원을 전 세계에서 채용합니다. 또 본사인 스위스가 아니라 해외 각국에 나가 있는 지사에서 경영전략을 세우고 있습니다. 요즘 유행하는 글로벌 경영이죠. 3M은 우리나라를 포함해 세계 각 지역으로 핵심 연구 기능을 분산시켰고, 나이키는 전 세계에서 판매되는 자사 제품의 품질을 유지하기 위해 연구개발에 투자를 아끼지 않습니다.

　한국의 볼보건설기계코리아도 대표적인 초국적 기업입니다. 건설중장비를 생산하는 볼보건설기계의 창원공장은 제품생산은 물론 기술개발까지 담당하고 있습니다. 창원공장에선 연간 건설중장비를 1만 5000대 이상 생산합니다. 여기에서 생산한 제품의 80% 이상을 수출하고 있는데, 지난 2012년에는 20억 달러 수출을 달성하면서 무역상(수출탑)을 받기도 했습니다. 한국이 볼보그룹 굴착기 사업의 글로벌 생산거점인 셈입니다. 국내기업 중에도 초국적 기업이 있습니다. 미국 캘리포니아주 로스앤젤레스에 디자인 센터를 설립해 산타페라는 자동차 제품을 히트시킨 현대 자동차가 대표적입니다.

　참고로 앞에서 언급한 앨빈 토플러(1928년 10월 3일~2016년 6월 27일)는 미국에서 활동한 세계적인 미래학자입니다. 여러 저서가 있지만 정보화 사회의 현상을 날카롭게 지적한 《제3의 물결》로 유명합니다.

#앨빈토플러　#제3의물결　#멀티내셔널　#다국적기업

━━━━━━━━━ 기업이 임직원에게 일정 기간이 지난 후에 자사의 주식을 미리 약정한 가격에 살 수 있는 권리를 부여하는 것이다. 스톡옵션을 받으면 자사주를 시세보다 낮은 가격에 매수할 수 있으며, 적당한 시기에 이를 처분하면 주가변동에 따른 차익을 획득할 수 있다. 우리나라에서는 1997년 4월부터 시행하고 있다.

국내 IT 기업의 양대 주자는 네이버와 카카오입니다. 코로나19로 비대면 시대가 열리면서 이 두 기업엔 호재로 작용하고 있습니다. 특히 카카오는 많은 사업이 고전을 면치 못한 2020년 1분기에 역대 최고의 분기매출을 거두었죠. 역대급 분기실적을 발표하기 하루 전인 2020년 5월 6일, 카카오는 임직원 323명에게 1550억 원 규모의 스톡옵션을 부여한다고 공시했습니다. 이번 스톡옵션 수량은 89만 5000주로 카카오가 임직원에게 준 스톡옵션 규모 중 역대 최대였습니다.

업계에서는 이번 스톡옵션 부여를 '카카오가 돈 버는 기업으로 성장했다는 자신감을 보여준 것'이라고 평가했습니다. 카카오의 지난 1분기 영업이익률은 10.2%였습니다. 주식도 연일 신고가를 경신하고 있죠. 지난 5월 7일 카카오의 시가총액은 17조 9132억 원으로 코스피 12위를 기록했습니다.

대규모 스톡옵션 단행 이후 카카오 측은 '회사의 이익을 공유하는 차원에서 매년 부여되는 스톡옵션의 일환'이라고 설명했습니다. 이렇게 스톡옵션은 새로운 경영전략으로 자리 잡고 있습니다. 처음에는 벤처비즈니스 등 새로 창업한 기업에서 자금 부족에도 불구하고 유능한 인재를 확보하기 위한 수단으로 이 제도를 활용했습니다. 해당 기업의 경영 상태가 양호해져 주가가 상승하면 자사 주식을 가진 임직원은 자신의 주식을 매각함으로써 상당한 차익금을 남길 수 있죠. 사업 전망이 밝은 기업일수록 스톡옵션의 매력은 높아지기 마련입니다.

요즘은 새로 창업하는 기업뿐만 아니라 기존 기업도 임직원의 근로의욕을 진작시키는 수단으로 활용합니다. 카카오의 경우 5월 7일 종가가 20만 6000원으로, 전날 지급된 스톡옵션 행사가(17만 3050원)보다 약 3만 3000원이나 높았습니다. 카카오의 주가가 더 오른 뒤에 이를 처분한다면 스톡옵션을 받은 임직원이 얻을 차익은 더욱 커질 것입니다. 스톡옵션이 일반화된 미국의 경우 스톡옵션을 통해 본봉보다 더 많은 소득을 올리는 전문경영인도 많다고 하죠.

한국은 1997년 4월부터 개정 증권거래법이 시행되면서 스톡옵션 제도를 도입했는데, 이후 벤처기업을 중심으로 급속히 확산했습니다. 이 제도는 철저하게 능력 중심으로 제공되기 때문에 직급 또는 근속연수를 바탕으로 하는 우리사주조합 제도와는 다릅니다. 자사의 주식을 매입하는 임직원에게 그 비율에 따라 일정 주식을 무상으로 지급하는 '스톡퍼처스(stock purchase)'와도 다릅니다.

#우리사주 #스톡퍼처스 #회사이익공유

PART 2

슬기로운 경제생활을
도와줄 재테크 상식

"은행은 맑은 날에는 우산을 빌려줬다가 비가 오면 우산을 걷는다."

_마크 트웨인

047	기준금리 은행 금리 이전의 금리

━━━━━━ 중앙은행인 한국은행이 물가와 경기변동에 따라 시중에 풀린 돈의 양을 조절하기 위해 인위적으로 결정하는 금리다. 한국은행의 최고 결정기구인 금융통화위원회에서 매달 회의를 통해서 결정한다. 한은이 기준금리를 인상하면 시중은행의 금리도 함께 오르고, 인하하면 시중은행의 금리도 덩달아 내린다.

2020년 2분기 우리나라 기준금리는 0.50%로 역대 최저 수준입니다. 한국은행은 2019년 10월부터 기존 연 1.50%이었던 기준금리를 꾸준히 내려왔습니다. 이 같은 한국은행의 결정엔 쉽사리 회복되지 않는 국내 경기에 대한 우려가 깔려 있는데요. 미중 무역분쟁 등 대외 리스크가 남아 있는 데다가 코로나19 사태·수출 부진·저물가 등 국내 경기 둔화 등이 이어지고 있는 탓입니다.

시중은행은 기준금리가 어떻게 결정되는지 촉각을 곤두세웁니다. 기준금리에 따라 은행 금리가 결정되기 때문입니다. 우리나라의 경우 매월 두 번째 주 목요일 한국은행 금융통화위원회 회의에서 기준금리를 결정합니다. 국내외 경제상황, 금융시장 여건 등을 종합적으로 고려해 유동적으로 조정하죠. 각국의 중앙은행은 금융기관과 환매조건부증권(RP) 매매, 자금조정 예금 및 대출 등의 거래를 할 때 기준금리를 기준으로 삼고 있습니다.

우리가 실제로 자금시장에서 사용하는 다양한 금리는 기본적으로 자금의 수요자와 공급자에 의해 결정됩니다. 자금의 수요가 공급보다 높으면 금리가 올라가고, 공급이 수요보다 앞서면 금리가 내려갑니다. 그런데도 기준금리가 중요한 이유는 뭘까요?

기준금리는 초단기금리인 콜금리에 즉시 영향을 미치고, 장단기 시장금리, 예금 및 대출금리 등의 변동으로 이어져 궁극적으로는 실물 경제활동에 영향을 미치게 됩니다. 각 통화 당국은 금리 수준 결정에 직접 또는 간접적으로 영향력을 행사해 전체적인 자금의 수요와 공급, 그리고 자금의 배분을 조절하는 것이죠.

우리나라 중앙은행인 한국은행은 채권의 매매나 금융기관의 지급준비율 또는 재할인율 등의 통화정책을 통해 금리에 영향을 줍니다. 일반적으로 한은이 기준금리를 올리면 시중 금리도 상승하게 되고, 기준금리를 낮추면 시중 금리도 떨어지게 됩니다.

기준금리를 내리면 시중에 돈이 풀려 가계나 기업은 투자처를 찾게 됩니다. 은행 차입비용이 내려가 소비·투자가 활성화되면 침체한 경기가 회복되고 물가상승으로 이어집니다. 기준금리를 올리면 반대로 시중에 돈이 마르겠죠. 은행 차입비용이 올라가 과도한 투자나 물가상승이 억제돼 과열된 경기가 진정되고 물가가 하락하게 된답니다.

#한국은행 #물가 #은행금리

~~~~~~~~~~~~ '제로금리'란 단기금리를 사실상 0%에 가깝게 만드는 것이다. 명목이
자율이 0%가 아니라 실질이자율이 0%에 가깝다는 의미로, 초저금리 정책의 일환이다.

"땅, 땅, 땅."

한국은행이 지난 2020년 5월 열린 금융통화위원회(이하 금통위)를 통해
기준금리를 연 0.75%에서 0.5%로 0.25% 포인트 하향 조정했습니다. 역
대 최저 수준입니다. 2019년 7월, 3년여 만에 금리를 1.50%로 인하한 이
후 지속해서 금리를 인하하고 있습니다. 금통위의 이번 조치는 코로나19
로 인한 경기 충격에 대응하기 위해 앞서 3월 임시 금통위에서 기준금리
를 '빅컷'한 데 이은 것으로, 올해 들어 두 번째 인하였습니다. 이주열 한
국은행 총재는 이번 기준금리 인하를 두고 '이번 인하로 실효하한에 가
까워졌다고 볼 수 있다'라고 밝혔습니다. '실효하한'이란 비(非)기축통화
국인 우리나라가 제로금리까지 기준금리를 내리는 것은 불가능하다는
점을 고려한 기준금리의 하한선을 의미합니다.

상당수의 시장 전문가들은 이게 끝이 아니라고 보고 있지만, 한국은행
은 섣부른 판단을 자제하고 있습니다. 이주열 총재는 '현재 미국 중앙은
행이 마이너스 금리 도입을 강하게 부정하는 만큼, 한은이 기준금리를
어느 수준까지 낮출 수 있을지 앞서 예상하는 것은 적절치 않다'라고 생

각을 밝혔죠. 올해 들어 추가적인 금리 인하 조치가 이뤄지면서 드디어 우리나라에도 0%대의 금리, 제로금리 시대가 등장했습니다. 제로금리가 대체 뭐며, 왜 한국은행은 자꾸 금리를 낮추려는 걸까요?

일반적으로 0%대의 초저금리를 제로금리라 합니다. 초저금리는 주로 경기침체기에 등장하는데, 금리가 낮아지면 시중에 돈이 풀리며 경기를 부양하는 효과를 기대할 수 있습니다. 은행에서 돈을 빌려야 하는데 이율이 낮으면 더 많은 사람이 돈을 빌려 생산활동에 나설 가능성이 크겠죠? 제로금리 정책을 펼친다는 것은 국가경쟁력과 생산력을 높이고, 소비를 촉진하고자 하는 의도가 담겨 있습니다.

하지만 제로금리가 도입된다고 마냥 좋아할 수는 없습니다. 제로금리를 도입한다는 건 경기가 쉽게 활성화되고 있지 않다는 방증이거든요. 0% 금리가 지속되면 기업으로선 자금조달이 쉬워집니다. 따라서 기업의 경제활동은 활발해지지만, 오히려 금융시장의 기능이 저하되고 구조조정이 지연되는 부작용도 있습니다. 무슨 말이냐면 저금리로 기업들이 '버티기'가 가능해지면서 정상적인 경제에서라면 구조조정이 돼야 마땅할 부실기업들이 살아남아 '좀비기업'이 될 수 있다는 것입니다.

일부 전문가들은 당초에 제로금리가 가져올 경기부양 효과에 대해 근본적인 의문을 던지기도 합니다. 20년이 넘는 기간 동안 제로금리 정책을 유지한 일본의 경우를 보면 금리가 낮다고 투자가 늘거나 사람들이 소비를 늘리는 현상은 거의 없었다는 겁니다.

#소비촉진 #경제불황타개 #좀비기업 #통화정책

049 | 마이너스 금리 경기부양의 마지막 카드

〰〰〰〰〰〰 중앙은행이 시중은행이 맡긴 당좌예금에 이자를 주는 대신 오히려 수수료를 받는 것을 말한다. 마이너스 금리는 시중은행이 적극적으로 대출하도록 유도해 경기를 부양하고, 인플레이션을 유인하기 위해 시행되는 정책이다.

우리가 은행에 예금하면 그에 대한 이자가 나옵니다. 시중은행이 중앙은행에 돈을 맡겨도 역시 이자가 나옵니다. 그런데 은행이 돈을 맡아주는 대가로 오히려 수수료를 받는 경우가 있습니다. 은행이 물건 맡아주는 창고도 아니고 이게 무슨 말일까요?

마이너스 금리가 그렇습니다. 마이너스 금리는 중앙은행이 시중은행들이 맡긴 예금에 대해 수수료를 부과하는 것입니다. 채권이나 예금에 대한 이자를 주는 대신에 오히려 보관료를 받는 셈이죠. 내 돈을 쓰지 않고 맡기는데 오히려 돈을 더 내야 한다? 이렇게 되면 시중은행은 중앙은행에 돈을 맡길 이유가 없겠죠. 은행으로선 가진 돈을 시중에 풀어 대출이자를 받는 게 수익률에 더 도움이 되니까요. 그래서 마이너스 금리가 되면 시중은행은 중앙은행에 돈을 맡기는 대신 대출 확대에 나서고, 그로인해 경기 부양 효과가 나타납니다. 시중은행은 기준 이상의 돈을 갖고 있으면 중앙은행에 예치해야 하므로 중앙은행은 이렇게 예금에 대해 수수료를 부과하는 마이너스 금리 정책을 활용해 경기를 조정하곤 합니다.

물론 이런 마이너스 금리는 '정상적인 금융활동'이라고 할 순 없습니다. 마이너스 금리는 사실 2008년 세계적인 금융위기와 그 이후 글로벌 저성장이 낳은 기현상입니다. 당시 심각한 경기침체를 겪었던 유럽과 일본 등 각국의 금융당국은 강제적으로라도 자국 경기에 활력을 불어넣어야만 했습니다. 강제적으로 자국 경기에 인플레이션을 유도하기 위해 고안해낸 정책이 마이너스 금리 정책이죠. 시중은행을 춥고 거친 대출 시장으로 밀어냄으로써 죽어가던 경기에 심폐소생술을 한 셈입니다.

처음으로 마이너스 금리 정책을 도입한 건 2012년 7월 비(非)유로존 국가인 덴마크였습니다. 덴마크 금융당국이 이 정책으로 경기 활성화라는 효과를 보자 다른 유럽 국가들이 그 뒤를 따르기 시작했습니다. 2014년 6월 유럽중앙은행이(ECB) 유로존 19개국을 대상으로 마이너스 금리를 도입했고, 스위스, 스웨덴 등이 그 뒤를 따르며 유럽을 중심으로 하나의 흐름을 형성했습니다. 아시아에서는 일본이 2016년 1월 시중은행이 중앙은행에 맡기는 당좌예금 중 일부에 대해 0.1%의 수수료를 물리는 마이너스 금리 도입을 전격 결정한 바 있습니다.

#경기부양 #중앙은행 #덴마크

050 | 예대마진 은행이 돈 버는 법

―――――――― '예대마진'은 '예금'과 '대출'의 금리 차이에서 오는 '마진'을 부르는 것으로, 대출금리에서 예금금리를 뺀 나머지 부분을 말한다. 시중은행 등 금융기관의 수입이 되는 부분이다.

은행은 기본적으로 영리를 추구하는 금융기관입니다. 안정적 운영을 위해 돈을 벌어야 하죠. 이를 위해 각종 금융상품을 만들어냅니다. 가장 대표적인 은행의 수익 상품이 바로 대출입니다. 은행은 개인이나 기업이 예금하면 이에 대한 이자를 줍니다. 그리고 이 예금보유분을 굴려서 개인이나 기업에 대출해주고 대출이자를 얻습니다. 은행이 얻는 이익은 대출로 받은 평균 이자에서 고객에게 돌려준 평균 이자를 뺀 나머지 부분이죠. 그러니까 예금과 대출의 금리는 은행의 수익을 결정짓는 아주 중요한 요소가 됩니다. 이게 바로 예대마진입니다.

은행 수익=(대출 평균 이자 지급분)-(예금 평균 이자 지급분)

은행의 수익으로 잡히는 예대마진은 순이자(수취이자-지급이자)에서 예대업무 취급에 따른 인적·물적 경비, 대출자산 부실화에 따른 대출원금의 손실(대손비용), 신용보증기금출연금, 예금보험료 및 교육세 등 준조세적 성격의 비용을 차감한 것입니다.

예금과 대출의 금리에 차이가 나는 이유는 대부분 대출금리가 예금금리보다 항상 높기 때문입니다. 은행으로선 적정 수준의 이익을 보장하기 위해서 예금금리와 대출금리에 차이를 두는 것이죠.

대출금리가 높고 예금금리가 낮을수록 예대마진이 커지고, 금융기관의 수입은 그만큼 늘겠죠? 이런 이유로 예대마진은 금융기관의 수익성을 나타내는 지표로 쓰입니다. 통상 은행에선 적정 예대마진을 2~3%포인트 정도로 본다고 알려졌습니다. 보통 대출금리가 오르면 예금금리도 오르게 마련입니다. 기준금리 인상으로 시중은행에서 대출금리를 올리면서 예금금리를 올리지 않으면 은행의 도덕성 논란에 휘말리기도 합니다. 최근 3년간 우리나라 시중은행들이 예대금리차를 확대해 해마다 1조 원 이상의 이익을 내온 것으로 알려졌죠. 2016년 평균 2.17%였던 시중은행들의 예대금리차는 2017년 2.28%, 2018년 2.33%로 매년 상승했습니다.

예금금리가 대출금리보다 오히려 높아 역(逆)마진이 생기는 경우도 있습니다. 금융기관들 사이의 예금·대출 경쟁으로 인하하거나 일시적인 금리 왜곡 등이 이유인데 매우 특수한 경우입니다.

#이자놀이 #금리차 #은행수입

051 | 정크본드 휴지조각 같은 채권

〰〰〰〰〰〰〰〰 '정크본드'는 기업의 신용등급이 아주 낮아 회사채 발행이 불가능한 기업이 발행하는 채권을 말한다. '고수익채권' 또는 '열등채'라고도 부른다. 최근엔 성장성은 있으나 신용등급이 낮은 중소기업이 발행한 채권 혹은 기업의 인수합병에 필요한 자금을 조달하기 위해 발행한 채권 등을 광범위하게 지칭하고 있다.

영어로 '정크(junk)'란 쓰레기를 의미합니다. 그러니까 정크본드를 있는 그대로 풀이하면 '쓰레기 같은 채권'이라 할 수 있겠죠. 실제로는 신용평가 등급이 아주 낮은 회사가 발행한 고위험·고수익 채권을 말합니다.

원래 정크본드는 경영악화나 실적부진 등으로 가치가 떨어진 악성채권을 지칭하는 용어였는데, 최근 들어 개념의 폭이 좀 넓어졌습니다. 성장 가능성은 있지만 신용등급이 낮은 중소기업이 발행한 채권이나 기업 M&A에 필요한 자금을 조달하기 위해 발행한 채권 등을 광범위하게 지칭합니다. 일반적으로 세계적 신용평가기관인 무디스의 신용등급 평가에서 'Ba 1' 이하, 스탠더드앤드푸어스의 평가에서 'BB+' 이하인 채권을 '정크본드'라고 부릅니다. 채권이나 어음은 신용등급에 따라 투자 적격인 등급과 투자 부적격인 투기등급으로 나누는데, 예상하다시피 정크본드는 투기등급입니다.

정크본드는 위험성이 높아 투자에 성공하면 대박, 실패하면 쪽박인 채권입니다. 최초의 정크본드는 1977년 미국의 드렉셀번하임램버트 사에서 최초로 발행한 것으로 알려졌습니다. 이후 1980년대 중반 기업 M&A

자금조달 수단으로 활용되면서 발행규모가 급격히 증가했죠. 대박을 노리며 정크본드에 투자한 사례는 셀 수 없이 많습니다.

최근 사례 중 유명한 것은 전기차업체 테슬라의 정크본드입니다. 만성적자에 시달리던 테슬라는 2017년 15억 달러 규모의 회사채를 발행했습니다. 2025년 만기의 일반 회사채였지만 테슬라의 신용평가 등급이 매우 낮았기 때문에 정크본드로 분류됐죠. 당시 스탠더드앤드푸어스는 테슬라의 회사채 신용등급을 투자에 '주의'를 요구하는 등급인 'B'를, 무디스는 투자주 등급 중 가장 아래 단계인 'B3'를 부여했습니다.

테슬라가 정크본드를 발행하자 예상보다 많은 투자자가 몰렸습니다. 당초 15억 달러를 목표로 채권을 발행했지만 최종 조달금액은 무려 18억 달러에 달했죠. 지금까지 성적으로 봤을 때 테슬라의 정크본드는 대박을 향해 가고 있습니다. 2019년 3분기에 '깜짝 실적'을 공개하며 주가와 더불어 정크본드 수익률도 강하게 상승했습니다.

이처럼 정크본드는 자금난에 시달리는 기업에 자금조달의 길을 열어준다는 순기능이 있습니다. 물론 실패하면 기업의 부채부담을 가중시켜 도산할 가능성도 커집니다. 하지만 테슬라처럼 성공적으로 해내면 새로운 기회를 잡을 수 있습니다. 세계적인 미디어 재벌인 루퍼트 머독(Rupert Murdoch) 뉴스코퍼레이션 회장도 성공적인 정크본드 발행을 발판으로 성장했다고 하죠. 하지만 한때 미국의 5대 증권사에 올랐던 드렉셀 사가 과도한 정크본드 투자로 1989년에 파산하며 이 시장의 위험성을 드러내기도 했습니다. 정크본드는 그야말로 악마의 열매인 셈입니다.

#만성적자기업　#신용평가사　#고위험고수익

052 | 방카슈랑스 은행과 보험사의 콜라보

〰〰〰〰〰 '방카슈랑스(bancassurance)'는 은행과 보험사가 상호 제휴하여 은행 창구에서 직접 보험상품을 판매하는 등 고객에게 광역의 금융서비스를 제공하는 영업형태를 말한다.

방카슈랑스는 합성어입니다. 프랑스어로 은행(banque)과 보험(assurance)을 합친 용어입니다. 말 그대로 보험의 판매망을 이용해 고객에게 금융서비스를 제공하거나, 은행 지점을 보험상품의 판매 대리점으로 활용해 은행원이 직접 보험상품을 파는 은행연계 보험상품입니다. 은행에서 금융상품 및 보험상품을 모두 판매하는 원스톱 서비스(One Stop Service)인 셈입니다. 그 시작은 1986년 프랑스의 아그리콜 은행이 생명보험사인 프레디카를 자회사로 설립한 후 전국 46개 은행창구에서 보험상품을 판매하면서부터입니다.

방카슈랑스는 현대사회에서 개인의 저축성향을 반영하고 있습니다. 점차 고객과 은행의 유대관계는 느슨해지고 다변화하고 있죠. 예전엔 은행에 거래를 하나 트면 평생 그 은행을 주거래 은행으로 삼아 거래했습니다. 그런데 이제는 자신의 금융 성향에 따라 혹은 은행별 금융상품에 따라 쇼핑하듯 은행을 선택합니다. 은행으로서는 광범위한 서비스를 제공하며 적극적으로 고객을 유치해야 할 필요성이 대두된 것이죠.

방카슈랑스는 그런 은행과 보험사, 그리고 고객들에게 윈-윈-윈 서비스를 제공합니다. 일단 은행은 수익다각화에 도움이 됩니다. 전국적인 은행망을 통해 영업기반을 확충하고 비(非)이자이익인 수수료 수입을 거둘 수 있습니다. 최근 우리나라 경제성장률이 저조하고 기준금리가 사상 최저치(1.25%)를 기록하면서 시중은행들의 방카슈랑스 영업이 확대되고 있죠. 이 역시 수익을 다각화하여 이자 외 수익을 얻고자 하는 은행의 노력인 셈입니다. 보험사는 전국에 촘촘하게 짜인 은행 점포망을 판매 채널로 확보할 수 있습니다. 별도의 영업조직을 두지 않아도 되기 때문에 비용을 절약할 수 있고, 비용절약은 결국 보험료 인하로 이어집니다. 고객에게 그 혜택이 돌아가는 것입니다. 방카슈랑스 고객은 은행 방문만으로 싼 보험상품을 살 수 있죠. 은행에서 예금에 가입하듯 필요에 따라 보험상품을 골라 살 수 있습니다. 은행상품과 보험상품을 이상적으로 조합해 효율적인 리스크 관리도 가능합니다.

하지만 빛이 있으면 그림자가 있는 법! 방카슈랑스의 폐해도 있습니다. 은행과 보험사 간 경쟁이 격화되고, 소수의 대형 겸업 은행이 금융시장 전체를 지배하는 독과점 문제가 발생할 수 있습니다. 은행과의 제휴가 어려운 중소형 보험사는 시장에서 소외되고, 보험판매원이 직업을 잃을 우려도 있죠. 여기에 더해 은행이 대출과 연계해 보험상품을 끼워 판매하는 등 불공정 모집행위를 할 소지가 있다는 점도 지적됩니다.

유럽에선 방카슈랑스가 비교적 보편화됐습니다. 한국은 그동안 은행업과 보험업의 겸업이 금지되다가 2007년 4월에야 은행에서의 보험상품 판매가 완전히 개방됐습니다.

#은행독과점 #꺾기판매

053 | 캐리 트레이드 세계를 떠도는 자본

〰〰〰〰〰〰 저금리로 조달된 자금으로 다른 국가의 특정 유가증권 혹은 상품에 투자하는 거래를 의미한다. 즉 이자가 싼 국가에서 빌린 돈으로 수익이 높은 다른 국가에 투자하는 것으로, 금융기관들은 낮은 금리로 자금을 조달해 미국의 장기채권이나 석유·금·구리 등 국제원자재상품이나 신흥시장의 증시 등에 투자한다.

이자가 싼 곳에서 자금을 빌려 수익 높은 곳에 투자하는 것은 기본적인 투자 방식입니다. 이걸 국가 차원으로 확대하면 금리가 낮은 국가의 돈을 빌려 금리가 높은 나라의 금융상품에 투자해 수익을 낼 수 있는데 이것을 '캐리 트레이드'라고 부릅니다. 한마디로 국가 간 금리 차를 이용한 거래죠.

캐리 트레이드에서 사용되는 대표적인 조달통화로는 일본의 엔화가 있습니다. 일본의 낮은 이자율을 이용해 국외투자를 하는 '엔 캐리 트레이드'입니다. 일본은 오랜 불황을 겪으면서 적극적인 저금리 정책을 펼쳤는데, 그것이 유명한 제로금리 정책입니다. 당시 일본 금리가 0.5%일 때 미국 금리는 4.75%에 달했습니다. 엔화를 달러로 바꿔 쥐고 있는 것만으로도 4.25%의 수익을 낼 수 있는 구조였습니다. 당시 평범한 가정주부나 일반 직장인이 엔 캐리 트레이드로 수익을 많이 내면서 이들을 '와타나베 부인'이라고 부르는 신조어까지 생길 정도였으니까요.

최근 미국이 금융위기에 대응하기 위해 2008년 12월 기준금리를 연 0~0.25%로 낮춘 이후부터 '달러 캐리 트레이드'가 확산됐습니다. 미국의 연방준비위원회가 금리 동결을 선언하고 정치권에서도 양적 완화 기조를 이어가며 달러 캐리 트레이드는 당분간 활성화될 것으로 보였습니다. 달러화 투자자는 '스미스 부인'이라고 부릅니다.

캐리 트레이드의 대상은 일반적으로 채권이나 대출자산 등에 대한 투자에 국한하지만, 더 넓은 의미로 주식이나 원자재, 부동산 등 수익을 낼 수 있는 다양한 종류의 자산에 대한 투자를 두루 말하기도 합니다. 낮은 금리로 조달된 자금은 호주나 뉴질랜드 같은 금리 수준이 높은 나라, 또는 브라질, 남아프리카 공화국 등 신흥시장국가의 자산 등에 주로 투자합니다.

캐리 트레이드는 국제 금융거래이기 때문에 기본적으로 환위험을 가지고 있습니다. '환위험'이란 국제 금융 거래에서 예상하지 못한 환율 변동으로 인해 금융기관이나 기업이 재무적으로 손실을 볼 수 있는 잠재적인 위험을 말합니다. 즉 자금을 빌린 국가의 통화가치가 오르면 갚아야 하는 돈이 늘어나거나, 투자하는 나라의 통화가치가 떨어지는 경우 환전 후 손실을 볼 위험성이 존재하지요. 예를 들어, 저금리로 유지되던 일본이 금리를 올리고 엔화 강세까지 겹치면 엔 캐리 트레이드 투자자는 일본에서 빌린 돈을 상환하기 위해 몰리겠죠. 이 경우 국제 자금의 방향에 큰 변화가 불가피해집니다.

#개발도상국 #신흥시장 #환위험

국제결제은행(BIS)에서 일반 은행에게 권고하는 자기자본비율 수치를 말한다. 은행의 건전성과 안정성을 확보할 목적으로 은행의 위험자산에 대해 일정 비율 이상의 자기자본을 보유하도록 하는 것인데, 은행 경영의 건전성을 점검하는 지표로 이용된다.

은행은 확보한 예금보유분을 대출해주는 방식으로 경영을 합니다. 그런데 은행이 수익 극대화를 위해 가진 돈을 모두 대출해준다면 어떻게 될까요? 거래 기업이 부도했을 때 거액의 손실이 발생할 뿐만 아니라 이 은행을 믿고 돈을 맡겼던 예금자들도 피해를 면하지 못하겠죠.

이를 방지하기 위해 국제결제은행은 은행의 건전성과 안정성을 가늠하기 위한 국제 기준을 마련해 은행의 신용 위험과 시장 위험에 대비하도록 하고 있습니다. 이 비율이 바로 BIS 비율입니다. 은행이 충실한 자기자본을 확보해 위험으로부터 자신을 보호하는 자기보험 구실을 하고, 금융제도의 안정성도 유지하도록 하는 것입니다.

국제결제은행은 1930년 1월 헤이그협정에 따라 스위스 바젤에 설립된 중앙은행 간 협력기구로, 현존하는 국제금융기구 중 가장 오래된 기구입니다. 제1차 세계대전 후 독일의 배상지불 문제를 처리하고 여러 나라의 중앙은행들을 조정하기 위해 설립된 협력기관입니다. 지금은 경제금융조사와 자문을 맡는 중심기관 기능을 수행하면서, 특정 협의사항을 집행하는 전문기관 역할을 담당합니다.

BIS 비율은 자기자본을 대출이나 보증 등 위험가중자산으로 나눈 뒤 100을 곱한 수치로, 위험자산 대비 자기자본비율을 보여줍니다. '위험가중자산'이란 빌려준 돈을 위험에 따라 다시 계산한 것을 말합니다. 은행의 자산을 신용도에 따라 분류하고 위험이 클수록 높은 위험가중치를 적용하여 산출합니다.

자기자본비율 = (자기자본 / 위험가중자산) × 100

자기자본이 많고 위험가중자산이 적을수록 BIS 비율 수치가 높고, 은행 경영이 건전하다는 것을 의미합니다. 기준비율은 8%입니다. 최소 8% 정도의 자기자본을 가지고 있다면 위기상황에 대처할 수 있다고 보는 거죠. 10% 이상이면 우량 은행으로 평가받습니다.

BIS 비율이 떨어지면 은행의 신인도도 하락합니다. 바로 고객 이탈로 이어지거나 은행 간 합병에서 불리한 요소로 작용할 수 있습니다. BIS 비율을 높이려면 부실채권을 매각하거나 대출을 줄여 위험자산을 축소하고, 증자나 후순위채 발행 등을 통해 자기자본을 늘려야 하겠죠. 그런데 위험자산을 갑자기 줄이는 것은 매우 어려운 일이기 때문에 보통은 자기자본을 늘려 BIS 비율을 맞춘다고 합니다. 우리나라는 1993년에 BIS 비율을 도입했습니다. IMF 외환위기 때 BIS 비율 8%는 은행 퇴출의 기준이 되기도 했습니다.

#뱅크런　#은행건전성　#은행자기자본

━━━━━━━━ ROA는 자산수익률로, 기업의 총자산에서 당기순이익을 얼마나 올렸는지를 가늠하거나 특정 금융기관이 총자산을 얼마나 효율적으로 운용했느냐를 나타내는 지표다. ROE는 자기자본이익률이다. 경영자가 주주의 자본을 사용해 이익을 얼마나 올리는가를 보는, 즉 주주지분에 대한 운용효율을 나타내는 지표다.

ROA와 ROE, 이름도 비슷한 이 두 용어는 기업의 경영효율을 보는 대표적인 재무지표입니다.

먼저, ROA(Return On Assets)는 기업 혹은 금융기관이 보유하고 있는 총자산으로 얼마나 많은 수익을 냈는지를 보여주는 수익성 지표입니다. 한 기업의 대표이사나 경영진이 수익창출을 위해 얼마나 효율적으로 자본을 배분했는지를 보여주는 지표로 사용하죠. 이런 이유로 ROA는 한 기업의 투자가치를 산정하는 데 사용하곤 합니다. ROA가 높을수록 기업의 신용도나 가치가 높다고 볼 수 있습니다.

금융기관의 경우는 어떨까요? 금융기관에 있어 총자산이란 은행들이 1년 동안 대출과 유가증권 투자 등에 운용한 모든 돈을 말합니다. 은행 고유계정뿐만 아니라 신탁계정의 자산까지 포함합니다. 그러니까 ROA가 높을수록 해당 금융기관이 자산을 효율적으로 굴려 수익을 창출해내고 있다는 의미가 되겠죠?

ROA(총자산 순이익률) = (순이익 / 총자산) × 100

총자산 = (부채) + (자기자본)

　　ROE(Return On Equity)는 투입한 주주지분(자기자본)을 활용해서 얼마만큼의 이익을 냈는지를 나타내는 대표적인 수익성 지표입니다. ROE는 ROA처럼 투자 대비 수익률을 확인한다는 점에서는 비슷하지만 ROA와 달리 부채가 포함되지 않다는 게 가장 큰 차이입니다. 금융기관의 당기순이익은 영업활동에서 얻는 총이익에서 각종 충당금과 법인세를 공제해서 산출되는 것으로 부실채권에 따른 대손상각액이 적을수록 커집니다.

ROE(자기자본 이익률) = (순이익 / 자기자본) × 100

　　ROE는 ROA와 더불어 기업의 경영효율을 보는 대표적인 재무지표로 활용됩니다. 또 주식투자 지표로도 사용됩니다. 주식시장에서는 ROE가 높을수록 주가도 높게 형성되는 경향이 있습니다. 일반적으로 어떤 기업의 투자가치를 산정할 때 기업의 ROA, ROE 수치가 업종 평균, 동종업종 평균의 수치보다 크다면 투자가치가 높다고 볼 수 있죠.

#경영효율　　#기업신용도　　#수익성지표

~~~~~~~~~~~~ 환율이 바뀌어서 얻는 이익을 '환차익'이라고 한다. 외화자산이나 부채를 보유한 상황에서 환율변동에 따라 이익이 발생한 경우다. 반대 개념은 '환차손'이다.

환율은 시시각각 변하고 있습니다. 내가 보유한 외화자산은 환율변동만으로도 자산의 가치가 변하고 있는 거죠. 내가 쥐고 있던 100달러가 원화로 10만 원이었다가 환율이 올라 12만 원이 될 수 있습니다. 환율이 상승하거나 하락함에 따라 보유 자산의 이익과 손해가 갈리는 경우가 발생하는데 이익을 보면 환차익, 손해를 보면 환차손이라고 합니다. 어떤 경우에서 누가 이득을 보고 누가 손해를 보는지, 하나씩 따져볼까요?

먼저 환율 상승 때 환차익을 보는 건 누굴까요? 환율 상승을 가장 반기는 건 수출업체입니다. 환율 상승은 곧 원화약세를 의미합니다. 환율이 1달러에 1000원에서 2000원으로 올랐다고 하면, 10달러에 팔던 제품을 5달러에 팔 수 있게 됩니다. 같은 제품인데 가격이 내려갔으니 제품의 경쟁력이 높아지고 환차익도 보게 됩니다.

반대로 수입업체는 환율이 하락해야 환차익을 얻게 됩니다. 수입대금으로 1만 달러를 지불해야 하는 기업은 환율이 2000원일 때는 2000만 원이 필요했지만, 환율이 1000원으로 떨어지면 1000만 원만 있으면 되죠.

해외에서 1억 달러를 빌린 기업이라면 '환율이 오를 때' 환차익을 볼까요, 환차손을 볼까요? 정답은 환차손입니다. 원화 대비 달러환율이 증가할수록 이 기업의 원화로 계산한 부채액은 증가하기 때문입니다. 반대로 원화 대비 달러환율이 하락하면 원화로 계산한 부채액은 감소하게 됩니다.

외화자산 보유자는 어떨까요? 외화예금에 가입한 사람이라면 환율 상승을 두 손 벌려 반길 겁니다. 환율이 1000원일 때 1만 달러짜리 예금을 부었다면 1000만 원이 필요했겠죠. 그런데 몇 달 후 환율이 2000원으로 올랐다면, 이 예금을 원화로 바꿔 2000만 원을 손에 쥘 수 있습니다. 환율 상승만으로 1000만 원의 환차익을 얻은 거죠. 주식의 경우 환율 상승을 예상하면 수출 중심 기업이, 환율 하락을 예상하면 수입 중심 기업이 환율 수혜주가 됩니다.

이렇게 환율에 따라 손익이 분명히 발생하기 때문에 이를 이용한 주식거래 등 금융상품이 등장했습니다. 바로 환차익 거래상품입니다. 세계 각국의 서로 다른 통화를 사고팔면서, 통화 간 환율 차이로 수익을 내는 것이죠. 싼 가격에 사서 비싼 가격에 팔거나, 비싼 가격에 판 뒤 싼 격에 다시 사는 방식입니다.

#환율   #환차손   #환차익거래상품

────────── 금융기관의 부실채권이나 부실자산이 발생했을 때 처리하는 기관을 '배드뱅크(Bad Bank)'라고 한다. 금융기관 단독으로, 또는 정부기관 등과 공동으로 설립하는 일종의 자회사다. 금융기관의 부실자산을 정리할 때까지만 한시적으로 운영된다.

금융계의 정화조이자 소방차인 배드뱅크. 금융기관의 부실자산이나 부실채권만을 사들여 전문적으로 처리하는 기관입니다. 부실자산을 흡수할 수 있는 은행의 자정 기능이 한계에 다다랐을 때 이를 처리해준다는 점에서 '금융계의 정화조'라고 불립니다. 은행의 붕괴가 연쇄적으로 퍼져나가 국가 경제의 위기로 확산해가는 걸 미리 막아준다는 점에서 소방차 역할을 한다고 볼 수 있습니다.

은행은 예금보유분을 기반으로 고객들에게 필요한 자금을 빌려주고 이자수익을 법니다. 그런데 돈을 빌려준 고객 중에 여러 가지 사정으로 돈을 갚지 못하는 이들이 생길 수 있습니다. 이런 상황이 많이 발생하면 은행으로선 돈을 회수하지 못하는 부실채권(NPL)이 늘어납니다. 이럴 때 은행은 부실채권을 일정 비율로 유지하고 일부는 손실 처리해버립니다. 그런데 경제상황이 전체적으로 나빠져 갑작스럽게 부실채권이 늘어난다면 어떻게 될까요? 은행의 손실이 눈덩이처럼 불어날 것이고, 결국은 정상적으로 맡겨둔 고객의 돈도 제때 되돌려줄 수 없는 상황이 일어날 수 있습니다. 이런 은행이 많아지면 국가 전체 경제까지 영향을 받을 수밖에 없습니다.

이때 배드뱅크가 나섭니다. 평상시보다는 금융위기 상황에서 급증하는 금융사 부실자산을 적극적으로 사들여 일시적인 위기에 빠진 금융사들을 지원하는 역할을 하죠. 부실자산을 흡수하는 게 바로 배드뱅크입니다. 부실채권을 배드뱅크에 전부 넘겨버리면 기존의 은행은 우량 채권·자산만을 보유한 굿뱅크(good bank)로 거듭날 수 있겠죠. 은행은 신인도가 개선되어 외화를 끌어들이거나, 예금주를 상대로 대출하는 등 정상적인 영업활동을 원활하게 할 수 있게 됩니다. 부실채권이나 부실자산만을 별도로 매수해 다시 시장에 유통시킨다는 점에서, 배드뱅크는 일종의 구조조정 전문회사라고 할 수 있습니다.

우리나라에서는 정부 출자기관인 한국자산관리공사(캠코 KAMKO)가 배드뱅크 역할을 하고 있습니다. 1962년 설립된 캠코는 현재 금융기관 부실채권 인수, 정리 및 기업 구조조정 업무, 금융소외자의 신용회복지원 업무, 국유재산 관리 및 체납조세 정리 업무 등을 수행하고 있습니다. 이 중 금융기관 부실채권 인수와 금융소외자 지원이 배드뱅크 업무에 해당하는 것으로 은행과 개인의 배드뱅크 역할을 동시에 하는 셈이죠. 캠코는 다중채무자들을 신용불량으로부터 구제해 정상적으로 생활할 수 있도록 해주기도 하지만, 고의로 채무를 연체하거나 이행하지 않은 은행과 개인의 빚을 공적 자금으로 해결한다는 비판을 받기도 합니다.

#부실채권 #부실자산 #굿뱅크 #한국자산관리공사 #캠코 #구조조정

058 | SPAC 페이퍼컴퍼니에도 종류가 있다

~~~~~~~~~~~ 공신력 있는 M&A 전문가 · 금융회사 등이 비상장기업 인수합병을 목적으로 설립하는 서류상의 회사를 스팩(SPAC)이라고 한다. 유망한 비상장기업을 발굴하여 인수한 후 해당 기업의 가치가 커져 주가가 상승하면 투자자들은 주식을 팔아 투자수익을 나눌 수 있다. '기업인수목적회사'라고 보면 된다.

스팩(SPAC)은 실체가 없는 서류상의 회사입니다. 존재 이유는 오로지 기업인수죠. 어떻게 보면 우회상장과 유사하지만 스팩은 실제 사업이 없고 상장만을 위해 존재하는 페이퍼컴퍼니라는 점이 다릅니다.

스팩은 일반 기업처럼 그 주식을 증시에 상장할 수 있습니다. 액면가로 신주를 공모하고 상장한 후 3년 이내에 비상장기업을 합병하는 구조입니다. 스팩 설립 이후 3년 안에 M&A를 성사시키지 못하면 자동으로 상장 폐지 절차를 밟게 되는 거죠.

스팩은 2007년 말 전 세계를 강타한 글로벌 금융위기 당시 새로운 투자처로 주목받기 시작했습니다. 기술력과 성장 잠재력은 있지만 자금조달에 어려움을 겪는 중소기업이 많아지자, 스팩은 이런 기업을 상대로 주식시장을 통해 신속하게 자금을 공급하고 주식을 상장할 기회를 제공하려는 의도로 만들어졌습니다. 실제로 당시 많은 기업이 스팩을 통해 미국 증시에 상장됐습니다. 우리나라에서는 기업 구조조정과 M&A 활성화를 목적으로 2009년 12월 자본시장법 시행령이 개정되면서 스팩 설립이 허용됐습니다. 대우증권이 설립한 '그린코리아SPAC'이 2010년 3

월 3일에 상장되면서 우리나라 제1호 SPAC이 되었습니다. 최근 미중 무역분쟁의 장기화 등으로 인해 국제 정세의 불확실성이 높아지자 수익률이 어느 정도 보장된 스팩으로 다시 투자자가 몰리고 있다고 하네요.

스팩의 진행과정은 크게 2단계입니다. 1단계에서는 합병자금을 마련하기 위해 설립·공모·상장하는 작업을 하고, 2단계에서는 1단계를 통해 모집한 자금으로 합병을 본격적으로 추진합니다.

일단 공개적으로 투자자금을 모읍니다. 일정 기간 내에 우량업체를 인수하는 것을 조건으로 다수의 개인이나 기관투자가로부터 투자금을 모으는데요. 자금이 마련되면 스팩은 거래소에 상장되고, 이 회사의 경영진들은 상장 후 36개월 이내에 대상기업을 찾아내 인수를 성사시켜야 합니다. 인수대상 기업은 원칙적으로 상장·비상장기업 모두 가능하지만, 보통 증시에 상장되어 있지 않은 비상장 우량기업이 되는 경우가 많습니다.

군이 일시적인 페이퍼컴퍼니에 불과한 스팩을 세우는 이유가 뭘까요? 일단 투자자들은 간접적으로 기업인수에 참여하며 어느 정도의 수익률을 보장받을 수 있습니다. 스팩이 주어진 기간 안에 합병에 성공해 비상장이던 우량기업이 상장되면, 투자자들은 가격이 오른 주식을 팔아 차익을 얻을 수 있겠죠. 기업으로서도 나쁘지 않은 것이 조건과 규제가 까다로운 신규상장이나 우회상장 없이도 상장의 효과를 볼 수 있습니다. 게다가 스팩의 최종 목적은 기업인수가 아니라 투자 차익이라서 스팩에 인수되더라도 해당 기업의 경영권은 보장됩니다.

#인수합병 #페이퍼컴퍼니

─────── 중앙은행에 의해 통제받지 않는 온라인 암호화폐. 비트코인은 분산화된 거래장부를 통해 은행을 거치지 않고 개인 간 거래(P2P)가 이뤄진다. 블록체인 방식을 도입한 화폐시스템으로 시스템상에서 거래가 이뤄질 때마다 공개된 장부에는 새로운 기록이 추가된다.

2008년 10월 31일 익명의 저자가 쓴 한 편의 논문이 공개됐습니다. 사토시 나카모토라는 가명의 프로그래머가 〈비트코인: P2P 전자화폐 시스템〉이라는 제목의 소논문을 작성했죠. 9쪽 남짓한 이 논문은 현존하는 중앙집중형 금융시스템을 정면으로 비판하고 있었습니다. 그리고 새로운 분산형 시스템을 위해 한 가지 금융실험을 시작했습니다.

이때 등장한 것이 바로 비트코인입니다. 디지털 단위인 비트(bit)와 동전(coin)을 합친 용어로 지폐나 동전과 달리 물리적인 형태가 없는 온라인 가상화폐입니다. 형태가 없다는 것 말고도 기존의 화폐와는 다른 점이 많습니다. 일단 화폐가 생성되는 과정이 다릅니다. 비트코인을 만드는 과정은 광산업에 빗대어 채굴(mining)이라 부르며, 이러한 방식으로 비트코인을 만드는 사람을 광부(miner)라고 부릅니다. 컴퓨터 프로그램으로 수학문제를 풀어 직접 비트코인을 채굴하거나 채굴된 비트코인을 거래하는 시장에서 살 수 있죠.

인터넷만 된다면 누구든지 비트코인 계좌를 개설할 수 있습니다. 이 전자계좌를 지갑이라고 부릅니다. 사용자들은 인터넷에서 내려받은 지갑을 통해 인터넷뱅킹으로 계좌이체하듯 비트코인을 주고받을 수 있고, 빗썸, 코인원 등 온라인 가상화폐거래소에서 비트코인을 구매하거나 현금화할 수도 있습니다. 비트코인은 완전히 익명으로 거래된다는 점에서도 기존의 화폐와 다릅니다. 금융거래는 기본적으로 실명제로 이뤄지죠. 그런데 비트코인 같은 가상화폐는 컴퓨터와 인터넷만 되면 누구나 계좌를 개설할 수 있을 뿐만 아니라 코인을 주고받는 이가 드러나지 않는 숫자와 알파벳으로만 기록됩니다. 이 때문에 비트코인은 돈세탁이나 마약거래를 위한 블랙머니로 사용되거나 범죄, 탈세에 악용되기도 합니다. 가상화폐 사용을 비판하는 이들이 지적하는 부분이죠.

하지만 비트코인 같은 가상화폐의 핵심은 정부나 중앙은행, 금융회사 등 중앙집중적 권력의 개입 없이 작동하는 새로운 화폐를 창출하는 데 있습니다. 분산형 장부기록 데이터베이스 기술인 블록체인 기술을 화폐에 적용해 새로운 화폐구조를 만들어내려 했죠. 사토시 나카모토가 실험한 새로운 화폐는 아직 성공 여부를 가리기엔 이른 것 같습니다. 독일과 일본 등 몇몇 국가에선 비트코인을 지급결제 수단으로 인정하기에 이르렀지만 한국, 중국 등 대부분 국가에선 가상화폐가 공식적인 지급결제 수단으로 인정받지 못하고 있거든요.

분명한 것은 비트코인과 여기에서 파생한 다양한 가상화폐들이 전 세계적으로 한차례 열풍을 일으키며 새로운 사회현상을 불러일으켰고, 그 기반 기술인 블록체인에 대한 대중의 인식을 한 단계 끌어올렸다는 점입니다.

#암호화폐 #가상화폐 #사토시나카모토 #탈중앙화

─────── 일정 기간 주가의 변동을 막대그래프로 작성한 것이다. 일정 기간의 시가와 종가, 저가, 고가를 하나의 봉에 나타내며 주가 흐름을 파악하는 데 유용한 지표로 사용한다.

주가에선 흐름과 방향성이 중요하다고 합니다. 하지만 주가표에 적혀있는 숫자만 봐선 직관적으로 그 흐름을 읽기 쉽지 않습니다. 이럴 때 유용한 게 '봉차트'입니다. 긴 막대 모양이 양초를 닮아 '캔들 차트'라고도 하는데요. 붉은색과 푸른색으로 그날의 주가 흐름을 표시하고, 봉의 길이로 시가와 종가, 저가와 고가를 한 번에 표시해줍니다. 이 봉차트만 제대로 읽을 줄 알아도 주식의 변화와 향후 움직임 등을 일어낼 수 있습니다.

구체적으로 볼까요? 봉이 시작하고 끝나는 부분은 장이 처음 열렸을 때 가격인 시가와 장이 끝날 때 마지막 가격인 종가를 의미합니다. 시가보다 종가가 높게 마감하는 경우엔 막대기를 빨간색으로 표시하고, 시가보다 종가가 낮게 마감하는 경우엔 막대기를 파란색으로 표시합니다. 빨간 봉은 주가가 시가보다 오른 것으로 '양봉(陽棒)', 파란 봉은 주가가 시가보다 내린 것으로 '음봉(陰棒)'이라고 합니다. 또 그날의 가장 높은 가격인 '고가'와 가장 낮은 가격인 '저가'를 표시합니다.

양봉엔 투자자들의 기대심리가 반영되어 있습니다. 양봉은 그날 주가 상승을 기대하는 매수가 계속되었다는 것을 뜻합니다. 이 경우엔 다음

날도 주가가 상승할 것을 기대해볼 수 있죠. 반대로 음봉에는 투자자의 불안이 반영됩니다. 시가 이후 주가가 계속 하락하고, 매도 역시 계속된 상태라 내일도 주가가 하락할 것이라는 부담이 큰 상황입니다.

봉차트는 종가선 차트, 바(bar) 차트와 함께 주식시장에서 많이 쓰입니다. '종가선 차트'는 종가만 연결한 선그래프로 주가 추세를 보기엔 편리하지만 하루 동안의 변동성을 보여주진 못합니다. '바 차트'는 저가·고가·종가만 표시한 것입니다. 역시 변동성 파악엔 어려움이 있죠. 봉차트는 시가·고가·저가·종가가 한눈에 들어온다는 강점이 있습니다. 하루 중 가격 변동과 주가 마감이 상승인지 하락인지 알기 쉽죠.

작성 기간에 따라 일봉, 주봉, 월봉으로 나눕니다. 일봉은 봉 하나로 하루의 주가 흐름과 종가를 보여주며, 주식투자자들이 가장 많이 사용하는 차트입니다. 주봉과 월봉은 1년, 3년, 10년 등 중장기적인 주가 흐름을 볼 때 사용합니다.

#주가그래프 #양봉 #음봉 #종가선차트 #바차트

―――――――― PBR(주가순자산비율)과 PER(주가수익배율)은 주식투자의 중요한 지표로, 주가의 상대적 수준을 나타낸다. PBR은 주가가 1주당 순자산의 몇 배로 매매되고 있는가를 나타내며, PER은 주가가 1주당 수익의 몇 배가 되는가를 나타낸다.

주식투자, 어떻게 하고 있나요? 전문 운용사에게 맡기는 경우도 많겠지만 본인 자산을 관리하는 거니까 기초적인 공부는 하는 게 좋겠죠? 주식거래를 할 때 가장 기초적이고도 중요한 지표, PBR과 PER 정도는 알고 시작합시다.

먼저 PBR입니다. PBR은 주당 시장가격을 주당 순자산가치(장부가치)로 나눈 것입니다. 이때 순자산가치란 자본금과 자본잉여금, 이익잉여금의 합계를 말합니다. 주가가 한 주당 몇 배로 매매되고 있는지를 확인하는 지표입니다. PBR이 1보다 큰 종목은 주가가 장부가치보다 높아서 고평가되어 있다고 볼 수 있습니다. PBR이 1 미만이면 주가가 장부가치보다 낮으므로 저평가된 것이라 볼 수 있습니다. 그 때문에 PBR이 낮을수록 투자가치가 높습니다.

PBR = 주가 / 주당 순자산가치

PER은 주가가 주당 순이익의 몇 배가 되는지를 보여줍니다. 현재의 주가를 주당 순이익으로 나누면 됩니다. 어떤 기업의 주식가격이 6만 6000원이고 1주당 수익이 1만 2000원이라면, PER은 5.5가 되겠죠. 그러니까 PER이 높다는 것은 주당이익보다 주식가격이 높다는 것을, PER이 낮다는 것은 주식가격이 낮다는 것을 의미합니다. PER이 낮은 주식은 앞으로 주식가격이 상승할 가능성이 크다고 해석할 수 있습니다.

PER = 주가 / 주당 순이익

PBR과 PER은 함께 사용하는 경우가 많습니다. PBR이 기업의 재무상태 면에서 주가를 판단하는 지표라면, PER은 기업의 수익성과 주가를 연계하여 평가하는 지표죠. PBR이 특정 기업을 저량(stock) 측면에서 바라보고, PER이 유량(flow) 측면에서 바라보기 때문에 상호보완적으로 사용합니다.

물론 이들 두 지표가 종목에 대해 모든 것을 알려주는 것은 아닙니다. 주가순자산비율에서 주주소유분이 장부가격에 의해 계산되고 있기 때문입니다. 그 계산기준이 전기의 결산기가 된다는 점도 기업의 현재 상황을 반영하는 데 한계가 있다고 볼 수 있습니다.

#주식투자   #장부가치

062 | 코스피 한국 경제의 체력

──────── 국내 종합주가지수를 '코스피(KOSPI)'라고 한다. 한국거래소의 유가증권 시장에 상장된 회사들의 시가총액을 기준시점에 비교해서 나타낸 시장지표로 우리나라 주식시장의 전반적인 동향을 보여준다.

2019년 8월은 국내 주식시장에 흑역사로 기록될 시간이었습니다. 미중 무역분쟁이 격화되고, 일본의 화이트리스트 배제 여파가 지속되면서 국내 증시가 속절없이 무너져내렸죠. 코스닥 시장에서는 사이드카가 발동됐고, 코스피는 1950선 아래로 떨어졌습니다. 코스피가 1950선 밑으로 떨어진 것은 2016년 11월 9일 이후 2년 9개월 만이었다고 합니다.

코스피 붕괴는 우리 경제에 대해 많은 것을 알려주는 신호였습니다. 국내 종합주가지수를 말하는 코스피는 시장 전체의 주가 움직임을 측정하는 지표이자 경제상황 예측지표로도 이용되거든요. 중요 지표인 만큼 코스피에 진입하려면 일정 요건을 갖추어야 합니다. ▲자기자본 300억 원 이상인 기업 ▲상장 주식 수 100만 주 이상 ▲일반 주주 700명 이상 ▲설립 후 3년 이상 경과 등의 조건을 충족해야 합니다.

코스피 산출은 1980년 1월 4일을 기준시점으로 그날의 시가총액을 100, 비교시점을 100으로 해 비교시점의 시가총액을 지수화한 것입니다.

KOSPI = (비교시점의 시가총액 / 기준시점의 시가총액) × 100

쉽게 말하면 증권시장에서 거래되는 모든 주식의 가격을 더해서 구한 주식의 총가격인 셈입니다. 그러니까 코스피는 주식시장에 상장된 종목의 가치가 반영된 결과로, 코스피를 통해 한국 경제가 잘 돌아가고 있는지 아니면 쉽지 않은 상황인지를 가늠할 수 있습니다. 예를 들어 SK하이닉스의 실적이 좋으면 이 회사 주식만 뛰겠지만, 우량기업 대부분이 돈을 잘 벌고 있다면 전체적인 주식가격이 오르게 됩니다. 그리고 이 기류는 증권시장에 있는 모든 주식의 총점이라고 할 수 있는 코스피에 반영돼 코스피가 오르게 되는 것입니다.

이런 이유로 코스피는 한국 경제의 체력을 살필 수 있는 척도로 사용되곤 합니다. 금융위기가 세계를 휩쓴 2008년에 코스피 시장은 바닥을 쳤는데, 2008년 10월 27일에는 892.16포인트까지 떨어졌었습니다. 최근 전 세계적 경기침체 속에서 우리나라의 경제성장률 역시 연일 하향세를 그리고 있습니다. 코스피도 저조한 숫자를 보이다가 이제야 조금씩 상승세로 돌아서고 있는데, 한국은행의 기준금리 인하를 동력 삼아 주식시장의 지수 상승을 기대합니다.

#한국거래소 #종합주가지수

코스닥 가능성 있는 회사들은 여기로

중소기업 및 벤처기업들이 증시에서 사업자금을 보다 원활히 조달할 수 있도록 하게 하기 위한 장외 증권거래시장이다. 코스피와 함께 한국을 대표하는 증권시장이다.

2019년 8월 5일 코스닥(KOSDAQ) 시장에 사이드카가 발동했습니다. 코스닥 시장에서 이런 일이 발생한 건 2016년 6월 이후 3년 만이었습니다. 미중 무역전쟁 확대와 일본과의 경제전쟁 여파로 인한 시장의 불안감이 고스란히 주식시장에 반영되며 주식 폭락 대참사가 일어난 것이었습니다.

코스피가 자기자본 300억 원 이상 기업을 상대로 하는 대기업 중심의 증권시장이라면, 코스닥은 성장 잠재력이 높은 벤처기업과 중소기업을 대상으로 하는 시장입니다. 벤처기업, 기술성장 기업일 경우 설립 연수에 상관없이 코스닥 상장이 가능합니다. 다만 자본 잠식 없이 계속 사업 이익을 실현하고 있어야 합니다. 자기자본은 벤처기업(15억 원), 기술성장기업(10억 원), 일반기업(30억 원 이상)마다 요건이 다르며, 소액주주가 500명 이상이면 상장할 수 있습니다.

코스닥은 미국의 나스닥을 본 따 만든 만큼, 나스닥 시장처럼 IT 계열 회사가 많습니다. 거래 단위 또한 상대적으로 작은 편입니다. 개인 투자가 가능하며 유동 폭 조정이 유리하다는 특징이 있지만 그만큼 불량 매물도 거래되기 때문에 주의가 필요합니다. 현재 코스닥에서 거래되는 주식은 장외거래 대상 종목으로 증권업협회에 등록된 기업이며, 안정성이 높은 금융기관부터 성장성이 큰 하이테크 벤처기업까지 약 800여 개의 기업이 있습니다.

거래방식도 증권거래소와는 다릅니다. 상장기업의 주식이나 채권을 불특정 다수의 사람이 사고팔 수 있는 증권거래소와는 달리, 매매를 위한 건물이나 플로어 등이 없이 컴퓨터와 통신망을 이용한 장외거래 주식을 매매합니다. 전자시스템을 이용한 불특정 다수의 참여라는 경쟁매매 방식을 도입한 것입니다. 코스닥에 상장된 기업은 어느 정도 성장하면 코스피로 이전하는 경우가 많습니다. 따라서 코스닥 자체 규모의 성장은 제한적일 수밖에 없습니다.

코스닥 지수는 기준시점인 1996년 7월 1일 기준 시가총액으로 비교시점의 시가총액을 나눈 후 1000을 곱하여 산정합니다. 처음 1996년 개장할 때에는 100을 곱했었는데, 수치가 너무 낮아 보인다는 여론에 따라 2004년 1월 한국거래소에 통합되면서 1000을 곱하는 것으로 변경되었습니다.

KOSDAQ = (비교시점의 시가총액 / 기준시점의 시가총액) × 1000

#코스피 #코넥스

064 | 골든크로스 주식은 타이밍

━━━━━━━ 주가를 예측하는 지표 중 하나다. 단기 주가이동평균선이 장기 주가이동평균선을 아래에서 위로 급속히 돌파하는 상황을 말한다. 골든크로스는 강세장, 즉 시세가 상승하는 장으로 가는 강력한 전환신호로 해석된다. 반대 개념은 데드크로스(dead cross)다.

골든크로스는 주가나 거래량의 단기 이동평균선이 중장기 이동평균선을 아래에서 위로 돌파하며 올라가는 현상을 말합니다. 단어를 들여다보면 좀 더 쉬운데요. 영어로 크로스(cross)는 '가로지르다, 선을 넘다'라는 뜻입니다. 말 그대로 선을 뚫고 넘어가는 거죠.

잠깐 이동평균선을 알아보고 갑시다. '이동평균선(이하 이평선)'은 특정 기간의 주가 평균치를 이어놓은 선으로, 투자자들이 가장 신뢰하는 보조지표 중 하나입니다. 단기 이평선은 주로 6일이나 25일 동안을, 장기 이평선은 150일 이상 주가가 이동한 평균치를 도표에 나타낸 선입니다.

자, 다시 골든크로스로 넘어갈까요? 골든크로스는 단기 이평선이 중장기 이평선을 아래에서 위로 뚫고 올라가는 것을 말합니다. 주식시장에선 주가를 기술적으로 분석해 예측하는 지표 중 하나인데, 골든크로스는 강세장으로의 전환을 나타내는 신호로 해석합니다.

골든크로스는 이평선 기간에 따라 단기·중기·장기로 구분됩니다. 우리나라 주식시장에서 주로 사용하는 건 5일선이 20일선을 돌파하는 단기 골든크로스와 20일선이 60일선을 넘는 중기 골든크로스, 그리고 60

일선이 100일선을 넘는 장기 골든크로스입니다. 그러니까 단기 골든크로스가 나타났다는 건 5일간 주가의 평균가격이 20일간 주가의 평균가격을 넘어선 것입니다. 최근 5일간의 투자심리가 지난 20일간의 투자심리보다 좋아졌다는 것을 의미합니다. 앞으로 주가가 오를 가능성이 커졌다는 신호로 해석합니다. 골든크로스 발생 시 거래량이 많을수록 강세장으로의 전환 가능성이 더 크다고 볼 수 있습니다.

단기이동평균선이 중장기 이동평균선을 뚫고 올라가는 현상이 있다면, 그 반대도 있겠죠? 바로 '데드크로스(dead cross)'입니다. 데드크로스는 단기 이평선이 장기 이평선 아래로 떨어지는 현상을 말합니다. 골든크로스가 강세장으로의 전환을 의미한다면, 데드크로스는 약세장으로 전환하는 신호로 해석합니다.

#이동평균선 #데드크로스 #강세장

──────── '정보의 비대칭성'이란 시장에서 거래 당사자 중 어느 한쪽만이 특정 정보를 가지고 있는 현상을 말한다. 예를 들면 임금협상을 할 때 사측은 회사의 모든 것을 알고 있지만 노조는 한정적인 정보만으로 협상에 임하는데 이런 '정보의 비대칭' 때문에 상대적으로 불리한 입장에 서게 된다.

어떤 기업에 투자할지 말지를 결정할 때면 해당 기업의 내부 정보를 최대한 많이 입수해 조금이라도 더 유리한 결정을 내리려고 합니다. 내가 가진 정보의 양이 선택의 차이를 불러오니까요. 대부분은 내부자인 경영자가 자신의 기업에 대해 외부 투자자보다 많은 정보를 가지고 있기 마련입니다.

경제적 이해관계를 가진 당사자 간에 정보가 한쪽에만 존재하고 다른 한쪽에는 존재하지 않는 상황을 '정보의 비대칭성'이라고 합니다. 정보의 비대칭성은 여러 상황에서 존재합니다. 가장 쉽게 생각할 수 있는 관계는 고용주와 피고용인 사이입니다. 피고용인은 자신이 일하려는 회사의 내부 사정에 대해 속속들이 알지 못하는 경우가 많습니다. 주주와 경영인, 보험회사와 보험가입자, 상품판매자와 구매자 사이에도 정보의 비대칭이 존재하죠.

정보의 비대칭성은 시장에서 몇 가지 문제를 일으키는 원인이 됩니다. 가장 큰 문제는 역(逆)선택과 도덕적 해이입니다. 역선택이란 정보가 부족한 경제주체가 불리한 선택을 하는 것을 의미합니다. 임금협상에 있어 사측이 회사의 현재 및 미래 재정 상태에 대한 정보를 풍부하게 갖고 있다면, 노조는 역선택을 할 수밖에 없는 상황이 되겠죠.

도덕적 해이란 정보의 비대칭 상황을 악용해 정보가 더 많은 쪽이 정보가 부족한 쪽에게 불리한 행동을 하는 것을 말합니다. 예를 들어 화재보험 가입자가 보험을 믿고 화재예방 노력을 소홀히 함으로써 결국은 화재 발생 가능성이 커지는 경우나, 중고자동차에 대한 정보가 완전하지 않아서 소비자에게 손해를 입히게 되는 경우 등이 전형적인 도덕적 해이에 해당합니다. 역선택과 도덕적 해이는 시장 실패로 이어지는 가장 큰 암초이기도 합니다. 경제학적으로 가장 이상적인 시장을 '완전 경쟁 시장'이라고 하는데, 완전 경쟁 시장이 되기 위해서는 상호 간에 모든 정보를 알고 있다는 전제 조건이 필요하기 때문입니다.

시장은 정보의 비대칭성으로 생기는 문제에 대해 자체적으로 대응하고 있습니다. 중고차 시장에서 자동차 보험내역을 공개한다거나 생명보험회사가 가입희망자에게 신체검사를 요구하는 등의 방식으로 말이죠. 정부 역시 강제적인 공적 보험제도를 도입하여 역선택의 문제를 해소하고 있으며, 과장광고 금지, 품질기준 수립 등 정보정책을 통해 감시·감독 체계를 확립하고 있습니다. 최근엔 블록체인 기술이 발달하면서 기술적으로 의사결정 과정의 투명성과 공정성을 확보하기도 합니다.

#개미투자의한계 #도덕적해이 #블록체인

066	프로그램 매매 개미가 기관을 못 이기는 이유

━━━━━━━━━ 주식을 대량으로 거래하는 기관투자자들이 일정한 전산 프로그램에 따라 수십 종목씩 주식을 묶어서(바스켓) 거래하는 것을 말한다. 매도나 매수에 대한 의사결정은 매매자가 하지만 나머지 모든 과정은 시스템이 알아서 하는 거래방식이다.

기본적으로 주식거래는 사람이 하는 일입니다. 주가의 흐름을 살피며 그때그때 보유한 주식을 사거나 팔 때를 정하죠. 사고팔아야 할 주식의 양이 많아지면 이렇게 하나하나 주식거래를 하는 일이 어렵습니다. 매번 주식시장의 흐름을 파악하기도 어렵고, 순간적인 판단 혹은 단순한 실수로 잘못된 거래를 하는 경우도 발생합니다. 사람에게 전적으로 의존하다 보니 필연적으로 발생하는 사고죠.

이런 사고 가능성을 줄이기 위해 등장한 것이 프로그램 매매입니다. 대량 주식거래를 하는 기관투자자 중심으로 많이 사용되는데요. 프로그램 매매는 매매할 종목이나 호가 등을 미리 정해놓고 그 조건이 충족되면 자동으로 매도 또는 매수 주문을 내도록 설정해 거래하는 방식입니다. 심리적인 부분을 빼고 기계적으로 매매를 반복하는 것이라 할 수 있습니다. 시장의 이슈가 수없이 발생하고 빠르게 변화하는 요즘, 사용하기 쉬운 데다가 쉽고 빠르고 안전하게 매매하는 방법으로 꼽힙니다.

프로그램 매매는 거래대상에 따라 차익거래(지수 차익거래)와 비차익거래로 구분할 수 있습니다. 지수 차익거래는 현물과 선물을 다른 방향으로 동시에 매매하는 건데요. 현물과 선물 종목 간에 일시적인 가격 차이가 발생할 때 위험을 줄이고 안정적인 수익을 낼 수 있습니다. 비차익거래는 선물시장과 현물시장에 동시에 주문을 내는 것이 아니라 현물만을 거래대상으로 주문을 내는 것입니다. 특히 코스피 종목 가운데 15개 이상 종목을 묶어서(바스켓) 대량으로 한 번에 주문을 내는 경우를 말합니다. 선물과 현물의 가격차에 따라 매매가 이루어지는 것이 아니라, 시장 전망에 따라 매매가 이루어지는 것이 차익거래와의 차이입니다.

프로그램 매매 방식은 주로 대규모 자금을 쥐고, 다수의 주식 종목을 거래하는 기관투자자나 외국인 투자자가 사용합니다. 이들은 수십 종목의 주식을 한 집단(바스켓)으로 묶어서 거래합니다. 투자자는 바스켓을 들고 있다가 일정한 순간에 이 현물바스켓을 버리고 비슷한 규모의 지수선물을 보유하거나 다시 현물바스켓을 매수합니다. 이 투자자들이, 영향력이 큰 종목으로 구성된 주식집단을 한꺼번에 거래하면 종합주가지수가 급락하거나 급등합니다. 주로 우량주가 집중된 코스피200 종목들을 대상으로 거래되기 때문에 종합주가지수에 큰 영향을 끼칠 수밖에 없죠. 정부는 이에 대응하기 위해 공시제도와 사이드카 같은 규정과 제약을 두고 있습니다.

#HTS #차익거래 #비차익거래 #사이드카

~~~~~~~~~~~~~ '공모주'란 일반 투자자를 대상으로 발행하여 청약자를 모집하는 주식을 말한다.

공모주만큼 금융 관련 기사에 자주 나오는 용어도 없을 겁니다. 특히 '공모주 청약 경쟁률' 관련 기사가 상당히 많죠. 기업을 설립하거나 증자할 때 일반 투자자를 모아 자금을 모집하는 것을 '공모'라고 합니다. 그러니까 다수의 일반인을 대상으로 주식을 새로 발행해 청약자를 모집하는 것이죠. 이렇게 공모를 통해 모집하는 주식이 바로 공모주입니다.

　기업이 공모를 통해 주식을 모집하는 이유는 매우 간단합니다. 주주층을 확대할 수 있기 때문입니다. 더불어 불특정 다수의 청약자에게 주식을 분산함으로써 기업 주식의 시장성을 높이고, 적대기업의 매점에 대항할 수도 있습니다. 뭐든지 분산되어 있으면 리스크가 감소하기 마련이니까요.

　기업이 공모하려면 공모주를 발행해야 합니다. 발행 방법에는 액면발행과 할증발행이 있습니다. '액면 발행'은 말 그대로 액면가액으로 주식을 모집하는 것입니다. '할증발행'은 액면을 초과하는 금액으로 발행하는 것입니다. 기업의 재무상태가 좋고 수익 예상이 양호하다면 할증발행을 할 수 있죠. 기업의 자금조달에 조금 더 유리합니다. 할증발행은 주간사회사가 공개·증자하는 회사의 자산 가치, 수익 가치, 상대 가치 등을 고려해 발행회사와 협의해 자율적으로 결정합니다. 참고로 '주간사 회사'란 유가증권 발행시장에서 그 인수기구의 일원으로서 발행회사와 협의를 거쳐 당해 유가증권의 모집, 주선 및 인수업무에 따른 제반 사무를 주관하는 회사를 말합니다.

공모주가 뭔지 알았으니 공모주 청약·공모주 발행이 뭔지도 느낌이 오죠? 기업이 공개를 통해 증권시장에 상장될 때, 공모를 통해 모집한 투자자가 주식을 사겠다고 하는 것을 '청약'이라 하고, 그 청약에 대해 기업이 주식을 나눠주는 것을 '배정'이라고 합니다. 많은 기업이 공모주 청약을 받아 주식을 배정합니다.

공모주 청약에 참여하려면 일정한 조건이 필요합니다. ▲증권회사의 금융상품인 근로자 증권저축이나 근로자 장기증권저축 또는 일반증권저축 ▲은행의 공모주 청약예금(기존 가입자만 공모주 청약 신청 가능) ▲증권회사나 증권금융의 공모주 청약예수금 등에 가입한 뒤 3개월이 지나야 합니다.

이러한 방식은 투자자 사이에서도 인기가 있습니다. 공모주 청약을 하면 증권거래소에 상장된 이후의 주가가 발행가를 웃도는 경우가 많으므로 많은 시세차익을 얻을 수 있죠. 투자위험이 그리 크지 않으면서 상대적으로 높은 수익을 올릴 수 있다고 알려져 있습니다. 일반 투자자라면 투자종목과 증권사를 골라 청약 신청 후 공모주가 상장되면 이 주식을 팔아 원금과 수익을 회수하면 됩니다. 최근 들어선 공모주 청약에 거품이 많이 끼었다는 우려도 나오고 있습니다.

#SK바이오팜 #주식청약

068 | 레버리지 돈을 빌릴 때는 신중해야

───〜〜〜〜───— 자산투자로부터의 수익 증대를 위해 차입자본(부채)을 끌어다가 자산 매입에 나서는 투자전략을 총칭한다.

우리나라 기준금리는 2008년 글로벌 금융위기 이후 내리막길을 걷고 있습니다. 2020년 6월 현재 기준금리는 0.50%인데, 소비를 촉진하고 경기를 활성화하기 위한 고육지책이었습니다. 기준금리의 하락은 그만큼 우리 경제가 쉽지 않다는 방증이라 긍정적인 소식이라고 할 순 없습니다. 하지만 금리 인하를 일단 반기는 시장이 하나 있습니다. 바로 수익형 부동산 투자 시장입니다.

부동산 투자자들이 금리 인하 소식을 반가워하는 이유가 뭘까요? 많은 부동산 투자자들이 레버리지를 일으켜 투자한다는 점과 깊은 관련이 있습니다. '지렛대'라는 의미의 레버리지는 금융계에선 차입을 뜻합니다. 지렛대를 이용하면 실제 내 힘보다 몇 배나 무거운 물건을 움직일 수 있잖아요? 금융에서의 레버리지도 같은 의미입니다. 실제 가격변동률보다 몇 배 많은 투자수익률이 발생하는 현상을 지렛대에 비유하는 것입니다.

레버리지 투자는 빚을 지렛대 삼아 투자 수익률을 극대화하는 방식입니다. 투자에 있어 실제 가격변동률보다 몇 배 많은 투자수익률이 발생하려면 투자액 일부가 부채로 조달되어야 합니다. 그러니까 상대적으로 낮은 비용(금리)으로 자금을 끌어와 수익성 높은 곳에 투자하는 것입니다. 이를 통해 조달비용을 갚고 수익을 남길 수 있습니다. 안전성을 추구하는 저축과는 거의 반대되는 투자방법이죠.

투자 레버리지 = 총 투자액 / 자기자본

투자 레버리지는 자기자본 대비 총 투자액의 비중을 의미합니다. 비(非)자기자본, 즉 차입을 통해 끌어온 투자액이 많을수록 투자 레버리지가 커집니다. 레버리지가 커질수록 투자수익률 리스크도 커집니다. 사실 레버리지는 경기가 호황일 때 효과적인 투자법입니다. 경기가 좋다면 레버리지가 커져도 투자수익률이 오르니까 괜찮아요.

하지만 레버리지가 커지면 위험도 커집니다. 레버리지가 높은 상태에서 경기침체나 투자부진 등 부정적인 외부요인이 발생하면 투자자는 하루아침에 망할 수도 있습니다. 위험수준의 레버리지가 불러온 여파로 가장 대표적인 것이 1990년대 말 우리나라에 닥쳐온 외환위기입니다. 레버리지는 당시 많은 사업자와 기업을 파산하게 만든 원인이었다고 합니다. '양날의 칼' 같은 레버리지, 경기 전체를 신중하게 살펴 사용해야겠죠?

레버리지의 반대 개념은 디레버리지(deleverage), 빚을 상환한다는 의미입니다. 금융위기로 자산가치가 폭락하자 디레버리지가 대거 이뤄졌죠. 특히 외국 투자자들이 디레버리지에 나서면서 한국 증시와 채권시장에서 자산을 처분하는 바람에 국내 금융회사가 어려움을 겪기도 했었습니다.

#지렛대   #디레버리지

〰〰〰〰〰〰 '스몰캡'은 스몰 캐피털(Small Capital)의 약자로, 상장 또는 등록된 시가총액이 작은 회사들로 구성된 중소형주를 뜻한다.

주식시장엔 스몰캡(small cap), 미드캡(mid cap), 라지캡(large cap)이 있습니다. 회사규모에 따라 소형주, 중형주, 대형주를 구분하는 것입니다. 예전에는 회사 규모를 자본금 기준으로 분류했다면, 최근에는 주로 시가총액 기준으로 많이 분류합니다. 우리나라에서는 시가총액 상위 100위까지를 라지캡으로, 상위 101위부터 300위까지를 미드캡으로, 나머지 종목을 스몰캡으로 분류합니다.

일반적으로 스몰캡 종목들은 대기업과 달리 기업 정보에 대한 신뢰도가 떨어지고 기업 연혁이 짧아 객관화할 수 있는 근거자료가 부족한 경우가 많습니다. 때문에 스몰캡 종목들은 라지캡 중심의 기관투자자를 대상으로 하기보다 일반 개인투자자의 자금을 끌어들이기 위한 경우가 많습니다. 중소형 종목에 대한 분석과 정보수집의 필요성에 따라 증권사에서 이들 종목을 발굴, 추천하기 위해 전담팀을 구성하기도 합니다. 이 팀을 '스몰캡팀(small cap team)'이라고 합니다.

스몰캡 주가는 국내 경기침체 우려 및 미중 무역분쟁 등의 영향을 타며 취약한 모습을 보이기도 합니다. 스몰캡의 전반적인 흐름을 평가하는 지수로는 미국의 러셀2000 지수가 있습니다. 미국 증시의 시가총액 기준 상위 3000개의 상장기업 지수인 러셀3000지수 중 시가총액 하위 2000개 기업을 걸러내어 지수로 만든 것입니다. 미국 중소형주 기업의 전반적 성과를 가장 잘 보여주는 척도죠. 우리나라에선 2003년부터 한국거래소가 시가총액 규모별 주가지수를 산출해 발표하기 시작했습니다. 코스피에선 스몰캡, 미드캡, 라지캡 지수를 차트로 확인할 수 있습니다.

#중소형주 #러셀2000 지수 #미드캡 #라지캡

070 | 불마켓과 베어마켓 황소와 곰이 싸울 때

━━━━━━━━ 황소는 싸울 때 뿔을 위로 치받는다고 하여 상승장을 '불마켓(Bull market)'이라고 부른다. 반대로 곰은 싸울 때 아래로 내려찍는 자세를 취한다는 데 빗대 하락장을 '베어마켓(Bear market)'이라고 부른다.

스페인 투우경기를 본 적 있나요? 성난 황소가 붉은 옷을 입은 투우사를 향해 돌진하는 모습을 손에 땀을 쥐고 보게 됩니다. 검은 황소는 투우사를 향해 내달리며 공격하는데요. 황소머리에 달린 뿔을 아래에서 위로 치받는 것을 보게 됩니다. 이렇게 뿔을 위로 치받으며 싸우는 황소의 모습을 따다 만든 용어가 바로 불마켓입니다. 아래에서 위로 가격이 오르는 상승장입니다. 같은 이유로 증권이나 상품의 가격이 상승할 것으로 예상하는 투자자를 '불(bull)'이라고 부르기도 합니다. 이 투자자들은 가격상승을 기대하기 때문에 나중에 다시 팔아 이윤을 남길 목적으로 증권이나 상품을 사들입니다.

불마켓은 주로 장기간에 걸친 주가상승이나 강세장을 의미합니다. 강력한 강세시장을 예고하는 차트패턴이 불마켓의 신호로 해석됩니다. 장기하락 후의 상승 전환, 저가에서 시세가 변동하지 않거나 변동의 폭이 극히 적은 범위로 형성되는 저가보합권으로부터의 상승 전환, 이중바닥형으로부터의 상승 전환 등이 불마켓으로의 진입 신호탄으로 여겨지죠.

불마켓의 반대가 베어마켓입니다. 주가를 비롯한 자산 가격이 하락하고 있거나 하락할 것으로 예상되는 약세장을 뜻하는 말입니다. 곰이 공격할 때 자신의 앞발을 위에서 아래로 내리친다고 해서, 주가가 위에서 아래로 곤두박질치는 약세장을 떠올리게 한다는 것이죠. 불과 마찬가지로 '베어(bear)'는 환시세나 시장에서의 주가가 하락하고 있다고 판단하거나 하락할 것이라고 예상하고 행동하는 투자자를 지칭하기도 합니다. 최근 들어서 이들 용어는 비트코인 등 가상화폐 시장에서도 많이 사용되고 있습니다.

#강세장 #하락장

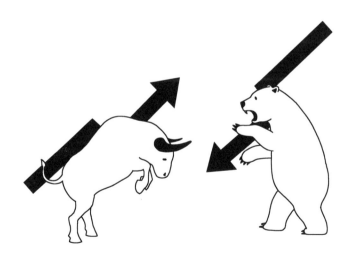

071	공매도 주가가 떨어져야 돈 버는 사람들

~~~~~~~~~~~~ 주식을 보유하고 있지 않은 사람이 주식을 파는 거래 행위를 말한다. 주가하락을 예상하고 주식을 빌려서 판 뒤 주가가 하락하면 같은 종목을 싼값에 다시 매수하여 차익을 챙기는 매매 방식이다.

공매도는 헤지펀드가 자주 사용하는 투자전략입니다. 특정 종목의 주가가 하락할 것으로 예상될 때, 해당 주식을 보유하지 않은 상태에서 증권사로부터 주식을 빌려 매도 주문을 내는 것입니다. 주식뿐만 아니라 채권이나 외환에도 적용할 수 있습니다.

가지고 있지도 않은 주식을 팔아서 시세차익을 남긴다니, 무슨 사기꾼 같은 소리냐고요? 일반적인 거래에서는 주식을 먼저 사고 차익을 본 뒤 팝니다. 그런데 공매도는 먼저 판 뒤에 나중에 다시 매입하는 것입니다. 이렇게 주식을 보유하고 있지 않은 상태에서 매도가 가능한 이유는 주식 매도 주문 시점과 실제 결제 시점이 다르기 때문입니다. 따라서 공매도는 주식을 일단 판 뒤 결제일이 돌아오는 3일 안에 해당 주식을 매입하는 것이죠. 이때 주가가 하락해 더 낮은 가격에 해당 주식을 되산다면 수익을 낼 수 있습니다. 하지만 주가가 상승해 높은 가격에 주식을 되사야 한다면 손실을 보겠죠.

공매도는 주로 초단기 매매차익을 노릴 때 사용됩니다. 공매도에는 무차입 공매도와 차입 공매도가 있습니다. 무차입 공매도는 주식을 하나도 보유하고 있지 않은 상태에서 주식을 먼저 매도한 뒤 결제일 전에 주식을 빌리거나 되사서 반환하는 방식입니다. 우리나라에서는 극히 제한적으로만 허용되고 있죠. 차입 공매도는 증권회사나 증권예탁결제원 등 타 기관으로부터 주식을 빌린 후 매도하는 것입니다. 주식을 차입하기로 미리 확정하는 거래로 우리나라에서도 허용하고 있습니다. 대동강 물에 가격을 매겨 팔았다는 희대의 사기꾼 봉이 김선달이 생각나는 건 왜일까요?

뭔가 수상한 공매도, 금융시장에서 어떤 기능을 할까요? 공매도는 투자의 자유도를 높이며 증권시장의 효율성과 유동성을 높입니다. 더불어 주식투자의 위험요소를 줄일 수 있습니다. 하지만 많은 금융전문가는 공매도가 시장 질서를 교란하고 불공정거래 수단으로 악용되기도 한다고 지적합니다. 시세 조종과 채무불이행 등의 문제점이 발생하기도 쉽습니다. 이런 이유로 공매도는 대부분의 국가에서 적절히 규제하고 있습니다. 대표적인 공매도 제한 규정으론 '업틱 룰(Up-tick Rule)'이 있습니다. 업틱 룰이란 주식을 공매도할 때 매도호가를 직전 체결가 이상으로 제시하도록 제한한 규정, 즉 시장거래가격 밑으로 호가를 낼 수 없도록 하는 것을 말합니다.

#초단기매매차익 #양면성

주식선물시장의 급등락을 막기 위해 현물 프로그램 매매 체결을 잠시 중지시키는 제도다. 주가가 급격히 내려가는 것을 방지하기 위한 일종의 보호제도라고 할 수 있다.

영화 〈좋은 놈 나쁜 놈 이상한 놈〉의 사막 추격장면을 잠깐 떠올려 보세요. '좋은 놈' 역할의 정우성은 멋있게 말을 타고 달리는 반면 '이상한 놈' 송강호는 오토바이를 타고 도망갑니다. 송강호가 탄 오토바이는 본체 옆에 짐이나 사람을 보조적으로 실을 수 있는 보조 탑승장치가 붙어 있어요. 이런 보조적인 탑승장치를 '사이드카'라고 합니다.

주식시장에도 사이드카가 있습니다. 주식선물시장의 급등락을 막기 위해 현물 프로그램 매매 체결을 잠시 중지시키는 제도를 '사이드카'라고 부릅니다. 오토바이의 사이드카가 본체에 태우지 못하는 부속품을 태우는 보조적인 기능을 수행하듯이, 원활한 주식거래를 위한 보조적인 기능을 수행한다는 의미입니다.

사이드카는 주가가 급격히 내려가는 등 시장 상황의 급변화가 코스닥시장에 미치는 충격을 완화하기 위한 사전보호 장치입니다. 주식 선물시장에선 프로그램 매매를 이용한 수많은 거래가 이뤄집니다. 어떤 종목을 얼마에 거래할 것인지를 미리 설정해둔 프로그램을 이용한 거래방식이죠. 프로그램된 대로 거래되기 때문에 선물가격이 급락하거나 급등할 경우, 특정 시점에서 매도 혹은 매수 주문이 일방적으로 많이 이루어 질 수도 있겠죠. 이때 선물가격이 내려가면 시장에 현물 매도 물량이 쏟아져 나와 현물시장까지 급락할 위험이 커집니다. 사이드카는 이럴 때 발동합니다.

사이드카 발동 요건은 이렇습니다. 선물가격이 전일 종가와 대비해 코스피는 5%, 코스닥은 6% 이상 등락하는 상황이 1분 이상 계속될 때입니다. 이 경우 거래 시스템에 의해 사이드카가 자동으로 발동되죠. 주식시장의 프로그램 매매 호가가 5분간 효력이 정지됩니다. 1일 1회만 발동되며, 매매 종료 40분 전인 오후 2시 50분 이후에는 발동되지 않습니다. 선물시장의 급등락에 따른 현물시장의 가격 급변을 막기 위한 가격 안정화 장치인 셈입니다. 사이드카가 발동하면 프로그램 매매만 잠시 중지됩니다.

사이드카가 경고등이라면 조금 더 긴급한 상황에 발동하는 장치도 있습니다. 바로 '서킷 브레이커'입니다. 서킷 브레이커는 과열된 회로를 차단한다는 의미로, 과열된 주식시장에 강제로 시간적 여유를 주는 장치를 말합니다. 서킷 브레이커는 종합주가지수가 전일 종가 대비 10% 이상 등락하는 상황이 1분 이상 지속할 때 발동합니다. 20분간 현물주식뿐 아니라 선물 및 옵션의 모든 주문이 일체 중단됩니다. 서킷브레이커는 발동 후 30분 뒤 매매가 재개됩니다. 우리나라에선 2000년 4월 종합지수가 90포인트 가까이 급락하면서 발동한 적이 있습니다.

#서킷브레이커

073 | 액면분할 주식 쪼개기

―――――――― 주식의 액면가격을 일정 비율로 나누어 주식 수를 늘리는 것. 납입자본금의 증감 없이 기존 발행주식을 일정 비율로 나눠 발행주식의 총수를 늘리는 방식이다.

주식의 액면분할은 기존의 주식을 그냥 나눠서 발행주식의 총수를 늘리는 것입니다. 1주당 액면가액이 5000원인 주식을 둘로 나눠 1주당 2500원짜리 2주로 만드는 것이죠. 거꾸로 말하면 5000원에 1주가 유통되던 주식을 2주로 늘리는 대신 가격을 2500원으로 줄이는 것입니다. 이론적으로 보면 1주를 그저 둘로 나눈다고 자본이득이 발생하지는 않습니다. 액면분할을 한다고 추가적인 자본이득이 생기진 않는 거죠.

그런데 실제로는 액면분할을 하면 주가가 많이 오릅니다. 액면분할을 하고 나면 1주당 가격이 낮아지기 때문에 소액투자자의 참여가 증가하고, 주식거래가 촉진되기 때문입니다. 자본이득을 유발하는 심리적 효과를 불러와 주식시장의 유동성을 높이게 되는 것이죠. 어떤 주식의 시장가격이 과도하게 높게 형성되어 주식거래가 부진하거나 신주 발행이 어려운 경우에 액면분할을 하는 이유도 바로 이 때문입니다. 무상증자와 비슷한 효과가 있으나, 실제 회계상에 전혀 변화를 주지 못한다는 면에서 무상증자와는 차이가 있습니다.

기업주로선 주가 상승 외에도 액면분할을 하면 좋은 점이 있습니다. 주식 총수가 늘어나면서 주식의 분산효과가 나타나게 됩니다. 분산된 주식은 적대적 M&A에 대항할 수 있는 등 경영권 방어 효과를 가져옵니다. 여기에 더해 기업가치 변동 없이 주식 수가 늘기 때문에 무상증자 같은 효과를 거둘 수도 있습니다. 물론 액면가 대비 기업가치 자체는 액면분할을 한다고 크게 달라지지 않습니다. 무상증자의 경우 발행주식 수를 늘리는 만큼 기업가치가 감소하는데, 이와는 차이가 있죠.

미국에서는 우량주 주가가 일정 수준 이상으로 오르면 액면분할로 유동성을 늘리는 것이 일반화되어 있다고 합니다. 우리나라에서도 액면분할의 사례는 많았습니다. 대표적인 예가 삼성전자입니다. 2018년에 250만 원 수준이었던 주가를 50:1의 액면분할 방식으로 5만 원대로 낮췄습니다. 주가가 낮아진 만큼 주식 수는 증가했기 때문에 총 가치에는 차이가 없지만 여러모로 주식시장에 변화를 불러왔죠.

주식 외에 채권도 증권시장에서의 유동성을 확보하고 신주 발행을 쉽게 하려고 액면분할을 합니다. 채권인 경우는 보통 권면분할 방법을 이용합니다.

#무상증자 #기업가치 #권면분할

증자와 감자 재무구조 개선하기

───────── '증자'는 회사 설립 후에 주식을 발행하여 자본금을 증가시키는 것으로 실질적 증자인 유산증자와 형식적 증자인 무상증자가 있다. '감자'는 회사 설립 후에 발행한 주식을 소각하여 자본금을 감소시키는 것으로 실질적 감자와 형식적 감자가 있다.

증자와 감자, 뭔가를 증가시키고 감소시키는 것 같죠? 증자와 감자는 자본금이 그 대상입니다. 회사가 일정한 자본증가의 절차를 밟아 자본금을 늘리는 것이 증자, 주식회사나 유한회사가 자본총액을 줄이는 것이 감자입니다. 증자는 차입금, 사채와 함께 자금조달 수단으로 이용합니다. 따라서 차입이 어려운 시기에 늘어나는 경향이 있습니다. 감자는 기업의 누적결손으로 인해 자본이 잠식되었을 경우 이 잠식분을 반영하기 위해 단행하는 경우가 많습니다. 물론 회사 분할이나 합병, 신규 투자자금 유치 등을 위해서도 실시하곤 합니다.

증자와 감자는 그 실질적 자산 증감에 따라 유상과 무상으로 나뉩니다. 먼저 증자를 볼까요? 증자는 실질적인 자산의 증가로 연결되는 유상증자와 실질자산 증가 없이 주식자본만 늘어나는 무상증자로 나뉩니다. 단, 합병이나 주식배당 등으로 느는 경우는 증자가 아닙니다.

유상증자는 기업으로서는 재무구조 개선의 효과가 있습니다. 회사가 발행한 신규 주식을 주주나 제삼자가 돈을 내고 사는 방식으로 이뤄집니다. 이때 들어온 자금에는 이자를 지급하지 않기 때문에 자금만 증가하는 효과가 있겠죠? 따라서 기업으로선 유상증자를 하지 않을 이유가 없는데, 한정된 증시자금에 증자수요가 넘치는 것을 우려해 당국은 조정위원회를 열어 유상증자를 규제하고 있습니다.

무상증자는 이익준비금이나 재평가적립금, 자본잉여금 등 사내유보금을 바탕으로 신주를 발행해 구(舊) 주주에게 무상으로 배정하는 것을 말합니다. 원칙적으로 무상증자는 주주의 실질이익을 늘려주지는 않습니다. 보통 무상증자가 단기적으로는 주가를 높인다고 생각하지만, 사실상 주주에게 이익이 될 수는 없습니다. 이런 이유로 증권전문가들은 무상증자를 '단기호재, 장기악재'로 해석하는 경향이 있다고 합니다.

이번엔 감자를 볼까요? 유상감자는 회사가 자본금과 주식의 수를 줄여 자본을 감소시킬 때 자본금의 감소로 발생한 환급 또는 소멸한 주식의 보상액을 주주에게 지급하는 것을 말합니다. 줄어든 자본이 주주에게 지급되는 것이죠. 기업이 사업규모를 축소할 때 사용하는 방법이며, 주식시장에선 잘 이뤄지지 않습니다.

무상증자는 주식을 보유한 사람이 어떠한 보상도 받지 못하고 결정된 감자 비율만큼 주식 수를 잃게 되는 것을 말합니다. 무상감자는 결손금으로 인해 이익배당을 할 수 없거나 주가하락을 우려해 신주발행이 불가능할 때 단행합니다. 무상감자를 하면 자본금은 감소시키지만 기업자산은 감소되지 않아 자본총액에는 변동이 없습니다. 감자는 주주의 이해관계에 변화를 가져오고, 회사채권자의 담보를 감소시키므로 주주총회의 특별결의 및 채권자 보호 절차가 반드시 필요합니다.

#자금조달수단 #자본금감소

075	**자사주 매입** 경영권 방어 수단

———————— '자사주'는 누구 명의로든 자기 재산으로 회사가 발행한 주식을 취득해 보유하고 있는 주식이다. 상장법인이 자기명의와 계산으로 자사 발생 주식을 취득하는 것을 '자사주 매입'이라고 한다.

기업을 경영한다는 것은 다양한 위험에 노출된다는 말과 같습니다. 기업의 의사에 반해 회사 경영권을 빼앗는 적대적 M&A가 대표적인 위협입니다. 대주주의 지분율이 상대적으로 낮은 기업일수록 적대적 M&A의 표적이 되기 쉬운데요. 이를 방지하기 위해 기업은 자기 주식을 일정량 이상 보유하려고 합니다. 금융시장에서 자기 주식을 '자사주'라고 합니다. 기업이 경영권을 보호하기 위해 자사주를 주식시장 등에서 사들이는 것을 자사주 매입이라고 하죠. 참고로 자사주를 취득하려면 상법상 배당 가능 이익이 있어야 합니다. 자사주를 취득하려는 상장사는 증권관리위원회와 거래소에 자기주식취득 신고서를 제출해야 하는데, 자사주 취득기간은 신고서 제출 뒤 3일이 경과한 날로부터 3개월 이내입니다.

자사주 매입은 주가 상승의 요인이 됩니다. 주식 유통 물량을 줄여 주당 순이익과 주당 미래현금흐름을 향상시키기 때문입니다. 자기 회사 주식가격이 시장에서 지나치게 낮게 평가됐을 때 주가를 안정시키기 위해서도 자사주를 매입합니다. 또 자사주를 매입한 후 소각하면 주주에게 이익을 환원해주는 효과도 있습니다. 마치 배당처럼 말이죠.

하지만 자사주 매입이 언제나 긍정적 신호로만 작용하는 것은 아닙니다. 투자 활동으로 성장해야 하는 기업이 자기 주식을 사는 데 돈을 쓰는 것은 성장할 만한 사업영역을 못 찾고 있다는 의미로도 해석될 수 있기 때문입니다. 금융전문가들이 자사주 매입으로 인한 주가 상승을 단기적 영향으로 보는 이유도 이것입니다.

1998년 개정된 증권거래법에 따라 모든 상장사는 자기자본으로 자사주를 매입할 수 있습니다. 자사주를 사는 돈은 반드시 자기자본이어야 하고, 자사주 취득한도는 자본총계에서 자본금과 자본준비금, 이익준비금을 제외하고 남은 금액인 '상법상 배당 가능한 이익'이어야 합니다. 상법에서는 원칙적으로 자사주 취득을 금지하고 있습니다. 단, 특별법인 '자본시장과 금융투자업에 관한 법률'은 상장법인에 예외적으로 경영권 안정과 주가안정을 목적으로 자사주를 매입할 수 있는 길을 터놓고 있죠. 이는 IMF 이후 국내인은 물론이고 외국인에게도 적대적 M&A가 전면 허용됨에 따라 기업주의 적절한 방어 대책으로 도입된 것입니다.

자사주 매입으로 일단 사들인 주식은 상여금이나 포상용으로 임직원에 주는 것을 제외하고는 6개월 이내에 팔 수 없습니다. 자사주에 대한 의결권도 인정되지 않습니다.

#적대적M&A   #의결권

076 | 다우지수 미국의 우량기업 30개

──────────── 미국의 찰스 다우와 에드워드 존스가 1896년 창안한 종합주가지수다. 뉴욕 시장의 우량주 30개를 표본으로 시장가격을 평균 산출한 주가지수로 '다우존스 산업평균지수'라고도 한다.

2019년 11월 22일 트럼프 미국 대통령은 폭스 뉴스와의 인터뷰에서 "잠정적으로 중국과 1단계 무역 합의에 매우 근접했다"라고 말했습니다. 그의 말 한마디는 미중 무역전쟁이 장기화할 것을 우려하는 시장의 불안을 일시적으로 잠재웠습니다. 이날 각종 미국 증시지수들이 일제히 상승하며 장을 마감했습니다. 그런 가운데 금융전문가들이 주목한 것은 다우지수였습니다.

　다우지수는 미국의 다우존스 사가 신용도 높고 안정된 주식 30개를 표본으로 시장가격을 평균 산출한 주가지수입니다. IBM, Exxon, AT&T, Westing house 등 이름만 들어도 알 만한 대형 기업 30개의 주식가격을 이용해 지수를 도출합니다. 지수 산출 시엔 주식 분할·대체 등의 사항을 모두 고려합니다. 다우지수는 나스닥지수, S&P500, 러셀2000 지수와 함께 미국 증시를 나타내는 대표적인 지수로 꼽힙니다. 나스닥지수와 비슷한 기능을 하지만 나스닥지수가 나스닥 상장 종목 전체의 주가 추이를 종합해 만드는 것이라면, 다우지수는 우량종목만을 대상으로 한다는 차이가 있습니다. S&P500 지수는 신용평가기관인 스탠더드앤드푸어스 사에서 미국 시장을 선도하는 기업 500개 종목을 대상으로 산정합니다. 러셀2000 지수는 미국 기업 발행주식 중 시가총액 기준으로 상위 3000개에 해당하는 회사 가운데 시가총액이 작은 것부터 2000개 회사를 뽑아 주가 움직임을 나타낸 것입니다.

다우지수는 경제 흐름을 선도하는 대기업의 동향을 보여준다는 점에서 대표성을 띠고 있습니다. 하지만 다우지수에 대한 비판도 있습니다.

첫째, 우량 30개 기업의 주식종목으로 구성하기 때문에 많은 기업의 가치를 대표할 수 있는지에 대한 의문이 제기되곤 합니다. 애초에 표본 종목 수가 적기 때문에 이를 기초로 한 주가지수가 시장 전체의 동향을 대변할 수 없다는 얘기죠.

둘째, 시가총액이 아닌 주가평균 방식으로 계산되기 때문에 지수가 왜곡될 수 있다는 점도 지적됩니다. 다우지수는 주당 가격을 가중치로 반영해 산출하기 때문에 주가가 높은 주식이 주가가 낮은 주식에 비해 지수계산에서 비중이 큽니다. 그러니까 어떤 주식의 가격이 높을 때는 그 주식의 가격변화가 지수의 변화에 많은 영향을 미치지만, 주식분할·주식배당 등으로 이 기업의 주가가 낮아지면 지수계산에서 비중이 줄어들어 버립니다.

셋째, 표본종목들로 지수를 구성하는 만큼 표본에 속했던 기업이 해당 산업을 더 이상 대표할 수 없을 때는 표본을 새로 구성해야 하는 문제도 발생합니다. 이 경우 과거와 다른 성격의 지수가 되어 과거의 지수와 연속성을 유지하기 어렵다는 점도 문제로 지적됩니다.

#코스피200 #나스닥지수 #우량종목

077	공개호가 사람에 의한 사람을 위한 거래

──────── 집단경쟁매매에서의 거래방법 중 하나다. 상품의 매수 및 매도가격을 공개적으로 크게 외침으로써 거래 상대방을 찾는 호가방법이다.

뉴스나 미국 증권시장을 다룬 영화에서 뉴욕증권거래소의 모습을 본 적이 있다면 헤드셋을 착용하고 모니터 화면을 바라보며 바쁘게 거래하는 트레이더들이 간혹 소리를 지르며 뭔가를 말하는 장면을 쉽게 떠올릴 수 있을 겁니다.

이렇게 공개적으로 주식의 매수·매도 가격을 외침으로써 거래 상대를 찾는 방법을 '공개호가'라고 합니다. 통신 기술이 발달하지 않았던 100년 전부터 이어져 온 방법이죠. 이제는 영국과 미국의 선물거래소 (CME, CBOT, LIFFE 등)와 각종 경쟁입찰 시에만 볼 수 있습니다. 최첨단 시대에 왜 아직도 공개호가 방식이 남아 있는 걸까요?

공개호가 방식이 가진 순기능이 여전하기 때문입니다. 가장 큰 이유는 악재가 발생했을 때 그에 따른 폭락장세를 어느 정도 막을 수 있습니다. 전산으로 매매하게 되면 악재정보가 나타나는 순간 바로 증권시장에 반영될 가능성이 큽니다. 연이은 폭락장세로 이어질 우려가 있는데, 공개호가로 하면 악재가 떠도 잠시 숨을 고를 시간적 여유가 생깁니다. 악재에 대한 트레이더의 판단이 이뤄지는 잠깐의 숨 고르기가 가능한 것이죠.

공개호가는 기본적으로 사람에 의한 거래방식이기에 전산 오류를 커버할 수 있습니다. 미국은 워낙 지리적으로 광대하기 때문에 전산망이 100% 안전하게 운영된다고 담보하기 어려운 부분들이 있습니다. 이에 대한 대책으로 공개호가를 하기도 합니다.

트레이더들의 생계를 보호하기 위해 공개호가를 유지하는 측면도 있다고 합니다. 증권시장의 거래방식을 전산시스템으로 모조리 교체할 경우 거래소에서 일하던 트레이더들은 하루아침에 실직자가 되고 말겠죠. 이들을 보호하기 위한 마지막 장치이기도 한 것입니다.

안타깝지만 트레이더의 입지는 이미 작아졌습니다. 뉴욕증권거래소도 공개호가 방식과 전자거래 방식을 융합하고 있고, 2016년 말 기준 뉴욕증권거래소 전체 거래의 95%가 전자거래 방식으로 이뤄진다고 하니 현실적으로 공개호가 방식은 거의 사라졌다고 볼 수 있습니다. 조만간 책이나 영화를 통해서만 공개호가를 볼 수 있는 날이 올 것 같습니다.

#주식매도 #주식매수 #선물거래 #전자거래

〰〰〰〰〰 '뱅크런(Bank Run)'은 경제 악화로 금융시장에 위기감이 조성되면 사람들이 맡겨둔 예금을 찾기 위해 한순간에 은행으로 몰려드는 현상을 말한다. 비슷한 개념으로 펀드 투자자들이 펀드에 투자한 돈을 회수하는 것을 지칭하는 '펀드런(fund run)', 투자자들이 앞다퉈 채권을 판다는 '본드런(bond run)'이 있다.

은행에 맡겨둔 예금을 돌려받기 어려워질 것 같다면 어떤 행동을 할 것 같나요? 아마 거래하는 은행 창구로 당장 달려가 저축해둔 모든 자산을 인출해 현금으로 쥐고 있으려 할지도 모릅니다. 뱅크런은 이렇게 단기간 예금 인출이 대규모로 일어나는 상황을 말합니다. 우리나라는 이미 뱅크런을 경험한 적이 있습니다. 1997년 종합금융회사의 연쇄부도, 2011년 저축은행 부실사태가 발생했을 때, 은행 앞에 몰려들어 현금을 인출하려는 예금자들의 모습을 각종 미디어를 통해 접했을 것입니다.

뱅크런은 이렇게 은행의 재무상태가 심각하게 부실할 때 발생합니다. 경제상황 악화, 은행 경영 부실 등으로 예금해둔 자금을 보전받기 쉽지 않을 상황이 되면 고객의 예금인출이 이어집니다. 은행 부실이 딱히 심각하지 않은 경우에도 뱅크런이 발생할 수 있습니다. 은행들이 무리한 자금운용 방식으로 뱅크런을 자초하기도 하고, 일시적으로 대량 예금인출 요구가 있을 경우 보유한 지불준비금만으로 충당하지 못해 뱅크런이 발생하기도 합니다. 예금자들이 은행의 경영상태를 정확하게 알지 못하는 상태에서 '은행이 부실해질지도 모른다'라는 소문만 돌아도 발생할 수 있습니다. 어떤 이유로든 예금자가 은행을 믿을 수 없다고 판단했을 때 발생합니다.

공포라는 감정은 매우 전염성이 강합니다. 예금자의 공포 위에 서식하는 뱅크런은 은행 간에도 마찬가지입니다. A은행이 경영악화로 예금을 돌려주지 못할 상황에 직면했다는 소문이 돌면 A은행에 돈을 맡긴 예금자뿐 아니라 B은행에 돈을 맡긴 예금자도 불안해져 예금인출에 나서게 됩니다. 이렇게 사람들의 불안심리가 증폭하면 경영이 건전한 은행까지도 뱅크런에 직면하는 경우가 발생합니다.

뱅크런이 일어나면 보유한 예금으로 다양한 금융활동과 수익을 창출하는 은행 입장에선 당장 돌려줄 돈이 바닥납니다. 그야말로 패닉 상태에 빠지는 것이죠. 은행뿐만 아니라 경제에도 좋지 않은 영향을 끼칩니다. 예금 심리가 위축되고, 다른 금융기관으로 뱅크런이 전이되는 등 금융 소요상태가 발생하기 쉽습니다. 때문에 정부는 뱅크런의 갑작스런 발생을 방지하기 위해 예금자 보호법 등 안전장치를 마련해두고 있습니다. 예금자 보호법에 따르면 은행, 보험회사, 금융투자회사, 종합금융회사, 상호저축은행 등의 금융회사가 파산해 예금주들이 돈을 돌려받지 못하더라도 5000만 원 내에서는 보장합니다. 현재 우리나라는 예금보험공사에서 이 제도를 담당하고 있는데, 은행 파산으로 인한 예금자 손실을 줄이고자 만들어진 것입니다.

#펀드런 #본드런 #예금자손실방지

079 벌처펀드 부실기업에서 수익을 창출한다

~~~~~~~~~~~ '벌처펀드(Vulture Fund)'는 부실기업을 정리하는 회사 혹은 그 자금을 말하는 것으로 기업구조조정펀드다. 부실기업을 매입해 경영을 정상화한 뒤 되팔아 차익을 얻는 방식으로 수익을 창출한다. 기업구조조정전문회사(Corporate Restructuring Corporate, CRC)가 운용하는 자금이다.

황야에 살고 머리와 목에 깃털이 없어 '대머리 독수리'라는 별명이 붙은 독수리를 영어로는 벌처(vulture)'라고 부릅니다. 벌처는 주로 동물의 사체를 뜯어먹고 삽니다. 벌처펀드는 여기에서 유래한 용어입니다. 파산한 기업이나 경영난에 빠져 있는 부실기업을 저가에 인수한 후 되팔아 단기간에 높은 수익을 올리는 자금을 말합니다. 썩은 회사에서 수익을 창출하는, 금융계의 대머리 독수리인 셈이죠?

　벌처펀드는 주로 고수익을 지향하는 헤지펀드나, 투자신탁회사·투자은행 등이 운용합니다. 영업 형태는 다양합니다. 가장 일반적인 형태는 펀드운용사가 직접 부실기업의 경영권을 인수해 회생시킨 후 되파는 방법입니다. 부실회사는 정상 가치의 20~30%만 주더라도 쉽게 살 수 있다는 점을 노린 것입니다. 벌처펀드는 회사를 넘겨받은 뒤 인원 정리와 자산매각, 사업 분리 등을 통해 덩치를 줄이고 내실을 다진 후 다른 인수자에게 웃돈을 받고 팔아넘깁니다. 이밖에도 부실기업의 주식 또는 채권에 투자한 후 주주로서의 권리행사를 통해 간접 참여하거나 부동산 등 자산만을 인수해 되팔기도 합니다.

짐작했겠지만 벌처펀드는 고위험·고수익의 자금입니다. 실제로 벌처펀드의 성공확률은 30%에도 못 미치는 것으로 알려져 있습니다. 벌처펀드가 사들인 부실기업을 회생시키는 데 평균 3년 정도가 걸린다고 하는데, 시간과 노력, 돈을 들여도 성공할 수 있을지는 불투명합니다. 이런 이유로 세계적인 투자사가 수익률 저조로 벌처펀드를 포기하는 사례가 왕왕 발생합니다.

이렇게 위험부담이 큰데 왜 벌처펀드를 운용하는 걸까요? 일단 터지면 '대박'이기 때문입니다. 1989년 미국의 벌처펀드들이 컴퓨터 제조업체인 왕 라보라토리즈(Wang Laboratories)에 전체 지분의 5~10% 정도를 투자하고, 5년 만에 1900%의 수익률을 올린 사례가 신화처럼 내려오고 있습니다.

금융시장을 관리 감독해야 하는 각국 정부로선 벌처펀드의 횡행엔 주의를 표할 수밖에 없습니다. 하지만 아주 금지하지는 않는데, 벌처펀드가 정부의 손을 덜어주는 측면도 있기 때문입니다. 정부가 나서지 않고서도 민간 스스로 기업 구조조정을 하는 기능이 있습니다. 이런 이유로 미국, 영국 등 선진국에서는 벌처펀드가 활성화돼 있습니다. 미국에선 1980년대에 자금능력이 뛰어난 회사들을 중심으로 부실회사를 인수해 고가에 매각하는 벌처펀드가 유행했었죠. 우리나라의 경우 산업통상자원부에 등록한 CRC만이 벌처펀드를 모집할 수 있습니다. 등록된 CRC는 금융감독위원회에 3개월마다 운영실적을 보고하는 등 관리감독을 받아야 합니다.

#기업구조조정펀드   #고수익   #고위험

〜〜〜〜〜〜〜〜 장래 일정 시점에 미리 정한 가격으로 매매할 것을 현재 시점에서 약정하는 거래로, 미래의 가치를 사고파는 것이다. 선물의 가치가 현물시장에서 운용되는 기초자산(채권, 외환, 주식 등)의 가격 변동에 의해 파생적으로 결정되는 파생상품 거래의 일종이다. 정기거래라고도 하며, 상품거래소를 통해 이뤄진다.

선물거래의 기본적 원칙은 '선매매 후물건'입니다. 그러니까 미래의 일정한 시점에 인도·양수하기로 한 상품이나 금융자산을 현재 시점에서 계약하는 거래인 것입니다. 매매대금 역시 현 시점에서 미리 정합니다. 거래당사자 간에 직접 거래하는 게 아니라 선물거래소라는 중개기관을 통해야 합니다.

선물거래 당사자들은 나중에 거래상품의 가격이 어떻게 변하든 거래하기로 약속한 것을 반드시 지켜야 합니다. 물론 아직 상품 인도를 하지 않은 상태에선 이를 되팔거나 되사들여 매매차액을 정산할 수는 있습니다. 어쨌든 미래의 상품가치가 어떻게 변하든 미리 약속한 가격으로 거래를 이행해야 하기 때문에, 선물거래는 한 사람이 이익을 보면 다른 사람은 반드시 그 액수만큼 손해를 보는 제로섬 게임입니다.

선물거래를 하려면 반드시 선물거래소를 통해야 합니다. 세계 최초의 선물거래소는 1848년 미국의 시카고에서 개장한 시카고상품거래소(CBOT)입니다. 당시 콩, 밀, 옥수수 등의 주요 농산물을 선물계약으로 거래하기 시작했는데, 이때 거래된 농산물은 당시 세계 농산물 선물거래의 80%를 차지할 정도였다고 합니다. 우리나라에도 1990년대 후반 선물거래소가 생기면서 선물거래가 이뤄지고 있습니다. 1996년 한국거래소 내에 주가지수 선물시장이 생겼고, 1999년 부산에 선물거래소가 개장했습니다.

선물의 거래방식은 다양합니다. 매매 시점, 대금결제, 물건의 인수도 시점에 따라 달라집니다. 선물거래와 비슷한 개념으로 '선도거래'라는 것이 있습니다. 이 둘은 미리 거래를 정하고 나중에 물건을 넘긴다는 점에서 동일한 거래방식을 가지고 있지만, 선물거래는 거래소 내에서 거래할 수 있는 반면 선도거래는 거래소 밖에서 이루어진다는 차이가 있습니다.

은행이나 금융사에 가보면 선물거래 상품이 굉장히 많은 것을 알 수 있습니다. 누구 하나가 이득을 보면 다른 하나가 손해를 보는 구조인데도 선물거래가 인기 있는 이유는 뭘까요? 바로 가격변동 위험의 회피가 가능하다는 특징 때문입니다. 선물거래는 미리 정한 가격으로 매매를 약속한 것입니다. 그러니까 미래를 잘 예측할 수만 있다면 가격이 오를 상품을 더 싼 가격에 미리 사둘 수 있는 것입니다. 그런데 한 가지 아이러니한 점이 있습니다. 오늘날의 선물거래는 고수익·고위험 투자상품인 경우가 더 많은데요. 앞서 선물거래는 위험 회피가 가능한 금융상품이라 했었잖아요. 위험을 회피할 수 있는 상품이 위험을 안고 간다니, 모순되어 보이죠? 선물거래는 처음엔 위험회피를 목적으로 출발했지만, 고도의 첨단금융기법을 이용해 위험을 능동적으로 받아들이면서 이렇게 고위험 투자상품으로 발전했습니다. 결국 높은 수익을 얻으려면 그만큼의 리스크를 안고 가야 하는 겁니다. 돈 벌기가 쉽지 않네요.

#파생상품거래 #정기거래 #선매매후물건 #미래가치를거래

081 콘탱고 물건을 늦게 받을수록 가격이 올라간다?

──────── '콘탱고'란 주식시장에서 선물가격이 현물가격보다 높거나 결제월이 멀수록 선물가격이 높아지는 현상을 말한다. 반대 개념은 '백워데이션'이라고 하는데, 시장 전망이 불투명하거나 대차거래가 제대로 이뤄지지 않아 발생하는 비정상시장이다.

선물거래는 물건값을 지급하는 시기와 현물을 넘겨받는 시기 사이에 거리가 있습니다. 그 말은 대금지급을 한 이후에도 현물이 '일정 기간' 어딘가 보관되어 있어야 한다는 것을 의미합니다. 시간과 공간이 모두 돈인 현대사회에서 이 '기간'은 '가격'에 그대로 반영되겠죠.

선물로 금을 거래하는 경우를 생각해볼까요? 금 선물거래는 가격 형성에 있어 계절적인 요인이 크게 영향을 주지 않습니다. 하지만 금을 보관하기 위해서는 물리적 공간이 필요합니다. 오래 보관할수록 창고비용이 증가하죠. 따라서 금 선물은 지금 바로 현물을 구입하는 것보다 선물가격이 높아질 수밖에 없습니다. 보유비용이 추가되기 때문이죠.

이렇게 선물가격이 현물가격보다 높아지는 현상을 '콘탱고'라고 합니다. 금은 전형적인 콘탱고를 보이는 상품입니다. 매매대금을 먼저 치르는 선물거래는 그 가격에 만기까지 소요되는 현물 보유비용이 추가적으로 포함됩니다. 이자, 창고료, 보험료 등의 비용이 보유비용으로 들어갑니다. 같은 이유로 결제월이 멀수록 선물가격이 높아지겠죠. 결제월이 먼 만큼 보유비용이 발생할 테니까요.

콘탱고는 수요가 공급을 초과할 때 자연스럽게 형성됩니다. 수요자들이 추가 비용을 지불하면서까지 안정적인 공급시기를 기다리니까요. 때문에 콘탱고 상태를 흔히 '정상시장(正常市場)'이라고 부릅니다.

모든 선물거래가 콘탱고 상태인 것은 아닙니다. 선물과 현물의 가격 사이에 역전(逆轉) 현상이 벌어지기도 합니다. 선물가격이 현물가격보다 낮아지는 거죠. 경제용어론 '백워데이션(back-wardation)'이라고 하는데, 상품의 시장 전망이 불투명하거나 주식을 보유하고 있는 금융회사에서 증권을 유상으로 빌려주는 대차거래가 제대로 이뤄지지 않았을 때 발생하는 시장이라 '비정상시장'이라고 부릅니다.

콘탱고가 수요가 공급을 초과할 때 발생한다면, 백워데이션은 공급이 수요를 초과할 때 나타납니다. 선물은 현물에 비해 저평가되어 있고, 현물은 선물에 비해 고평가되어 있는 상태입니다. 가장 대표적인 예가 난방유입니다. 난방유는 겨울엔 가격이 높고 여름엔 가격이 낮습니다. 때문에 겨울철에 쓸 난방유를 여름에 선물거래할 경우 현물가격보다 낮은 가격에 살 수 있습니다. 백워데이션이 발생했다면 수급에 변동이 될 만한 이슈가 나타난 것이죠. 예를 들어 신규 구리 광산이 1년 후에 생산에 들어간다든지, 주요 생산지역에서 단기적인 전쟁이 발발한다든지 등의 이유로 시장 전망이 불투명해지면 백워데이션이 나타납니다. 가까이에 있는 선물가격은 가격이 오르고, 멀리 있는 선물가격은 가격이 내려갈 전망치가 뚜렷하기 때문입니다. 백워데이션과 콘탱고를 잘 이용하면 차익을 남길 수 있으니 좀 더 공부를 해보는 것도 좋을 것 같습니다.

#선물거래 #보유비용 #정상시장 #백워데이션

롱숏펀드 롱과 숏 어느 걸 더 좋아할지 몰라서 둘 다 준비했어

──────── '롱숏펀드'란 매수를 의미하는 '롱 전략'과 매도를 의미하는 '숏 전략'을 동시에 구사하여 운용하는 펀드를 말한다. 상승을 예상하고 투자하는 매수와 하락을 대비하는 매도를 동시에 구사하며 안정적인 이익을 얻는 차익거래다.

'무릎에서 사서 어깨에서 팔아라, 저점에서 사고 고점에 팔아야 한다'라는 주식 투자의 기본이죠. 하지만 높은 수익을 원한다면 때론 반대의 전략도 필요합니다. 하락하는 주식에 베팅해 해당 주가가 상승하면 그 상승분만큼의 이익을 취하는 것도 오래된 전략이니까요.

롱숏펀드는 이 두 전략을 사용하여 운용하는 펀드입니다. 롱숏펀드의 '롱'은 매수 포지션으로 주가가 오를 것으로 예상되는 주식을 사는 것을 의미합니다. '숏'은 매도 포지션으로 주가가 내릴 것으로 예상되는 주식은 미리 빌려서 파는 것을 말하죠. 오로지 수익을 내는 데 주력하기 때문에 헤지펀드에서 가장 일반적으로 찾아볼 수 있는 전략입니다.

롱숏펀드는 롱과 숏을 적당히 운용하며 차익을 내는 펀드로 위험부담이 그리 크지 않고 적당한 안정성을 추구합니다. 대표적인 중위험·중수익형 펀드죠. 롱숏펀드는 특히 주가가 일정한 범위대에 갇혀 등락을 거듭하는 박스권일 때 유용합니다. 특정한 등락폭을 이용해 펀드가 매수한 종목은 주가 상승분만큼 이익을 얻고, 펀드가 매도한 종목은 주가 하락분만큼 이익을 얻습니다. 박스권 장세에서 수익의 돌파구 역할을 하

는 셈이죠. 우리나라에서도 코스피가 적당한 박스권 장을 형성할 때 비교적 안정적인 수익을 올리는 상품으로 주목을 받았습니다. 롱숏펀드 전략으론 공매도가 가장 흔하게 사용되며, 선물옵션을 이용하는 방법도 있다고 합니다.

우리나라는 롱숏펀드를 운용하기 좋은 환경이었습니다. 실적과 전망이 좋은 업종·종목과 부진한 업종·종목이 공존하는 경우 롱숏의 진면목을 발휘할 수 있으니까요. 이런 이유로 롱숏펀드는 2000년대 후반 투자자들의 주목을 받으며 빠르게 성장했습니다.

롱숏전략은 주식시장이 상승세일 때보다 하락세일 때 더 유리한 것으로 알려졌습니다. 2009년부터 2012년까지 3년간 주식시장이 전체적으로 볼 때는 상승을 기록했지만, 개별적으로 보면 상승 종목보다 하락 종목이 더 많아 롱숏전략을 구사하는 데 유리했기 때문입니다. 하지만 코스피 지수가 연일 상승하며 2300대를 넘어 2400대까지 치솟던 2017년엔 롱숏펀드 수익률이 매우 저조했었죠. 2017년을 기점으로 롱숏펀드 열기가 많이 사그라들었습니다.

롱숏은 안정적인 투자를 원하는 투자자에게 딱 맞는 자금 운용방식입니다. 롱숏펀드 과열에 대한 우려도 있는데, 해당 펀드로 자금이 쏠리고 펀드 규모가 커져 공매도할 주식을 확보하기 어려워질 수 있기 때문입니다. 뭐든 지나치면 좋지 않은 법이죠.

#주식매수매도 #중위험 #중수익 #박스권

083 주가연계증권(ELS) 정해진 조건에 맞아야 수익을 보장한다

───────── 주가연계증권으로 옵션 등을 이용해 만기를 정해놓고 만기까지 일정 조건을 충족하면 정해진 수익률을 제공하는 상품이다. 상품에 따라 반기 혹은 분기 단위로 조기상환이 가능하다.

2019년 8월 개인 투자자들에게 수천억 원의 손실을 가져온 대규모 파생결합펀드(DLF) 손실 사태가 터졌습니다. 이후 파생상품 전반에 대한 경각심이 전반적으로 높아졌고, 2019년 11월 현재에도 여전히 고위험 금융상품에 대한 규제가 이어지며 파생상품 경기가 쉽게 회복되지 않고 있습니다. 하지만 연말이 되면서 주가연계증권(ELS) 발행잔액이 조금씩 상승세로 돌아서고 있습니다. ELS 발행잔액은 시중에 발행되어 있는 물량의 전체 금액을 의미합니다. 발행잔액은 신규 발행 물량이 상환 금액보다 많으면 증가하고, 반대로 발행량이 상환 금액보다 적으면 감소하죠. DLF 사태와 일본과의 무역 갈등, 미중 무역분쟁 등으로 위축되었던 ELS 시장이 조금씩 살아나는 것 아니냐는 관측이 나오고 있는 분위기입니다.

ELS는 주가지수나 개별 주식가격을 기초자산으로 하는 파생결합상품입니다. 무슨 말이냐고요? 기초자산인 주가지수가 계약으로 정한 일정 기간 동안 정해진 구간에서 움직이면, 약속한 수익률을 지급하고 해당 구간을 벗어날 경우 원금 손실을 보는 구조로 설계된 금융상품이라는 뜻입니다. 주식가격이나 주가지수와 연계하여 사전에 수익구조를 정해 이 구조에 맞으면 수익을, 이 구조를 벗어나면 손실을 입는 것이죠.

ELS는 금융기관과 금융기관, 금융기관과 일반기업 간의 맞춤 거래를 기본으로 하는 장외파생상품입니다. 거래의 결제 이행을 보증해주는 거래소가 없다는 말이기도 합니다. 때문에 ELS 발행을 하려면 일정한 자격이 필요합니다. ELS는 직접투자는 부담스럽고 안정적 예금이나 채권 투자보단 높은 수익률을 바라는 사람에게 안성맞춤인 상품입니다.

다양한 유형이 있지만 일반적으로 원금 보장형·원금 부분 보장형·원금 조건부 보장형의 3가지로 나눕니다. 원금 보장형은 보수적이거나 안정적인 투자자가, 원금 부분 보장형은 적극적인 투자자가, 원금 조건부 보장형은 공격적인 투자자가 선호합니다. 단, 원금 보장이라고 해서 원금을 잃을 위험이 아예 없는 것은 아닙니다. 만기 전에 환매할 경우 주가 하락 시에는 원금보장형이더라도 그만큼 손실이 발생할 수 있습니다. 단어에 속으면 안 되니 주의하세요.

ELS는 투자자에게는 투자선택의 폭을 넓히고, 증권회사에는 수익구조를 변화시켜 증권업 활성화에 기여하는 측면이 있습니다. 주식이나 주가지수 이외에도 원자재·금 등과 같은 실물에 연계되거나, 물가지수나 채권지수 등에 연계되는 등 그 범위도 다양해지며 확실히 시장을 확장시켰습니다. 하지만 세상 어디에도 위험률이 0%인 금융상품은 없으니 투자자라면 언제나 주의하고 투자조건을 꼼꼼히 살펴봐야 합니다.

#파생결합상품 #장외파생상품

084 | P2P 금융 기술과 금융의 결합

〰〰〰〰〰 개인과 개인을 직접 연결하는 금융. 전통적 의미의 금융회사를 거치지 않고 인터넷을 통해 개인과 개인, 개인과 기업이 직접적인 거래를 수행하는 금융형태를 일컫는다.

요즘은 휴대폰 하나면 결제까지 가능하죠? 이런 기술과 금융의 결합이 바로 '핀테크(fintech)'입니다. 대표적인 분야가 바로 대출입니다. 온라인 기술이 발달하면서 모든 대출 과정이 자동화되었고, 이것은 지점 운영 비용, 인건비, 대출영업비용 등의 불필요한 경비 지출이 최소화되었다는 뜻이기도 합니다. 대출과 투자를 바로 연결해주는 P2P 금융, 즉 개인 간 거래(peer to peer finance)는 이렇게 탄생했습니다.

과정은 이렇습니다. 돈이 필요한 사람이 온라인상에서 P2P 회사를 통해 대출을 신청합니다. 대출 신청 시 P2P 회사마다 요청하는 자료가 조금씩 다르지만 원하는 액수와 사연, 지급하고자 하는 이율(금리)과 신분증 사본, 등기부등본, 재직증명서 등의 서류를 제출합니다. P2P 금융회사가 이를 심사한 후 대출요건을 공개하면 투자처를 찾고 있던 불특정 다수가 이 대출희망자에게 돈을 빌려줍니다. 대신 이자를 받기 때문에 일종의 투자가 되는 것이죠. 투자자는 이익을, P2P 회사는 금리차익을, 대출자는 대출을 받는 금융상품인 셈입니다. 기본적인 구조는 은행 대출과 비슷하지만 투자자와 대출자가 직접 연결된다는 점에서 큰 차이가 있습니다.

P2P 금융은 기존의 금융 사각지대에 놓였던 신용불량자나 아직 실적이 충분치 않은 창업자가 자금을 조달할 수 있다는 점에서 주목받고 있습니다. 기존 은행 대출과 비교하면 대출이 쉬운 대신 이율은 다소 높은 편입니다. 대개 20~30% 선에서 대출금리가 형성됩니다.

P2P 금융은 간편하고 합리적이지만 시장 안정성을 해칠 수 있다는 점에서 주의가 필요합니다. 특히 부동산대출 시장에서 정부 규제 대상에서 벗어나 있어 우회대출 수단으로 악용될 수 있다는 지적이 나오고 있습니다. 지난해 정부는 '9·13 대책'을 발표하고 투기지역·투기과열지구는 주택담보대출비용(LTV)와 총부채상환비율(DTI)를 40%로, 조정대상지역은 LTV 60%에 DTI 50%로 제한했는데요. 기존 금융권과 달리 P2P 금융은 LTV를 최대 90%까지 적용하고, DTI 제한이 아예 없기도 합니다. 중도상환에 따른 수수료도 받지 않고요. 9·13 부동산대책 이후 이런 식으로 우회대출 받은 금액이 1000억 원을 넘는 것으로 추산되자 우리 정부도 서둘러 대책 마련에 나섰습니다. 2019년 11월 19일 국무회의를 통과한 P2P 금융 법제화를 위한 온라인투자연계금융업법(온투법)이 같은 달 26일에 공포되었고, 2020년 8월 27일부터 시행되었으니 참고하세요.

#개인간거래 #핀테크 #대출 #온라인투자연계금융업법

085	**팻핑거** 실수 한 번에 회사가 흔들

~~~~~~~~~~~~ '팻핑거'란 굵은 손가락 탓에 자판을 잘못 눌러 생긴 오타를 의미하지만, 주식·채권 시장 트레이더들이 컴퓨터로 주문을 입력하는 과정에서 오류를 범한다는 뜻으로 더 널리 쓰이는 용어다.

손가락이 굵은 사람이 터치 방식의 휴대폰을 쓰다 보면 자판을 잘못 눌러 의도와는 다른 문장을 쓰기도 하죠? '팻핑거(fat finger)'란 이렇게 굵은 손가락 탓에 자판을 잘못 눌러 생긴 오타를 말하는데, 금융시장에선 그 뜻이 조금 바뀌어서 트레이더들이 컴퓨터로 주문을 입력하는 과정에서 실수한다는 뜻으로 사용되고 있습니다.

우스꽝스러운 이름과 달리 팻핑거는 금융시장에 혼란을 불러일으키고, 한 기업에 막대한 손실을 초래하기도 합니다. 팻핑거 한 번으로 기업 하나가 도산하기도 하죠. 마블 코믹스의 슈퍼 빌런 '타노스'가 손가락 한 번 튕겨 우주의 절반을 날리듯이 말입니다.

세계적으로 가장 유명한 팻핑거는 일명 '플래시 크래시' 사건입니다. 2010년 5월 미국의 한 투자은행 직원이 주식 판매 주문을 하면서 거래 단위로 m(100만) 대신 b(10억) 버튼을 누른 것이 발단이었죠. 단 한 번의 치명적 실수는 주식시장의 여러 자동매매 프로그램의 연쇄반응을 일으켰고, 거래 종료를 15분 남기고 다우지수가 998.5포인트(9.2%)나 주저앉았습니다.

1995년엔 팻핑거로 233년 역사를 지닌 영국 베어링 은행이 파산으로 내몰렸습니다. 신참 딜러가 파생상품을 거래하면서 '매수' 주문을 '매도'로 입력하는 실수를 저질렀고, 주문 착오로 인한 손실을 만회하려고 무리하게 투자하다 대규모 손실을 내는 바람에 은행이 파산할 지경에 이르기도 했습니다.

우리나라에서도 사고가 있었어요. 2018년 4월 삼성증권이 실수로 배당오류를 한 것입니다. 배당 주문을 내는 직원의 실수로 주당 1000원이 아닌 1000주(약 3800만 원)의 주식이 지급됐습니다. 설상가상으로 배당받은 몇몇 조합원이 잘못 입고된 주식 중 501만 주를 주식시장에 매도해 돈을 챙기는 등 사태가 일파만파로 커졌습니다. 당시 잘못 발행한 주식이 110조 원대, 이 중 시장에 실제 유통된 금액은 2000억 원이었죠. 이로 인해 개인투자자들이 실질적인 피해를 입었고, 한국 증권사상 최악의 사고로 기록되었습니다.

금융파생상품 시장이 커지고 고성능 컴퓨터를 이용해 자동적으로 이뤄지는 극초단타매매(HFT) 거래 비중이 늘면서 팻핑거로 인한 사고는 더욱 빈번하게 발생하고 있습니다. 하지만 팻핑거 오류를 사전에 막아낼 제도적 장치가 여전히 미흡한 실정입니다. 삼성증권 사태 이후 금융감독원이 실시한 조사를 통해 이런 주먹구구식 배당 업무 시스템이 국내 대형 증권사에서도 이뤄지고 있다는 사실이 드러나기도 했습니다. 이를 방지할 금융 당국 차원의 사전 규제는 사실상 없다고 합니다.

#주식채권시장 #파산을불러오는실수 #증권사고

행동주의 투자 적극적으로 움직여 기업가치를 높인다

~~~~~~~~~~~~~ '행동주의 투자'란 가치가 낮은 기업에 투자해 의결권을 확보한 후 단
기간에 기업가치를 높여 매매차익을 얻는 투자 방식이다.

'행동주의'라는 수식어에서 바로 느낌이 오죠? 행동주의 투자는 기업가
치가 오를 때까지 기다리지 않고, 적극적인 경영 개입을 통해 기업가치
를 올리는 투자 행태를 말합니다.

　외부 투자세력이 기업의 경영에 적극적으로 개입한다는 것은 해당 기
업이 탄탄한 지배구조를 가지고 있지 않다는 것을 의미합니다. 행동주
의 투자는 주로 지배구조가 좋지 않거나 경영상의 비효율로 어려움을
겪고 있는 기업이 대상인 경우가 많습니다. 투자세력은 기업의 주식을
대량 매수한 후 주주로 등재해 일정 수준의 의결권을 확보합니다. 의결
권에 영향을 미치는 존재가 된 후에 사업전략 변화나 구조조정, 지배구
조 개선 등을 유도해 단기간에 기업가치를 올리죠. 이렇게 하는 이유는
결국 해당 기업의 주식 등을 되팔아 수익을 올리기 위함이고요.

　목적이 분명하기 때문에 행동주의 투자자가 특정 기업의 지분을 구
매하면 해당 기업의 주가가 오르고 기업의 이익구조가 개선되는 효과
가 따라옵니다. 행동주의 투자자의 활발한 활동이 주주가치 환원과 기
업가치 제고에 긍정적인 영향을 미친다는 평가가 나오는 이유이기도 하

지요. 최근 들어서는 과거 '먹튀'나 '공격'으로 간주되던 행동주의 투자에 대한 인식이 긍정적으로 변화하고 있습니다.

하지만 행동주의 투자를 바라보는 시장의 시선엔 여전히 우려가 섞여 있습니다. 이런 방식의 투자가 기업의 장기적 이익보다는 단기 수익성을 높일 수 있는 결정을 유도하는 경향이 크기 때문입니다. 장기적 안목으로 기업을 경영하려는 움직임을 위축시킬 수도 있습니다. 행동주의 투자자들이 기업경영에 막강한 영향력을 행사하는 사례가 늘면서 이러한 투자 행태를 견제할 수 있는 제도의 필요성이 꾸준히 제기되고 있습니다. 행동주의 내부에서도 스튜어드십 코드 제작 등 자체적인 정화를 위한 움직임이 이어지고 있습니다. '스튜어드십 코드'란 기관투자자들이 타인의 자산을 관리·운영하는 수탁자로서 책임을 충실히 이행하기 위해 만들어진 지침을 말합니다. 이래저래 기업가치 제고에 '양날의 검'으로 작용하는 거죠.

#기업지배구조 #의결권행사 #단기수익성 #스튜어드십코드

087	**우회상장** 모로 가도 상장만 하면 된다

━━━━━━━ 증권시장에 상장하지 않은 기업이 상장기업과의 합병 등을 통해 통상적인 신규 상장 심사를 거치지 않고 상장되는 것을 말한다. 비(非)상장기업은 우회상장으로 합병한 상장기업과의 시너지는 물론 증권시장에 상장되는 효과도 얻는다.

자동차를 몰고 도로를 달리다 보면 종종 '우회도로' 표시를 보곤 합니다. 기존의 도로가 교통정체나 공사 등으로 막혔을 때 돌아서 갈 수 있는 길을 표시해주는 건데, 조금 돌아가긴 하지만 원하는 목적지에 도달하는 데는 아무런 문제가 없습니다. 증권시장에도 이런 우회로가 있습니다. 직접 회사를 상장하지 않고도 상장회사의 지위를 얻을 수 있는 방법, 우회상장입니다.

우회상장은 합병, 포괄적 주식교환, 영업양수도, 주식스왑 등의 방법으로 이뤄집니다. 합병에 의한 우회상장은 가장 일반적인 방식인데요. 비상장기업이 상장기업의 최대주주 지분과 경영권을 넘겨받아 최대주주 지위를 확보하고 합병을 결의합니다. 이후 상장기업이 합병의 대가로 비상장기업의 주주에게 상장주식을 발행하는 방식입니다. 자금 사정은 좋지만 상장요건을 갖추지 못했거나 복잡한 절차를 피해 빠른 시일 내에 상장하려는 비상장기업이 대주주 지분율이 낮거나 부실한 상장기업을 인수합병하는 방식으로 이뤄집니다. 우리나라 최대 연예기획사인 JYP엔터테인먼트가 2013년 상장법인과 합병하는 방식으로 우회상장한 바 있습니다.

'포괄적 주식교환'은 비상장기업 주주들이 상장기업에 그들의 지분을 모두 넘겨주고, 그 대가로 상장기업의 신주, 즉 유상증자나 무상증자를 통하여 새로 발행한 주식을 받음으로써 상장효과를 얻는 방식입니다. 비상장기업이 상장기업의 완전자회사가 되는 경우죠. 발행주식의 총수를 모회사가 100% 보유하고 있는 경우 이런 모회사의 지배를 받는 회사를 '완전자회사'라고 합니다. '영업양수도' 방식은 비상장기업의 핵심사업을 영업양도 형식을 빌려 상장기업에게 매도하고, 그 대가로 비상장기업의 주주가 상장기업의 주식을 받는 식입니다. '주식스왑'에 의한 우회상장은 상장회사가 발행한 주식과 비상장회사가 발행한 주식을 교환함으로써 상장회사를 자회사로 편입시키는 방식이죠.

오늘날 우회상장은 기업인수 합병의 한 흐름으로 자리 잡았습니다. 상장요건을 충족시키기에는 부족하지만 성장성이 높고, 재무적으로 우량한 비상장기업에게 자본조달의 기회를 준다는 긍정적 효과를 갖고 있습니다. 비상장기업에겐 성장의 발판을, 정체된 상장기업엔 새로운 성장동력을 부여하는 기회가 되는 것입니다. 정상적인 상장추진에 비해 시간과 비용을 절감할 수 있어서 중소기업 등이 기업공개(IPO)의 대안으로 활용할 수 있다는 점도 긍정적인 면으로 꼽힙니다.

물론 부정적인 면에 대한 우려도 있습니다. 우회상장에 대한 심사가 허술하게 이뤄질 경우 자격미달인 부실기업이 쉽게 자본시장에 진입해 투자자를 현혹하고, 투자자의 돈만 챙겨 나갈 위험이 있다는 것입니다. 세상 모든 제도가 그렇듯 순기능과 역기능이 상존하고 있는 셈입니다.

#증권시장 #합병 #포괄적주식교환 #영업양수도 #주식스왑

| **헤지펀드** 소수의 고액투자자 모여라

──────── '헤지펀드'는 소수의 기관 투자자나 고액 자산가를 대상으로 투자자를 모집해 조성한 자금을 국제증권시장이나 국제외환시장에 투자해 단기이익을 거둬들이는 투자신탁이다. 정부의 규제와 세금 등을 피해 투기적으로 운용된다.

'헤지펀드의 제왕' 조지 소로스, 금융을 잘 모르는 사람이라도 그의 이름 한번쯤은 들어봤을 겁니다. 큰돈을 잘 굴리는 사람이란 건 알겠는데, 헤지펀드란 건 도대체 뭘까요? 간단히 말하면 헤지펀드란 소수의 고액투자자를 대상으로 운용하는 고위험 고수익 펀드입니다. 원래 '헤지(hedge)'는 울타리를 치고 방어적으로 관리한다는 의미에서 시작됐지만, 투자이익 극대화를 위해선 큰 위험도 감수하는 적극적인 투자 행위로 그 의미가 변질되었습니다. 위험회피보다는 투기적인 성격이 더 강한 자본이죠.

헤지펀드는 운영방식이 불투명한 경우가 많습니다. 모집대상, 투자대상, 실적 등 투자내용이 대부분 비밀에 부쳐지죠. 일반적으로 사모펀드 형태가 있는데요. 100명 미만의 투자가들로부터 개별적으로 자금을 모아 파트너십을 결성한 뒤에 버뮤다 같은 조세회피 지역에 위장 거점을 설치해 자금을 운영합니다. 100만~500만 달러의 거액이 최소 투자단위입니다. 이렇게 사모방식으로 투자자금을 모집한 뒤 원금의 몇 배에 달하는 자금을 차입해 주식채권뿐만 아니라 선물이나 옵션 등 파생상품에 공격적으로 투자합니다. 투자 규모를 몇십 배로 키우는 게 목표죠. 각국의 중

양은행과 감독 당국은 금융파생상품의 정보 게시를 요구하고 있습니다.

헤지펀드는 금융시장에 어떤 영향을 미칠까요? 언론보도를 보면 헤지펀드는 주식시장과 현물 원자재, 그리고 세계적 부동산 가격 급등의 원인으로 지목되기도 하고, 특정 국가의 외환위기를 초래한 원인으로 지목되기도 합니다. 마치 그 자체로 '자아'를 가지고 있는 것처럼 말이죠.

소수의 개인투자자로 구성된 헤지펀드는 국경을 넘나들며 이익이 발생하는 곳이라면 몰려 들어가 공격적으로 투자합니다. 주식시장의 공매도는 물론이고 이자가 낮은 나라에서 돈을 빌려 이자가 높은 나라에 투자하기도 합니다. 원자재 선물이나 수급이 일시적으로 불안한 자산에 집중투자하여 고수익을 올리기도 하죠. 도박이라고 볼 수 있는 측면도 많습니다.

때문에 헤지펀드는 큰 이익을 내기도 하지만 파산하기도 합니다. 대규모의 자금이 국가의 사정 따위 고려하지 않고 빠른 속도로 움직이기 때문에 국제 금융시장의 불안 요인이 되기도 합니다. 환율과 상품시장이 영향을 받으니까요. 1998년 중반 아시아 국가들이 외환위기에 시달릴 때 각국의 외환위기를 초래한 주범이 헤지펀드라고 보는 시각도 있습니다.

현재 국제금융시장에서 활동 중인 헤지펀드는 3000여 개로 추산된다고 합니다. 하지만 시대가 시대이니만큼 헤지펀드에도 변화가 일어나고 있습니다. 사람 대신 인공지능(AI)이 운용사 자리를 꿰차고 있다고 하죠. 지금까지 헤지펀드는 펀드 운용회사의 판단과 카리스마 있는 펀드 운용사의 '감'에 의지해 왔습니다. 하지만 최근엔 인공지능의 급부상으로 미국 유명 헤지펀드 창업자들이 잇따라 은퇴하고 있다고 합니다.

#고위험 #고수익 #투자신탁 #조지소로스

PART 3

투자의 배경 지식을
더해줄 금융 상식

"우리는 10년 뒤에 지금보다 더 금융이 중요한 세상에
살게 된다는 사실을 알고 있어야 한다. 10년 전보다
지금 금융이 훨씬 중요한 것처럼."

_니얼 퍼거슨, 미국 하버드대학교 역사학자

━━━━━━━━━━ 오프라인 점포 없이 인터넷과 콜센터에서 예금 수신이나 대출 등의 업무를 하는 은행이다. 기존 은행에 비해 저비용 구조로 운영되어 고객 입장에선 높은 예금금리, 낮은 대출금리, 저렴한 수수료 등의 혜택을 누릴 수 있다.

2017년 우리나라에 새로운 형식의 은행이 등장했습니다. 오프라인 점포 없이 온라인과 모바일상으로만 거래하는 인터넷 전문은행입니다. 4월에 KT의 케이뱅크가 국내 최초 인터넷 은행으로 출범했고, 7월에는 카카오의 카카오뱅크가 출범했는데 1972년 7월 한국상업은행이 국내 최초의 민영화 은행이 된 지 꼭 45년 만에 은행의 패러다임에 변화가 생긴 것입니다.

인터넷 은행 출범 당시 다소 생소한 개념에도 불구하고 시장의 반응은 폭발적이었습니다. 케이뱅크 오픈 첫날 가입자 수는 2만 명을 넘었으며, 카카오뱅크는 첫날 18만 7000명의 가입자가 몰려 가입이 지연되기도 했습니다. 2020년 8월 기준 카카오뱅크 가입자 수는 1300만 명을 넘었습니다. 모바일 기기 작동에 익숙한 젊은 층을 중심으로 이제 완전히 금융의 한 축으로 자리 잡은 모양새입니다.

요즘은 주변에서 인터넷 전문은행을 사용하지 않는 사람을 찾기도 어려울 정도죠. 세계적인 컨설팅 회사 맥킨지의 2018년 조사결과에 의하면 우리나라 사람들은 특히 인터넷 전문은행을 선호한다고 합니다. 사람들이 인터넷 전문은행을 선호하는 데는 다 이유가 있습니다.

가장 큰 장점은 기존 은행과 달리 각종 수수료가 없고, 고객들에게 유리한 금리 정책을 펼칩니다. 인터넷 전문은행은 소규모 조직만 가지고 지점 없이 운영되다 보니 기존의 시중은행과 달리 운영비가 적게 듭니다. 오프라인 점포가 없으니 건물의 임대료나 관리비가 안 들어가고, 인건비도 들지 않죠. 이런 저비용 구조 덕분에 시중은행에 비해 고객에게 보다 높은 예금금리, 낮은 대출금리, 저렴한 수수료 등을 제공합니다. 고객으로선 유리한 금융조건을 제공하는데 마다할 이유가 없죠. 인터넷 기반이라 시간과 장소에 구애받지 않는다는 장점도 있습니다. 직장인이 은행 업무를 보려면 금쪽같은 점심시간을 활용하거나 아예 반차를 내고 처리해야 하는데, 인터넷 전문은행은 주말이든 저녁시간이든 언제나 가능합니다. 바쁜 현대인에겐 굉장한 장점이죠.

좋은 점만 있는 것 같은데 왜 2017년에야 첫 인터넷 전문은행이 출범하게 된 걸까요? 미국과 유럽에선 이미 1990년대부터 인터넷은행이 다수 등장했었습니다. 일본에서도 2000년대에 등장했죠. 우리나라는 출발이 조금 늦었는데, 산업자본의 은행소유를 제한하는 은산분리 정책 때문이었습니다. 은행법에서는 산업자본의 은행 지분 소유 한도를 4%로 제한하고 있습니다. 은산분리는 기업의 자본 독점을 우려한 규제였지만, 인터넷 전문은행 산업을 주도하는 IT 기업이 적극적으로 자본금을 투자할 수 없어 금융산업 발전의 발목을 잡고 있다는 지적이 이어지고 있죠.

#핀테크 #은산분리 #인터넷전문은행법

〰〰〰〰〰〰 '콜금리'란 금융기관끼리 남거나 모자라는 자금을 서로 주고받을 때 적용되는 금리다.

살다 보면 급전이 필요할 때가 있습니다. 대금 입출 시기가 맞지 않아 카드대금이나 대출이자 등을 막는데 일시적으로 자금이 필요하기도 하죠. 그럴 때 금융권으로부터 단기대출을 받거나 주변 지인들에게 도움을 받아본 경험 한 번쯤은 다들 있을 겁니다. 금융기관도 마찬가지입니다. 영업활동을 하다 보면 일시적으로 자금이 남거나 모자란 순간이 오는데, 이런 자금을 거래하는 시장이 콜(Call) 시장이고, 이때 적용되는 금리가 콜금리입니다.

여유자금이 있는 금융기관이 콜론(call loan)을 내놓으면 자금이 부족한 금융기관이 콜머니(call money)를 빌립니다. 콜시장의 거래는 대개 30일 이내의 초단기로 이뤄지고, 1~2일짜리 초단기 자금 거래도 많죠. 한국자금중개 주식회사나 서울외국환중개 주식회사 같은 중개회사를 끼고 이뤄지거나 은행 간 직거래로 거래하기도 합니다.

금융기관끼리 하는 거래에 일반인들이 신경 쓰는 이유는 뭘까요? 콜시장이 금융시장 전체의 자금흐름을 민감하게 반영하기 때문입니다. 콜금리는 은행권의 지불준비금 사정, 채권의 발행 및 상환, 기업체 등의 단기자금 수요, 기관의 단기자금 운용형태 등의 영향을 받습니다. CP(기업어음)금리와 CD(양도성예금증서)금리 등 여타 단기금리와도 밀접한 관련이 있지요. 때문에 일반적으로 콜금리를 통상 단기 실세금리지표로 활용하고 있습니다. 회사채 유통수익률이나 CD 유통수익률 등과 함께 시중의 자금사정을 반영하는 지표로 이용되곤 합니다.

한국은행도 콜금리 추세에 신경을 쓰며, 종종 이 시장에 개입해 통제함으로써 통화정책을 수행해 왔습니다. 경기과열로 물가가 상승할 가능성이 있으면 콜금리를 높여 시중 자금을 흡수하고, 경기가 지나치게 위축될 것 같으면 콜금리를 낮춰 경기를 활성화시키는 식이죠. 하지만 한국은행의 지나친 개입으로 콜금리의 시장 자동 조정기능을 상실했다는 비판이 이어지자 2008년부턴 콜금리에 대한 직접적 개입은 피하고 있습니다.

#콜론 #콜머니 #초단기거래 #단기실세금리지표

| **리보금리** 세계 금융시장의 상태를 판단하는 지표

〰〰〰〰〰〰 '리보금리'란 런던의 금융시장에 있는 은행 중 신뢰도가 높은 일류 은행들이 자기들끼리의 단기적인 자금 거래에 적용하는 대표적인 단기금리다. 2021년 3월부터 리보금리 등 기존 지표금리를 대체할 새로운 지표금리가 나올 예정이다.

2012년 영국에서 대형 금융스캔들이 터졌습니다. '리보금리 조작사건'이라는 이름이 붙은 이 스캔들로 영국 대형은행들이 조직적으로 가담해 '시장금리 기준'인 리보금리를 조작해온 사실이 드러난 것이죠. 금융 선진국으로 불리던 영국의 자존심에 먹칠을 한 사건이었습니다.

리보(LIBOR)금리는 런던의 금융시장에 있는 은행 중 신뢰도가 높은 '일류 은행'들이 자기들끼리의 단기적인 자금 거래에 적용하는 대표적인 단기금리를 말합니다. 영국은행연합회(BBA)가 20개 대형은행을 대상으로 은행 간 차입금리 평균을 내 매일 전 세계 10개 통화로 발표하고 있습니다. 영국의 금융시장은 세계에서 가장 오래된 시장인데, 리보금리는 영국 금융시장에서도 동종의 다른 업체들이 믿고 따를 만한 큰 업체들이 정한 것이라 세계 각국의 국제간 금융거래에서 금리를 결정하는 기준으로 활용하고 있죠. 세계금융시장의 상태를 판단할 수 있는 지표 중 하나이기도 합니다.

리보금리는 말 그대로 금리입니다. 따라서 외화를 차입하는 기관의 신용에 따라 적용되는 금리에 차이가 있죠. 금융기관의 신용도가 높을수록 금리가 낮아지고, 신용도가 낮을수록 금리가 높아집니다. 가산금리가 높게 책정될수록 국제금융시장에서 이 은행의 신뢰도가 낮다는 의미입니다. 금리가 높아질 경우 '가산금리(spread)'가 붙었다고 말하는데, 가산금리는 금융기관의 수수료 수입이 됩니다. 그러니까 리보금리가 연 6%고, 실제 거래금리가 연 8%라면 그 차액에 해당하는 2%가 가산금리, 즉 수수료 수입이 되는 셈입니다.

우리나라 금융기관들은 보통 리보금리에 0.125% 포인트 정도를 더해 자금을 조달한 뒤 여기에 1%나 1.5% 포인트의 마진을 붙여 국내기업에 공급합니다. 그래도 연 5% 정도에 불과해 국내기업이 국내 대출을 받는 것보다 이 자금을 사용하는 게 낫긴 합니다. 단, 낮은 금리만을 고려해 이런 식의 해외 차입금을 대폭 증가시킬 경우 외채와 국내 통화량이 늘어난다는 부작용이 생길 수 있습니다.

앞서 말한 리보금리 조작사태의 여파로 세계 금융의 지표로 기능하던 리보금리는 2021년이면 역사 속으로 사라질 예정입니다. 영국을 포함한 주요 20개국(G20)이 리보금리 조작 사태 재발을 막기 위해 지표금리 개혁에 나섰거든요. G20은 금융안정위원회(FSB)에 주요 금융지표 개선방안을 제시했고, FSB는 리보 등 기존 지표금리의 개선과 대체 지표금리로서 무위험 지표금리(RFR)의 개발 권고 등 2가지 방향으로 지표금리 개혁을 추진하고 있습니다. 그 결과가 2021년에 나온다고 하네요.

#단기금리 #영국은행연합회 #국제금융거래의기준 #가산금리 #무위험지표금리

092	공적자금 금융기관 정상화에 필요한 돈

〜〜〜〜〜〜〜 '공적자금'이란 기업이나 금융기관의 구조조정을 지원하기 위해 정부가 마련한 자금을 말한다. 예금보험공사와 자산관리공사에서 정부가 보증하는 채권을 발행해 조달한다.

공적자금은 말 그대로 공공의 사업 목적에 소요되는 자금을 말합니다. 우리나라에서는 특히 금융 및 기업 구조조정을 지원하기 위해 동원되는 자금을 말하는데, 금융기관의 경영 정상화를 돕는 데 쓰입니다. 금융 혼란을 막기 위해 꼭 필요한 자금이지만 낮은 회수율이 문제가 되곤 합니다.

공적자금은 주로 다음의 3가지 경로를 통해 투입됩니다. 첫째, 금융기관의 부실채권을 예금보험공사나 한국자산관리공사가 대신 매입하는 방식입니다. 이자를 받지 못하는 대출금이나 부도난 회사의 담보부동산 등 부실채권을 정부가 싼값에 매입해 부실 금융기관의 자금흐름을 개선해주는 것이죠. 둘째, 대외신인도가 떨어져 외국에서 돈을 빌리기 어렵거나 자본금과 연계된 대출을 할 수 없는 금융기관의 경우 예금보험공사를 통한 증자로 자기자본비율을 높여줍니다. 이때 자기자본비율은 경영 안정권인 8% 이상으로 높이게 되죠. 셋째, 금융기관이 도산해 반환할 자금이 없을 때 예금보험공사가 고객예금을 대신 지불하는 예금대지급금을 지급합니다.

이처럼 공적자금은 정부예산에서 직접 지원하는 것이 아니라 예금보험공사와 한국자산관리공사가 채권을 발행해 조달하는 방식을 취합니다. 해외차관, 정부보유 공기업주식, 공공자금관리기금, 한국은행 등에 의해 우회적으로 투입된 자금도 넓은 의미의 공적자금으로 봅니다. 이 자금 중 예금보험공사와 자산관리공사가 발행한 채권의 이자와 원금손실은 정부의 예산으로 부담하기 때문에 결국 국민부담으로 돌아온다고 볼 수 있습니다.

이런 부분 때문에 매년 국정감사에선 공적자금 회수율이 도마 위에 오릅니다. 회수는 공작자금 지원 방식에 따라 다르게 이뤄집니다. 예금보험공사의 경우 출자 방식으로 지원된 공적자금은 해당 금융기관의 보유지분을 매각해 회수합니다. 출연, 예금대지급으로 지원된 공적자금은 예금보험공사가 해당 금융기관의 파산 절차에 참여해 파산배당금을 수령해서 회수하고, 자산관리공사의 공적자금은 금융기관으로부터 매입한 부실채권을 다양한 방법을 통해 매각해 회수합니다. 하지만 실제로는 회수가 원활하게 이뤄지진 않는 상황입니다.

2019년 역시 '2011년 저축은행 사태'에 투입된 27조 원의 공적자금 중 절반 이상이 회수가 불가능한 것으로 알려지며 논란이 되었죠. 저축은행 사태는 저축은행들의 주 수익원이던 부동산 프로젝트 파이낸싱 대출이 금융위기와 부동산 경기침체의 직격탄을 맞으며 저축은행 31곳을 파산으로 몰아간 사건을 말합니다. 당시 정부는 삼화저축은행을 시작으로 2015년 6월까지 30개 저축은행의 구조조정을 실시했는데, 예금보험공사가 파산한 저축은행을 대상으로 투입한 공적자금 27조 중 아직 회수하지 못한 돈이 14조 8569억 원에 달한다고 합니다.

#부실채권 #경영정상화 #자기자본비율 #회수율

093	**고액권** 신사임당보다 큰 '형님' 나올까?

〰〰〰〰〰〰〰 고액권은 큰 액수의 지폐를 말한다. 원화 중에선 5만 원권이 고액권에 속한다. 5만 원의 순기능과 역기능에 대한 논란이 계속되는 가운데, 한편에서는 10만 원권 발행에 대한 주장이 나오고 있는 상황이다.

올해로 신사임당이 10주년을 맞았습니다. 무슨 말이냐고요? 신사임당이 인쇄된 5만 원권이 올해로 발행 10주년을 맞았다는 말입니다. 5만 원권이 세상에 나오기까지 우여곡절이 많았습니다. 1973년 1만 원권이 발행된 이후 46년 만에 새로 나오는 고액권을 두고 무수한 논란이 있었죠. '그간의 경제성장과 화폐가치의 하락을 고려하면 2009년 발행도 늦은 거다'라는 찬성론과 '자금추적이 불가능한 고액권이 나오면 부정한 자금 사용이 더 많아질 것이다'라는 반대론이 맞붙었습니다. 함께 발행 논의가 됐던 10만 원권은 결국 세상의 빛을 보지 못했지만 5만 원권은 발행 10주년을 맞이하게 되었네요.

5만 원권은 그간 시장에 안정적으로 안착했다는 평가를 받습니다. 한국은행에 따르면 지난 5월 말을 기준으로 현재 시중에 유통 중인 은행권, 즉 일정한 화폐액을 표기한 지권 중 5만 원권은 금액으로는 98조 3000만 원으로 전체의 84.6%로 나타났습니다. 5만 원권이 중심 권종으로 자리 잡으며 발행 초기에 문제로 지적됐던 5천 원권과의 색상 혼돈·위폐 우려·낮은 환수율 문제는 대부분 해소됐다고 합니다. 특히 10만 원 자기앞

수표 대체에 따른 각종 비용 감소가 가장 좋은 평가를 받는 부분입니다. 여전히 5만 원권을 둘러싼 논란은 존재합니다. 정치권 불법 선거자금으로 쓰이거나 고소득 자영업자들의 탈세 채널로 사용된다는 우려는 사라지지 않았죠. 고액권은 한 번씩 사회적 이슈로 떠오르곤 합니다. 최근엔 고액권 추가 발행론과 폐지론이 동시에 제기됐는데, 최근 유럽에서 고액권 폐지 논의가 활발히 이어지며 국내에서도 관련된 주장이 나오고 있는 상황입니다. 최근에 고액권 폐지론이 나타난 건 결제환경 변화가 원인이기도 합니다. 신용카드 소액결제 보편화와 핀테크 기술의 발전으로 다양한 간편결제 수단이 나타나면서 결제수단으로서 현금의 역할이 약해지고 있다는 것이죠. 탈세, 범죄에 악용되는 5만 원권이 굳이 필요하냐는 주장입니다.

물론 여전히 고액권 순기능에 주목하는 입장도 있습니다. 한발 더 나아가 10만 원권 발행을 주장하기도 합니다. 고액권 발행이 상승한 화폐가치를 반영할 수 있으며, 향후 물가상승률 고려하면 고액권을 유지하는 게 더 낫다는 주장이죠. 우리나라 최고액권인 5만 원권이 다른 나라에 비하면 가치가 크지 않으므로 한국의 경제규모 등을 고려해 새로운 최고액권을 출시할 만하다는 건데요. 실제로 5만 원권의 액면가치는 2018년 말 기준 경제협력개발기구(OECD) 회원국 20개 최고액권 가운데 4번째로 낮다고 합니다. 한국의 권종은 5만 원권까지 모두 4종으로 경제협력개발기구(OECD) 국가들 대부분이 4~7종의 은행권을 발행하고 있는 것에 비교하면 발행권종이 많은 편도 아니라고 하죠.

#화폐가치 #환수율

094 | 리디노미네이션 숫자가 크다고 비싼 것은 아니니까

〰〰〰〰〰 '리디노미네이션'이란 한 나라에서 통용되는 모든 화폐에 대해 실질가 치는 그대로 두고 액면을 동일한 비율의 낮은 숫자로 변경하는 조치를 말한다. 쉽게 말 하면 화폐단위를 하향 조정하는 것이다.

2019년 4월 우리 사회에 화폐개혁에 관한 논란이 불거졌습니다. 여당을 중심으로 리디노미네이션(redenomination)의 필요성이 제기됐는데, 2004 년 이후 15년 만에 불거진 리디노미네이션의 골자는 현재 1000원인 액 면가를 1원으로 조정하자는 것이었습니다. 그 배경엔 기본적으로 한국 의 경제규모가 커졌다는 점이 작용했죠. 마지막 리디노미네이션이 있었 던 1962년과 비교해 2018년 한국의 명목 GDP는 4872배나 높아졌습니 다(3658억 원→1782조 2689억 원). 우리나라는 지금까지 두 번의 큰 리디노 미네이션을 단행했는데, 1953년 2월 6·25전쟁으로 물가가 가파르게 오르자 100원을 1환으로 바꾸는 제1차 리디노미네이션을 진행했죠. 2차 리디노미네이션은 1962년 6월 지하경제 양성화를 목적으로 10환을 지 금의 1원으로 낮추며 이뤄졌습니다.

경제규모가 계속 커지면서 경제통계에서 '0'이 잔뜩 늘어났죠. 사업자 입장에서는 계산이나 장부작성도 불편합니다. 리디노미네이션을 단행 하면 통계작성이 편리해지겠죠. 장부 작성, 대금결제 등 국민들의 일상 거래상 편의가 올라갑니다. 단순히 편리하자고 리디노미네이션을 하는 건 물론 아닙니다. 인플레이션 기대심리를 억제하고, 지하자금의 양성화 및 세수 증대 효과도 가져옵니다. 더불어 우리 통화의 대외적 위상을 제고할 수도 있습니다. 실제로 경제협력개발기구(OECD) 주요국 중 달러와의 환율이 네 자릿수인 국가는 한국이 유일하다고 합니다.

하지만 리디노미네이션은 앞서 살펴본 고액권 발행보다 훨씬 더 큰 변화입니다. 일단 화폐를 모두 새로 만들어야 하고, ATM이나 컴퓨터 시스템도 모두 교체해야 합니다. 화폐단위 변경으로 인해 국민의 불안심리가 확산될 수도 있고요. 일시적으로 물가가 상승하고 검은돈의 유통이 확산될 가능성도 올라갑니다. 높은 사회적 비용이 수반되기 때문에 쉽게 결정할 수 있는 문제는 아닙니다.

리디노미네이션은 부작용에 대한 우려도 높아서 단행하기엔 어려움이 있죠. 우리의 경제규모가 계속 커지는 한 리디노미네이션과 고액권 발행을 둘러싼 논란은 주기적으로 계속될 것 같습니다.

#액면가　#화폐개혁

〰〰〰〰〰 '단칸지수'란 일본의 기업 체감경기 지수를 일컫는 말이다. 한국의 기업경기실사지수인 BSI와 비슷하다.

단칸(TanKan)은 일본 은행이 기업을 대상으로 경기 상황과 전망에 대해 직접 설문조사를 실시하는 전국 기업 단기경제 관측조사를 말합니다. 일본 전역의 기업들을 대상으로 조사해 3개월에 한 번 발표하는 정기적인 지표로, 기업가들이 경기를 어떻게 전망하는지를 지수화한 것입니다. 우리나라의 기업경기실사지수랑 비슷한 개념이죠. 일본의 기업들이 느끼는 경기체감 지수니까요.

조사기관은 일본은행(BOJ)입니다. 일본은행은, 우리나라의 행정안전부에 해당하는 일본 총무성의 '사업소(事業所), 기업(企業) 통계조사'를 기초로 하여 추출한 자본금 2000만 엔 이상의 민간기업 약 22만 개 회사 중 업종별, 기업규모별로 일정 기준을 마련해 표본 기업 1만여 개를 선정합니다. 지표는 최종적으로 선정된 기업 중 기업경기가 양호하다고 대답한 기업과 그렇지 않다고 대답한 기업의 비율을 통해 산출합니다. '0'을 기준으로 플러스면 기업들의 경기전망이 낙관적이고 투자증가를 예상한다는 뜻이고, 마이너스면 경기를 비관하여 투자를 감소하는 업체가 많다는 의미입니다.

단칸지수는 객관적으로 수량화된 수치가 아니라 경제주체의 주관적 심리상태를 감안해 향후 경기를 전망하는 방식입니다. 따라서 조사 과정에서 조사관의 견해가 담길 우려가 항상 제기되고 있습니다. 또한 대기업을 제외한 비제조업, 중견 및 중소기업의 결과를 다루는 비중이 낮아 전반적인 경제상황을 분석하는 데 한계가 있다고 보는 견해가 많습니다.

하지만 경제는 심리를 반영한다고 하죠. 경기지표를 산출할 때 경제활동 주체에 대해 직접 설문조사를 하는 것도, 경기에 대한 경제주체들의 심리상태를 반영하기 위해서입니다. 이들이 어떻게 경기를 느끼고, 전망하느냐가 결국 경기의 흐름을 만들기 때문이죠. 이런 점에서 단칸지수는 여전히 중요한 경기지표로 활용될 전망입니다.

#기업경기실사지수(BSI) #일본은행 #기업체감경기지수

———————— 미국의 민간 조사기관 콘퍼런스보드(Conference Board)가 매월 마지막 화요일 오전 10시에 발표하는 지수로, 경기에 대한 소비자의 인식을 지수화했다. 미국의 경제상태를 나타내는 경기선행지수 중 하나다.

2019년 11월 미국 소비자신뢰지수가 또 하락했습니다. 4개월째 연속 하락이었죠. 1년이 넘도록 이어지고 있는 미중 무역전쟁으로 기업의 자본지출이 감소하고, 제조업 침체로까지 이어진 게 소비자신뢰지수 하락의 주원인으로 꼽히고 있습니다. 결국 미국 내수와 일자리에 대한 소비자의 비관적 전망이 지수로 드러난 것이죠.

미국의 소비자신뢰지수는 우리나라 통계청에서 발표하는 소비자기대지수와 비슷한 지표입니다. 소비자기대지수는 현재와 비교해 6개월 후의 경기·생활형편·소비지출·내구소비재·외식·오락·문화 등에 대한 소비자들의 기대심리를 조사해 발표합니다. 미국의 소비자신뢰지수는 현재의 지역경제상황과 고용 상태, 6개월 후의 지역경제, 고용 및 가계수입에 대한 전망 등을 조사해 발표합니다.

미국의 민간 조사그룹인 콘퍼런스보드가 매달 발표하는데, 소비자가 체감하는 경기를 나타내기 때문에 미국의 통화정책을 결정할 때 통화당국자가 가장 관심을 두는 경제지표 중 하나입니다. 당연히 미국의 금융시장도 이에 민감하게 반응합니다. 소비자신뢰지수가 상승하면 발표당일 주식시장에서는 다우존스 평균주가와 나스닥지수가 모두 상승하고, 하락하면 반대로 떨어집니다.

콘퍼런스보드는 메일을 이용해 매달 미국 전역의 5000개 가구를 대상으로 조사를 진행합니다. 6개월 후의 경기전망이나 6개월 후의 수입전망과 체감경기 등에 대한 설문조사를 실시합니다. 지수는 1985년 평균치를 100으로 기준해 비율로 표시하는데, 지수가 100을 넘으면 소비자들이 경기를 낙관한다는 뜻으로 해석합니다.

그런데 앞에서 말했듯이 이 지표는 6개월 후의 소비를 예측합니다. 당연히 소비자들의 현재 응답과 6개월 후 실제 지출 규모는 차이가 날 수 있고, 이런 점이 이 지수가 가진 가장 큰 단점입니다. 하지만 여전히 소비자신뢰지수는 기관과 기업들이 가장 많이 참고하는 경기선행지수인 건 맞습니다. 미국에서는 국내총생산에서 소비자 지출이 차지하는 비중이 3분의 2에 달할 정도로 크기 때문에 향후 경기와 소비지출 동향을 파악할 수 있는 이 지수가 중요합니다. 소비자신뢰지수는 단순히 소비자의 미래 소비를 예측하기 위한 것도 있지만, 기업과 일반인이 미국 경제 체력을 어떻게 판단하는지 분석하는 자료로서의 의미가 큽니다.

#콘퍼런스보드 #소비자기대지수 #경기선행지수 #미중무역전쟁

097 | 기업경기실사지수(BSI) 기업들은 경기를 어떻게 예측할까

──────── 경기 예측 지수 중 하나다. 경기에 대한 기업가들의 판단과 전망, 그리
고 이에 대비한 계획서 등을 설문서를 통해 조사한 뒤 수치화해 전반적인 경기 동향을
파악하는 지표다.

요즘 경제상황이 안 좋다, 힘들다, 말이 많죠? 실제로 기업을 운영하는
사람들은 어떻게 생각하고 있을지 궁금한데, 이럴 때 들여다볼 만한 지
표가 바로 기업경기실사지수(BSI)입니다. 기업가들로부터 향후 경기동
향에 대한 의견을 조사해 지수화한 것이죠. 경기에 대한 기업가의 판단
과 전망, 그리고 이에 대비한 계획서 등을 설문을 통해 조사하며, 전반적
인 경기동향을 파악할 수 있어 단기적인 경기예측지표로 사용합니다.

코로나19 때문에 올해 상황은 또 많이 다르지만 2019년 11월 현재, 한
국은행이 매달 발표하는 BSI에 따르면 기업가들이 보는 경기는 생각보
다 나쁘지 않았습니다. BSI 지수가 작년 8월 이래 3개월 연속 상승세를
보였거든요. 한국은행은 작년 8월 일본 수출규제의 영향으로 제조업·비
제조업의 경기 심리가 잔뜩 위축된 이후 조금씩 회복하는 중이라고 분석
했습니다. 어쨌든 경기가 상승세를 탔다는 분석이었죠. 하지만 대한상공
회의소가 분기별로 발표하는 BSI는 조금 다른 전망을 내놨습니다. 세계
경제의 성장 둔화 등의 여파로 제조업체들의 체감경기가 올해 3분기에
이어 4분기에도 연속 하락했다는 것이죠. 조사 대상 과반수 이상의 국내

기업은 올해 목표실적 달성이 어려울 것이라고 비관적으로 답했습니다.

BSI는 이렇게 조사기관에 따라 그 측정방법이나 기간 등에서 조금씩 차이가 있습니다. 우리나라에서 BSI는 한국은행을 비롯해 산업은행, 대한상공회의소, 전국경제인연합회 등에서 분기별 혹은 월별로 조사·발표하고 있는데, 전반적으로 기업활동의 실적과 계획, 경기동향 등에 대한 기업가의 의견을 직접 조사해 지수화한다는 점은 같습니다.

BSI는 기업활동을 하는 주체들이 느끼는 체감경기라는 점에서 의미가 있습니다. 이들의 판단이 단기적인 경기변동에 중요한 영향을 미치기 때문에 BSI는 기업의 경영계획 및 경기 대응책 수립에 필요한 기초자료로 이용됩니다. 다른 경기 관련 자료와 달리 기업가의 주관적이고 심리적인 요소까지 조사하기 때문에 경제정책을 입안하는 데도 중요한 자료로 활용되죠.

지수의 계산은 이렇게 합니다. 전체 응답 기업 중 전기에 비해 호전됐다고 답한 업체 수 비율과 악화되었다고 답한 업체 수 비율을 차감한 다음 100을 더합니다. 예를 들어 긍정·부정 응답이 각각 60%, 40%라면 60에서 40을 차감한 다음 100을 더해 120이 되는 식이죠. 100을 기준으로 이보다 낮으면 경기악화를 예상하는 기업이 더 많다는 것을, 100보다 높으면 경기호전을 예상하는 기업이 더 많다는 것을 의미합니다.

기업경기실사지수는 비교적 쉽게 조사할 수 있으며, 기업활동 당사자의 주관적이고 심리적 요소까지 조사한다는 장점이 있지만 조사자의 주관적인 판단이 개입될 여지가 많아 보완이 필요합니다.

#기업활동 #경기동향 #질적조사

기업공개(IPO) 진정한 기업으로 거듭나기 위한 필수 코스

～～～～～～～～ 개인이나 소수의 주주에 의해 설립된 회사가 일반 대중에게 회사의 주식을 매출하거나 모집하여 소유 지분을 개방하는 일을 가리키는 경제용어다.

기업공개는 외부 투자자들에게 기업경영을 개방하는 것을 말합니다. 주로 상장을 목적으로 기업 외부의 사람들에게 주식을 파는 것이죠. 처음 기업을 세워 사업을 시작할 때는 대주주 개인이나 가족, 지인들 몇몇만이 지분을 보유하는데, 기업이 성장함에 따라 소수가 가지고 있던 주식을 50인 이상의 일반인들에게 팔아 지분을 분산시키면서 주식회사로서의 체제를 갖추게 됩니다.

기업공개를 하면 해당 기업은 명실상부한 주식회사로서 자리 잡게 됩니다. 이렇게 일반 대중에게 지분을 개방한 뒤 증권거래소에 상장시킴으로써 회사의 재산상태와 영업활동 결과 및 주요계약 등을 이해관계자에게 공시하게 되는데 이 과정까지가 기업공개에 해당합니다. 그러니까 기업을 공개한다는 것은 한국증권거래소에 그 주식을 상장하는 상장법인이 된다는 것을 의미하죠.

경제기사를 읽다 보면 기업공개는 종종 주식공개와 같은 의미로 사용되는 경우가 많은데, 기업공개는 단순히 주식공개로만 그치는 것이 아닙니다. 기업공개는 외부인에게 주식을 분산하는 과정이라 폐쇄적인 가

족 기업경영에서 벗어나 경영합리화를 도모하는 것까지를 아우르는 개념입니다. 그냥 가족끼리 운영하는 가족사업에서 벗어나 경영권과 소유권의 분리를 통한 진정한 기업으로 거듭나는 것이죠.

우리나라에서는 증권감독원이 동종업종의 주가와 공개 기업의 내재가치 등을 고려해 공모가격을 산정하기 때문에 공개 기업이 자체적으로 공모가격을 정할 순 없는 구조입니다. 건전한 재무구조와 높은 사업성을 가진 벤처기업은 IPO를 통해 거액의 기업운영자금을 조성할 수도 있습니다. 이렇게 마련한 자금을 기업확장비용이나 연구개발비로 사용해 기업 확장의 기초를 다지는 경우가 많죠.

기업공개를 하는 이유는 경영합리화와 밀접한 연관이 있습니다. 기업의 자금조달력을 증대시켜 재무구조의 개선을 도모할 수 있고, 또 대중의 기업참여를 자극함으로써 기업의 사회적 책임을 강조하고 국민경제의 건전한 발전에 기여할 수 있죠. 오늘날 기업은 더 이상 사적 소유물이 아닙니다. 사회적 역할을 수행하는 하나의 주체이기 때문에 일정한 사회적 책임을 질 의무가 있습니다. 기업은 주주뿐만이 아니라 소비자, 지역주민 등 각계의 이해관계자들에게 경영에 관련된 주요정보를 공개해야 하는데, 이를 규정하는 법적 제도로 마련된 것이 기업공개라고 이해하면 정확합니다.

#주식공개 #가족사업 #경영합리화

099	사모펀드 터지면 대박 망하면 쪽박

━━━━━━━━━ 소수의 투자자로부터 모은 자금을 운용상의 제약 없이 투자하여 수익을 내는 펀드다. 49인 이하의 투자자로부터 비공개로 투자자금을 모아 고위험·고수익 펀드를 운용한다.

2019년 여름, 조국 전 법무부 장관의 장관 후보자 지명과 함께 '사모펀드' 논란이 일었죠. 조 전 장관의 가족이 74억여 원을 한 사모펀드에 투자하기로 약정했던 사실이 확인되며 논란이 시작됐습니다. 약정 총액이 100억 1100만 원인 고수익 펀드였다고 합니다.

사모펀드는 투자자로부터 모은 자금을 주식이나 채권 등에 운용하는 펀드를 말합니다. 고수익 기업투자펀드라고도 하는데, 크게 2가지 종류가 있습니다. 소수 투자자로부터 단순 투자 목적의 자금을 모아 펀드로 운용하는 주식형 사모펀드와 특정 기업의 주식을 대량으로 인수해 기업 경영에 참여하고, 기업의 가치를 높인 후 주식을 되팔아 수익을 남기는 사모투자 전문회사가 있죠. 일반적으로 사모펀드라 하면 후자를 뜻하는 경우가 많은데, 이런 방식을 '바이아웃(buy-out)'이라고 합니다. 사모펀드는 소수의 투자자를 대상으로 비공개 투자금 모집을 한다는 특징이 있습니다. '사모'라는 용어도 공개적이나 대중적이 아니라 '사적으로 기금을 모은다'라는 뜻이죠. 고수익만을 추구하며 수익률이 보장되지 않는 고위험 투자를 많이 합니다.

사모펀드는 특정 기업 자체를 사고파는 방식으로 운용되기 때문에 주식 일부를 사고파는 것과 달리 고수익을 기대할 수 있지만 이에 따른 위험도 큽니다. 따라서 사모펀드에 투자하는 투자자는 대부분 기관투자가라고 볼 수 있습니다. 목표수익에 이르면 이익을 실현하고 빠져나가기 때문에 주로 기업의 인수합병에 사용되지만 다양한 투자자의 요구를 충족시키기 위한 맞춤 펀드로 활용되기도 합니다. 펀드 운용사들은 투자자들의 자금을 운용하여 얻는 운용보수를 수익으로 삼습니다. 하지만 대부분의 사모펀드는 기준수익률을 초과하여 발생한 수익금에서 받는 성공보수로 운영됩니다. 따라서 사모펀드는 투자 대상에 대한 세밀한 분석과 예측을 통해 수익금을 최대한 끌어올리는 것을 목표로 하죠.

사인(私人) 간 거래인만큼 금융감독기관의 감시를 받지 않는다는 특징도 있습니다. 공모펀드가 50명 이상인 투자가들의 투자자금으로 법적인 규제를 받아 운용된다면, 사모펀드는 49인 이하의 투자금으로 운용에 제한이 없으며 익명성이 보장됩니다. 공모펀드는 동일종목에 신탁재산의 10% 이상을 투자할 수 없고, 동일회사 발행주식의 20% 이상을 매입할 수 없죠. 하지만 사모펀드는 신탁재산의 100%까지 한 종목에 투자할 수 있습니다.

이런 점으로 인해 사모펀드는 재벌들의 계열지원 혹은 내부자금, 검은 돈의 이동 수단으로 쓰일 수 있다는 비판이 나옵니다. 특히 주식형 사모펀드는 다른 회사 경영권을 인수하는 적대적 기업인수합병(M&A) 수단으로 활용될 수 있다는 점에서 적절한 규제가 필요하다는 주장도 있습니다.

#고수익기업투자펀드　#바이아웃

──────── '지주회사'란 다른 회사의 주식을 소유하기 위한 목적으로 설립된 회사다. 다른 사업을 하고 있는가에 따라 순수지주회사와 사업지주회사로 나누어진다.

회사를 지배하는 방식은 다양합니다. 기업을 인수합병해 직접지배를 할 수도 있지만 산하에 있는 종속회사(자회사)의 주식을 잔뜩 사들여 해당 회사에 대한 지배력을 높일 수도 있죠. 지주회사는 후자처럼 주식 소유를 통해 다른 회사를 지배하는 회사를 말합니다. 산하에 있는 종속회사의 주식을 전부 또는 일부 지배가 가능한 한도까지 매수함으로써 지배력을 확보합니다.

지주회사는 산하에 자회사, 그 아래 또 손자회사, 증손자 회사를 두어 지배력을 유지할 수 있습니다. 지배구조가 복잡하게 얽혀있지 않고, 피라미드 구조로 깔끔하기 때문에 기업경영 효율성이 높죠. 자회사별 이해관계가 엮이지 않아 한 자회사에서 손해가 났을 때 구조조정을 하기도 쉽습니다. 자회사에 대한 지배력은 있지만 경영권을 분리해 자회사별 책임경영을 촉진할 수도 있습니다.

하지만 피라미드식 지배구조는 경제력을 상부로 집중시킨다는 커다란 부작용이 있습니다. 재벌기업의 오너 일가가 지주회사 방식을 통해 자회사를 포함한 그룹 전체에 막대한 영향력을 유지하기도 하죠. 이런 역기능을 우려해 정부는 공정거래법상 지주회사의 설립·전환에 까다로운 제한을 두고 있습니다. 원래는 아예 지주회사 설립을 막았다가 기업구조조정의 원활한 추진, 외자 확보 등을 위해 외환위기 직후인 1999년에 허용했습니다.

현재는 여러 제한 조건이 있습니다. 지주회사를 세우거나 합병·분할을 통해 지주회사로 전환하는 경우 설립·합병 분할등기일부터 30일 이내에, 다른 회사의 주식 취득 등으로 지주회사로 전환한 경우에는 당해 사업연도 종료 후 4개월 이내에 공정거래위원회에 신고해야 합니다. 지주회사는 자본총액의 2배를 초과하는 부채액을 보유해선 안 되고, 자회사의 발행주식 총수의 50% 이상을 소유해야 합니다. 손자회사의 경우 계열사를 자회사로 보유할 수 없고, 지주회사와 자회사는 그 회사의 자회사가 아닌 계열사 지분을 보유할 수 없습니다. 특정 집단에 경제력이 '몰빵' 될 수 있는 지배구조인 만큼 엄격하게 규제하고 관리하는 게 당연하겠죠?

#자회사 #기업지배구조 #공정거래법

101	**파생상품** 복잡한 금융공학이 탄생시킨 금융상품

~~~~~~~~~~~~ 기초자산의 가치변동에 따라 가격이 결정되는 금융상품을 말한다. 거래기법에 따라 선물, 옵션, 스왑 등으로 구분하며 거래장소에 따라 장내시장과 장외시장으로 구분한다. 우리나라의 장내시장으로는 한국거래소(KRX)가 있다.

고수익·고위험인 파생상품이 처음에는 기업의 재무위험을 효과적으로 관리하기 위해 등장한 상품이었다는 것, 알고 있나요? 1970년대 이후 세계 금융시장은 이전과 확연히 달라졌습니다. 은행금리가 자유화되고, 외국인의 국내주식투자가 허용되는 등 세계적으로 금융시장이 자율화되고 금융시장의 대외개방도 가속화됐죠. 금융시장이 자유롭고 유연해진 대신 국내시장과 세계 금융시장과의 관계가 더욱 복잡하고 민감해졌습니다.

　각국의 금융시장은 다른 국가의 금리와 환율, 주가 등에 예민하게 반응하게 됐고, 금융회사를 포함한 모든 기업의 재무위험이 크게 증가했습니다. 기업들은 재무위험을 분산하고 경기의 상승 혹은 하락에 따라 유연하게 수익을 낼 수 있는 상품을 개발하기 시작했습니다. 불확실한 미래 가격변동에서 오는 리스크를 줄이는 금융상품인 선물과 옵션 등 파생금융 상품에 대한 관심이 높아질 수밖에 없었죠. 파생상품은 '상승'이 중요한 투자 기준이 되는 주식과 달리 상승과 하락 양방향으로 수익을 낼 수 있는 구조이기 때문입니다.

원래 파생상품은 자산의 가격변동으로 인해 생기는 위험을 줄이거나 없애는 투자전략인 헤지(hedge)가 목적이었어요. 하지만 기초자산의 미래 가격변동을 예상하고 레버리지를 이용한 투기적 목적으로도 많이 활용되고 있습니다.

파생상품의 등장으로 금융권에는 다양한 형태의 금융상품이 개발되기 시작했습니다. 일종의 금융공학이 가능해진 셈인데, 거래기법이나 기초자산의 복잡한 이합집산을 통해 기상천외한 상품들을 만들어냅니다. 통화, 주식, 금리, 채권, 신용, 실물 등이 대표적인 기초자산인데, 실제로 파생상품 구성 시 기초자산은 뭐든 가능합니다. 합리적인 방법에 의해 가격·이자율·지표 등의 산출이나 평가가 가능한 모든 것이 대상이 됩니다. 파생상품을 기초자산으로 하는 파생상품, 예를 들면 옵션선물, 선물옵션, 스왑옵션 등도 가능합니다. 투자자 개인의 위험 선호도에 따라서 자산을 구성할 수도 있죠. 즉, 위험회피 성향이 높으면 자산 및 부채의 가치변동에 따른 위험을 회피하는 상품으로, 위험을 선호하면 적극적으로 변동을 예측함으로써 고수익을 노리는 상품으로 구성할 수 있죠.

금융공학이 복잡해짐에 따라 파생상품은 일반인이 파악하기 어려운 복잡한 구조의 금융상품을 양산하게 됐습니다. 이처럼 과도한 파생상품의 개발은 2008년 미국발 금융위기의 주범으로 지목되기도 했습니다. 투자자들에게 막대한 손실을 입히는 사례가 알려지면서 '악마의 투자'로 인식되기도 하지만 파생상품의 효용성은 유효합니다. 제대로 알고 활용하는 미덕이 필요한 상품이죠.

#기초자산 #헤지 #레버리지 #금융공학

초틈새시장 양보단 질!

──────── 틈새를 가리키는 단어 '니치(niches)'에서 세분화된 개념으로, 소비자층이 잘게 쪼개져 생겨나는 차별적인 특징을 지닌 시장을 뜻한다. '초니치 마켓'이라고도 부른다.

반려동물 인구가 1500만 명을 넘어서면서 반려동물 관련 용품 시장도 급성장하고 있습니다. 우리나라 반려동물 산업 규모는 2조 원대로, 이 중 펫푸드 시장만 1조 원대로 추산된다고 하죠. 요즘 펫푸드 가게에 가면 아마 깜짝 놀라실 겁니다. 반려견의 건강을 생각하는 소비자층을 공략한 유기농식·생식 등 다양한 사료가 생산되고, 노령견의 건강상태를 고려한 사료까지 세분화되었습니다. 위장에 좋은 사료, 간에 좋은 사료 등 소비자의 니즈를 반영한 사료들이 있는데, 아예 이렇게 특수한 사료만 생산하는 회사도 등장했습니다.

초틈새시장은 점차 세분화되는 소비자 취향을 저격합니다. 기존 틈새시장에서의 산업은 일반상품군의 구분을 구체화했습니다. 연령, 성별, 직업별, 특정 상황 등을 고려해 소비자군을 특화시켰죠. 전통적 산업구조에서 '틈새'를 찾아내 개척한 건데 초틈새시장은 여기에서 한 발 더 나갔습니다. 단순히 시장 개척에 그치지 않고, 소수 소비자와의 관계 형성에 집중합니다. 경쟁사 대비 매출에 관심을 두는 시장점유율보다 고객점유율을 노린 전략이죠. '고객점유율'이란 한 명의 고객이 평생 특정 제품이나 서비스를 구매하는 데 쓰는 돈 중 자사의 제품이나 서비스를 구매하는 데 쓰는 돈의 비율을 말합니다. 장기적인 관점에서 소수 고객과의 관계를 강화하고 고객 유지에 초점을 맞춘 관계마케팅이라고 볼 수 있습니다.

초틈새시장의 등장은 기존 공급자 중심의 시장에서 소비자 중심 시장으로의 전환이란 점에서 의미가 있습니다. 고객 취향이 급변하는 시대에 일시적인 시장점유율보다 자사 브랜드에 대한 충성도 높은 고객을 보유하려는 시도 속에 등장한 시장이니까요. 2008년 금융위기 이후 등장한 '힙스터'들은 소비를 통해 자신의 취향과 가치를 드러내는 세대였습니다. 이들은 주류 문화를 배격하며 남들의 시선과 상관없이 꼭 필요한 것만 구매하는 불황형 소비자였기 때문에 기업으로선 이들을 공략하기 위해 미세한 시장까지 정밀하게 들여다보는 접근이 불가피해진 것이죠.

때문에 초틈새시장은 명확한 타깃 소비층이 존재합니다. 아니, 애초에 타깃 소비층만을 바라보고 존재하는 시장이죠. 이 시장 상품들의 특징은 양보다 질입니다. 개인의 개성과 취향을 존중한 희소성 제품들로 중무장하고 있죠. 소화가 잘 되는 우유, 저지방 1%·2% 우유, 구하기 쉽지 않은 커스터마이징 운동화, 인터넷 쇼핑몰 운영자를 타깃으로 한 스튜디오가 있는 아파트 등이 대표적인 초틈새시장 상품입니다.

#니치　#시장세분화　#타깃소비층

──────── 외국인이나 국내기업이 우리나라에서 달러 등 외화로 표시된 채권을
발행하는 경우를 가리킨다.

"두 유 노우 김치?"

외국에서 한국인들이 가장 많이 하는 말 중 하나라고 하죠? 요즘엔 '두
유 노우 BTS?'로 바뀌었다지만 김치는 여전히 한국을 상징하는 단어입
니다. 외국 또는 국내기업이 국내에서 발행하는 외화표시채권을 부를
때도 '김치'를 붙여 '김치본드'라고 하니까요.

김치본드는 국내 자본시장에서 외화 표시로 발행하는 채권을 말합니
다. 김치본드는 주로 외국기업이 국내 외화를 빌려 쓰기 위한 목적으로
발행합니다. 외국인뿐만 아니라 국내기업의 해외법인이 외화를 조달하
기 어려운 경우에도 국내에서 김치본드를 발행해 외화를 조달하는 수단
으로 사용합니다. 그러니까 달러 유동성이 풍부해 조달금리가 원화보다
낮을 때 발행 수요가 많아지겠죠. 김치본드는 해외 투자 기업이나 저금
리로 자금을 조달하고 싶은 기업이 쉽게 찾는 자금 공급처인 셈입니다.

하지만 과도한 김치본드 발행은 단기 외채로 인한 환율 및 물가변동
을 초래해 금융시장의 건전성을 해칠 수 있습니다. 김치본드를 발행한
기업은 채권 만기가 되면 달러화를 차입해 갚아야 합니다. 채권을 발행

한 시기와 만기 사이엔 어느 정도 시간이 흐르겠죠? 이 시간 동안 환율 변동으로 인한 위험이 생기기 마련이라 이 위험을 헤지(hedge)하기 위해 김치본드를 매입한 은행들은 외환시장에서 따로 달러를 빌려 기업에 지급하는 방식을 취합니다. 그럼 어떻게 될까요? 결과적으로 김치본드 발행 규모가 늘어날수록 은행의 달러 차입 규모도 늘어나게 되는 것이죠. 만기에 이르러선 외환시장에서의 달러 매도 규모도 늘어날 것이고요. 이런 상황은 원화 강세로 이어질 수밖에 없겠죠. 김치본드의 발행이 금융시장의 왜곡과 거시경제의 불안 요인을 초래한 것입니다.

실제로 2008년 금융위기 이후 달러자금의 금리가 원화보다 저렴하다 보니 달러가 필요 없는 기업들도 김치본드를 통해 자금을 조달하기 시작했습니다. 시장이 우려한 대로 한국의 단기외채 증가와 만기 시 달러 매도 증가가 원화 강세로 이어졌고, 결국 한국은행은 2011년 7월부터 김치본드 규제에 나섰습니다. 2014년 우리나라 정부는 국내 외환 유동성이 풍부하다고 판단해 다시 김치본드 발행을 재개했습니다. 한편 외국기업이 국내에서 '원화'로 발행하는 채권은 '아리랑본드'라고 부릅니다. 우리나라에서 원화를 조달할 목적으로 외국기업이 발행하는 채권을 말합니다.

#유로채   #아리랑본드   #외국채

104 제1금융권 문턱은 높지만 안전한 은행

──────────── 우리나라의 금융기관 중 예금은행을 지칭하는 용어다. 대도시에 본점을 두고 지방에 지점망을 갖춘 시중은행, 지방에 거점을 두는 지방은행, 특별 법규를 적용받아 특별 업무를 수행하는 특수은행(국책은행) 등이 모두 이에 포함된다.

금융기관을 제1, 2, 3금융권이라고 구분해 부르는데, 사실 이런 분류에 따른 명칭은 공식적인 용어는 아닙니다. 언론에서 편의상 숫자를 붙여 부르던 게 그대로 정착된 경우입니다. 숫자가 낮을수록 뭔가 조금 더 공신력 있고 안전하다는 느낌은 있는데, 구체적으로 한번 살펴볼까요?

제1금융권은 우리나라 금융기관 중 예금은행을 말합니다. 특수은행, 일반은행, 지방은행, 외국계 은행, 인터넷 전문은행이죠. 우리가 일반적으로 말하는 시중은행이 여기에 속합니다. 특수은행은 정부계 은행으로 한국산업은행, 한국수출입은행, IBK기업은행, NH농협은행 등이 대표적입니다. 일반은행은 신한은행, 우리은행, 국민은행, KEB하나은행처럼 가계·기업의 예금으로 조달한 자금을 단기대출로 운용하는 곳입니다. 최근 시장에 진입한 카카오뱅크나 케이뱅크도 여기에 속합니다. 전국적으로 점포를 운영하고 있어 접근성이 좋으며, 원금을 보장해주는 안전한 예금상품들을 갖추고 있죠. 단점이 있다면 비교적 낮은 금리를 제공한다는 것입니다.

제2금융권은 예금과 대출을 취급하는 비은행 예금취급기관과 예금을 수신하는 기능 없이 여신(대출)업무만 전담하는 여신금융회사를 포함합니다. 이들 기관은 제1금융권에 비해 높은 금리의 금융상품을 제공하지만 원금보장 면에서 위험도가 좀 더 큽니다. 상호저축은행·신용협동기구·보험회사·증권회사 등이 비은행 예금취급기관에, 신용카드 회사·캐피탈 회사·리스 회사 등이 여신금융회사에 속하죠. 제1금융권과 제2금융권은 모두 정부의 인허가를 받고, 금융감독원의 관리를 받는 '제도금융권'입니다.

그럼 제3금융권은 뭘까요? 쉽게 말하면 제1, 2금융권에서 돈을 조달하지 못한 사람들이 찾는 곳으로, 제도권 밖의 대부업체·사채업체 등이 이에 속합니다. 순화된 말로 '사금융' 또는 '소비자금융'이라고 하죠. 2002년 시행된 대부업법이라는 법적 테두리 안에 있는 사금융이긴 하지만 대출금리가 매우 높으며 자금 안정성 면에서 취약한 편입니다. 불법사채와는 구분할 필요가 있는데, 불법사채는 최소한의 법적 규제조차 없이 존재하는 금융업체입니다. 이런 곳은 사실상 이자율 제한이 없어 부르는 대로 이자가 형성되죠. '등록대부업체 통합조회(fines.fss.or.kr)'를 통해 내가 사용하는 대부업체가 등록된 업체인지를 확인해보세요.

#시중은행 #지방은행 #국책은행

| 105 | **적대적 M&A** 경영권을 둘러싼 전쟁이 시작됐다 |

——————— 상대기업의 동의 없이 진행하는 기업의 인수합병(M&A)이다. 대주주 외의 제3자가 대주주 의사에 반해 회사 경영권을 빼앗는 M&A 방식이다.

용어 전체에서 풍겨오는 전투적인 향기가 느껴지나요? M&A는 인수 회사와 피인수 회사가 합의하에 단행하는 '우호적 M&A'와 피인수 회사의 동의 없이 인수 회사가 독단적으로 경영권을 빼앗는 '적대적 M&A'로 나뉩니다. 적대적 M&A는 말 그대로 기업의 경영권을 빼앗는 것입니다. 내부정보가 비교적 정확하게 공표되고, 대주주 지분율이 상대적으로 낮은 기업이 주요 타깃이 됩니다.

한 회사에 적대적 M&A 세력이 등장하면 말 그대로 경영권을 둘러싼 전쟁이 시작됩니다. 경영권을 탈취하려는 측과 이를 방어하려는 측 사이에 혈투가 벌어지죠. 그 과정에서 양자가 동시에 막대한 손실을 입고 공멸하기도 합니다. 이런 손실을 최소화하기 위해 적대적 M&A 여부는 매수자가 대상기업의 경영권을 완전히 장악한 뒤에 드러내는 경우가 많습니다. 물론 매수자가 처음부터 대놓고 적대적 M&A를 공표하는 경우도 있습니다. 일종의 전략인 셈인데 최근 세계적 사무용품 기업인 제록스가 사무기기 기업 휴렛팩커드(HP)에 적대적 M&A를 선언한 게 대표적인 사례죠.

적대적 M&A는 주로 공개매수나 위임장 대결 등을 통해 이뤄집니다. '공개매수'란 특정기업의 경영권 획득을 목적으로 주식의 매입기간·가격·수량 등을 미리 광고 등을 통해 제시하고, 증권시장 밖에서 불특정 다수인을 상대로 매수하는 것을 말합니다. 단기간에 의도한 가격으로 대량의 주식을 매집합니다. 위임장 대결은 주총에서 의결권을 갖고 있는 위임장을 보다 많이 확보해 현 이사진이나 경영진을 갈아치우는 방법입니다.

적대적 M&A는 아주 오래된 기업 행위 중 하나입니다. 우리나라에서는 적대적 M&A에 대해 '상도의에 어긋난다'라는 부정적인 시선이 많고, 기업풍토나 법감정에 어긋나는 행위로 생각하는 경향이 강한데, 최근에는 이런 분위기도 많이 사라지고 있습니다. 미국, 중국 등 외국기업의 적대적 M&A 시도가 많아지면서 이에 대한 기업의 방어책도 고도로 발전하고 있습니다. 가장 많이 쓰이는 전략은 크게 2가지입니다. 자본금을 증가시킴과 동시에 지분율을 높여 M&A 상대에게 자금압박을 가하는 전략과 유동주식을 감소시키고 주가상승을 유도하여 적대적 M&A가 쉽지 않게 하는 전략이죠. 인수자의 공개매수와 인수대상기업의 주가 방어로 인해 주가가 상승하는 경우가 많은데, 이런 경우 인수자가 주식을 매도해버려 시세차익을 얻기도 합니다.

#인수합병 #우호적M&A #공개매수 #위임장대결

━━━━━━━━ 적대적 M&A 시도가 있을 때 기존 주주들에게 시가보다 싼 가격에 지분을 매수할 수 있도록 해 적대적 M&A 시도자의 지분 확보를 어렵게 만들거나, 다양한 방법을 통해 의도적으로 비용지출을 늘려 적대적 M&A 시도자가 매수를 포기하도록 유도하는 전략을 말한다.

독약을 의미하는 포이즌 필, 적대적 M&A 위기에 놓인 기업이 택할 수 있는 경영권 방어전략 중의 하나입니다. 적대적 M&A를 방어할 수 있지만 그만큼 기업 스스로도 타격을 입는 극단적인 방법이죠. 포이즌 필은 적대적 M&A 인수자 측의 인수합병 시도를 어렵게 만드는 게 목적입니다. 이 목표를 위해 기존 주주들에게 회사 신주를 시가보다 훨씬 싼 가격으로 매입할 수 있는 콜옵션을 부여해 지분율을 희석시켜 버리는데, 결과적으로 인수자가 지분을 확보하는 것이 어려워집니다. 이 방법은 주로 미국과 일본, 프랑스 등지에서 사용하고 있습니다.

정관 내용을 사전에 손봐 인수자가 지레 손을 떼버리게 하는 방법도 있습니다. 의도적으로 비용지출을 늘려 매수자가 손해 볼 것이라고 판단하게 만드는 것이죠. 이를테면 대표이사 등 경영진이 교체되면 수십억 원의 위로금을 지급해야 한다든지, 주주 90% 이상의 동의를 얻어야 한다는 내용을 정관에 넣는 것입니다. 이 방법은 적대적 방법으로 기업이 매수되더라도 기존 경영진의 신분을 보장할 수 있는 황금 낙하산(golden parachute)으로서 기능하기도 합니다. 이 밖에 이사진 교체에 필요한 주주 찬성률을 대폭 높여 주총에서 통과하기 어렵게 만드는 초다수 결의제도 적대적 M&A를 방어하는 수단으로 사용되고 있습니다.

적대적 M&A가 다양하게 발달한 만큼 방어책인 포이즌 필도 다양하게 변화하며 발전해왔습니다. 포이즌 필은 경영자들이 경영권을 안정적으로 확보해 기업경영에 집중할 수 있게 해준다는 점이 장점입니다. 적대적 M&A 시도나 경영권 침해에 대비하여 자사주 매입이나 우호지분 확보 등으로 소요비용을 절감하고, 이를 투자비용으로 전환할 수 있죠. 결국 회사를 매각하더라도 적대적 M&A 시도자와 가격협상에서 우월한 지위를 확보할 수 있고요.

하지만 과도한 포이즌 필에 대해선 비판도 많습니다. 기업의 경영권을 지나치게 보호해 정상적 M&A까지 저해함으로써 자본시장의 발전을 저해하고 경영의 비효율성을 높일 수 있다는 것이죠. 특히 정관 조항 수정이 들어간 포이즌 필 전략은 건전한 M&A를 통한 시장 활성화에 걸림돌로 작용할 수 있다는 점이 늘 지적됩니다. 자칫 대주주의 돈 챙기기로 악용될 가능성이 있으니까요.

#경영권방어 #콜옵션 #우호지분 #황금낙하산 #초다수결의제

올빼미 공시 어둠 속에 숨긴 부실한 성적표

―――――――――― '올빼미 공시'란 장 마감 후나 주말을 이용해 기업에 불리한 내용을 공시하는 것을 말한다.

올빼미 공시는 '악재성 공시'라고도 부릅니다. 해가 지고 어두워져야 움직이는 올빼미처럼 투자자의 시장 관심도가 낮아지는 장 마감 후나 주말에 주요 내용을 공시하기 때문이죠. 이렇게 사람들의 관심을 피해 재무상황, 영업실적, 사업내용 같은 민감한 내용을 공시하는 이유는 하나입니다. 기업에 불리한 내용이기 때문이죠.

주식시장에서 증권을 발행하는 업체는 의무적으로 공시를 하도록 되어 있습니다. 이사회 결의 등 회사의 중요 사항을 해당일 장 마감까지, 야간회의가 열리는 등 불가피한 경우는 다음날 장 개시 이전까지, 제3자와 관련된 업무 협의 등이 필요할 경우는 다음날 장 마감까지 각각 공시해야 합니다. 이렇게 공시하는 이유는 주식거래와 가격에 영향을 미칠 수 있는 중요한 사항을 투자자에게 알려 주가가 공정하게 형성되도록 하기 위해서입니다.

공시 내용이 호재일 경우에는 주가가 상승할 수 있지만, 악재일 경우에는 하락 가능성이 큰 편이죠. 기업 입장에선 주가 하락을 부를 만한 불리한 정보는 최대한 숨기고 싶겠죠? 올빼미 공시 관행은 주가 하락을 방지하고 투자자 및 언론의 관심을 비껴가기 위한 기업들의 꼼수입니다. 원래는 야간 공시와 주말 공시가 있었는데, 올빼미 공시로 인한 투자자들의 피해가 커지자 2006년 금융감독원은 야간 공시와 토요일 공시를 없앴습니다. 평일 공시서류 제출시간도 오전 7시~오후 6시로 종전의 오후 9시에서 3시간 단축했고요.

하지만 꼼수는 어떻게든 일어나는 법이죠. 토요일 공시가 없어지면서 금요일 오후와 연휴 전날 올빼미 공시를 하는 기업들이 증가했습니다. 물론 실적이 좋지 않은 기업이 이런 식으로 공시 시점을 잡겠죠. 2017년 대신경제연구소가 2016년 12월 금융감독원 전자공시시스템에 접수된 유가증권과 코스닥 시장 상장기업의 공시 5073건을 분석한 결과에 따르면 2016년 12월 중 총 189건의 악재성 공시 중 장 마감 후 공시는 153건으로 무려 80.95%에 달했다고 합니다. 부실한 실적을 최대한 숨기기 위해 한 주의 장을 마무리 짓는 금요일이나 연휴가 시작되기 직전을 선택하는 거죠. 상장기업 투자자라면 연휴를 앞두고는 더욱 각별한 관심이 필요할 듯합니다.

#악재성공시 #장마감

〰〰〰〰〰 사모펀드, 헤지펀드, 구조화된 투자회사, 투자은행 등 중앙은행으로부터 규제나 감독을 받지 않는 금융기관에 의해 주도되는 금융 유형을 통칭하는 것이다.

2017년 우리나라 GDP(국내총생산) 대비 115%, 무려 1998조 원에 달하는 금융권이 그림자 속에 감춰져 있습니다. 금융규제 사각지대에 놓인 그림자금융 말입니다. 그림자금융은 주식 딜러, 헤지펀드, 머니마켓펀드처럼 중앙은행의 규제와 감독을 받지 않는 비은행 금융중개회사를 말합니다. 이들 기관은 은행과 비슷한 역할을 하면서도 고수익·고위험 채권을 사고팔면서 새로운 유동성을 만들어내고 있죠.

2019년 10월 한국은행이 국정감사에서 밝힌 자료에 따르면 금융안정위원회(FSB) 분류 기준 우리나라 그림자금융 규모는 광의 1998조 원, 협의 873조 원인 것으로 나타났다고 합니다. 광의는 집합투자기구, 증권회사, 여신전문금융회사, 신탁회사, 유동화기구 등 은행 수준의 건전성 규제를 받지 않는 금융기관 거래를 모두 포함합니다. 반대로 협의는 광의 기준에서 만기·유동성 변환, 레버리지, 불완전한 리스크 이전, 규제차익 등으로 인해 시스템 리스크 유발 가능성이 큰 금융기관의 거래를 추린 것을 말합니다.

막대한 규모로 운영되고 있지만 그림자금융의 실체는 잘 드러나지 않습니다. 투자대상의 구조가 복잡한 데다가 익명으로 진행되는 등 그 시스템이 투명하지 않기 때문입니다. '그림자'라는 명칭이 붙은 이유가 짐작되죠? 한국 금융안정위원회는 2018년 6월 '그림자'라는 용어가 주는 부정적 의미 개선 등을 위해 그림자금융을 '비은행 금융중개'로 변경하기로 결정했습니다.

그림자금융은 은행시스템 밖에서 이뤄집니다. 따라서 은행이 제공하지 못하는 다양한 금융중개 기능을 수행하는데 신용 접근성 확대, 시장 유동성 보완, 리스크 관리 등을 통해 은행의 자금중개 기능도 보완합니다. 예를 들면 부동산저당채권을 기초자산으로 한 주택저당증권(MBS)의 경우 은행 입장에서는 유동성 확보 수단이지만, 동시에 투자자 입장에서는 고수익을 올릴 수 있는 투자처가 됩니다. 은행은 부동산을 담보로 대출을 시행하고, 대출에서 발생하는 현금 흐름을 바탕으로 유동화 증권을 발행합니다. 은행은 이 과정을 통해 얻은 자금으로 또 다른 대출을 실시할 수 있습니다. 은행이 발행한 유동화 증권은 기초자산의 신용에 따라 여러 등급으로 나뉘고, 이들 증권은 다양하게 묶여 하나의 금융상품으로 구성되죠. 헤지펀드, 보험사, 투자은행들은 이러한 금융상품에 투자해 수익을 올리고요.

여러 기초자산과 연쇄적으로 엮여 있고, 투자 주체가 다양해 한꺼번에 부정적인 영향을 받거나 원금손실 위험도 커서 금융시스템의 안정성을 훼손할 수도 있습니다. 이런 이유로 그림자금융은 2008년 미국발 글로벌 금융위기인 '서브프라임 모기지 사태'의 주범으로 지목되기도 했습니다.

#금융위기 #비은행금융중개회사

VIX 지수는 Volatility Index의 약자로 변동성지수를 말한다. 시카고 옵션거래소에 상장된 S&P500 지수옵션의 향후 30일간의 변동성에 대한 시장의 기대를 나타내는 지수다.

VIX 지수는 '공포지수'라고도 부릅니다. 시장에 대한 투자자들의 공포감을 반영하는 지표이기 때문이죠. 정확히 말하자면 투자자들의 투자심리를 수치로 나타낸 지수로 잔존만기, 행사가격(옵션거래 시 미리 정해진 권리를 행사할 수 있는 가격), 무위험 수익률, 풋옵션 가격과 콜옵션 가격, 콜과 풋으로 산출된 합성선물가격 등 매우 복잡한 셈법을 통해 산출됩니다. 우리가 알아둬야 할 건 이 지수가 시황 변동의 위험을 감지하는 중요한 투자지표로 활용되고 있다는 점입니다. 예를 들어 VIX 30이라면 한 달간 주가가 30%의 등락을 거듭할 것이라고 예상하는 투자자들이 많다는 것을 말합니다.

VIX 지수는 주식시장과 역방향으로 움직입니다. VIX 지수가 높아진다는 것은 주식시장의 변동이 커질 것이라는 예측이 많다는 것입니다. 투자에 대한 불안심리가 높아 주식을 팔고 빠져나가려는 투자자가 많다는 것을 의미합니다. 따라서 이후 주가는 하락하는 경향을 보이게 되죠. 주식시장에 악재인 셈입니다.

반면 VIX 지수가 상승하지 않는 것은 급락에 대한 불안감이 줄어들었다는 의미로, 투자심리가 견고하다고 볼 수 있습니다. VIX 지수는 보통 20~30 정도 범위를 평균 수준으로 이루고 있는데, 50에 근접하면 바닥권 진입의 징조로 해석돼 주가 반등이 이루어집니다. 그러니까 이 지수가 최고점에 이르면 공포심리가 극에 달한 상태로, 매도세가 소진되면서 오히려 주가가 바닥을 형성하게 되는 것이죠.

우리나라에는 우리 시황에 맞는 변동성지수가 있습니다. 한국형 변동성지수인 VKOSPI인데요. 2009년 4월에 KOSPI200 지수를 기초자산으로 하는 VKOSPI 지수를 아시아 국가 최초로 개발했습니다. VIX 지수처럼 주식시장과는 반대 방향으로 움직이며 국내 주식투자자들의 투자심리를 드러냅니다.

#공포지수 #투자지표 #변동성지수 #VKOSPI

PART 4

새로운 가능성과 기회를
얻게 할 신기술 트렌드

"블록체인 기술은 정부나 의회, 입법기관을 대체할 수 있는
기술이며, 주인 없는 회사를 만들어 세계인이나 지구인 또는
한국인이 소유할 수 있는 시스템이다. 많은 미래학자가 블록체인이
지구촌 문명을 송두리째 바꿀 수 있는 가장 큰 기술이라고 말한다.
정부 운영을 대체할 수 있는 기술이기 때문이다."

_박영숙, 유엔미래포럼 대표

110 | 스마트 시티 도시가 똑똑해진다

──────── 사물인터넷(IoT), 사이버 물리 시스템(CPS), 빅데이터 솔루션 등 최신 정보통신기술(ICT)을 적용한 스마트 플랫폼을 구축한 새로운 도시 유형이다. 도시의 자산을 효율적으로 운영하고 시민에게 안전하고 윤택한 삶을 제공하는 것을 목표로 한다.

2019년 12월 중국에서 발생한 코로나19 바이러스로 전 세계가 공포에 빠져들었습니다. 우리나라는 다행히 투명하고 신속한 대응으로 다른 나라의 방역 모범 사례로 찬사를 받았지만 일부 종교로 인한 집단 및 지역사회 감염은 막을 수 없었죠. 앞으로는 이런 전염병을 막는 데도 스마트 기술이 사용될 텐데, 이런 인프라가 설치된 도시를 '스마트 시티'라고 부릅니다.

코로나19가 발생하면서 질병관리본부에서는 확진자 발생 시 면접조사 등을 통해 이동 경로를 파악하고 있지만, 대구·경북 지역에 대규모 확진자가 발생하면서 역학조사관의 업무가 폭증했습니다. 이로 인해 대규모의 데이터를 신속하게 분석하기 위한 전산 지원 시스템 도입 필요성이 제기되었습니다. 이에 국토부는 질병관리본부와 협의해 '스마트 시티 데이터 허브'를 활용한 '코로나19 역학조사 지원시스템'을 개발했는데, 이 시스템은 확진자의 이동 경로 등을 지도 위에 표시하고, 예상 접촉자 수나 지역 집중도 등 관련 통계를 제공해 신속한 역학조사가 가능할 수 있도록 설계되었죠.

이런 것이 앞으로 조성될 스마트 시티의 모습입니다. 정보통신기술로 도시 구석구석이 연결되어 있기 때문에 가능하며, 효율적으로 짜인 네트워크를 통해 도로·항만·수도·전기·학교 등 도시의 인프라를 효율적으로 관리하고, 공공 데이터를 수집·활용해 교통·환경·에너지 등 다양한 도시 문제를 해결합니다. 주거 공간과 시설 등에 있어서도 효율적으로 기능하도록 만들어 새로운 도시가치를 창출하는 공간이죠. 기존 유-시티(u-city)와 유사하지만, 사물인터넷과 인공지능(AI) 기술이 결합된 차세대 개념이라고 할 수 있습니다.

스마트 시티는 이렇게 현대의 도시 구조에 내제하는 교통·오염 등의 문제를 해소할 수 있는 대안으로 떠오르고 있습니다. 4차 산업혁명 시대의 새로운 성장 동력을 창출할 수 있는 방안으로 여겨지면서 세계 각국의 도시가 스마트 시티 구축에 나서고 있습니다. 스페인 바르셀로나, 중국 항저우, 네덜란드 암스테르담 등이 대표적인데, 우리나라도 2021년 입주를 목표로 세종과 부산에 스마트 시티 국가 시범도시를 조성하고 있습니다.

#사물인터넷 #사이버물리시스템 #빅데이터 #인공지능 #유-시티

—————— 데이터양이 너무 방대하여 기존의 방법이나 도구로 수집·저장·분석 등이 어려운 정형·반정형·비정형 데이터들을 의미한다.

한때 신용카드 회사들이 자신들이 가지고 있는 빅데이터를 활용해 동네 맛집 등을 고객들에게 알려주는 서비스가 유행했었습니다. 카드회사는 자사 신용 및 체크카드를 사용하는 고객들의 결제내역 등을 분석해 이런 자료들을 만들었는데, 애플의 '시리'나 삼성의 '빅스비' 같은 인공지능 시스템이 가능한 것도 바로 빅데이터를 활용했기 때문이죠.

빅데이터라는 말이 널리 쓰이고 있지만 사실 빅데이터를 정의하는 정확한 기준은 없습니다. 누군가는 빅데이터를 테라바이트(TB) 이상의 데이터라고 정의하기도 하고, 누군가는 대용량 데이터를 처리하는 아키텍처라고 정의하기도 하죠. '아키텍처'란 하드웨어와 소프트웨어를 포함한 컴퓨터 시스템 전체의 설계방식을 말합니다. 세계적인 컨설팅 회사 맥킨지는 빅데이터를 기존 데이터베이스 관리 도구의 데이터 수집·저장·관리·분석하는 역량을 넘어서는 규모의 시스템으로 정의하며, 이 정의는 앞으로도 계속 변화될 것이라고 말했다고 합니다.

흔히 빅데이터를 'Big+Data'의 합성어로 생각하는데요. 단순히 '어마어마하게 많은 데이터'가 아닌 그 이상의 의미를 지니고 있습니다. 기존

기업 환경에서 사용되는 정형화된 데이터는 물론 메타정보와 센서 데이터, 공정 제어 데이터 등 미처 활용하지 못하고 있는 반정형 데이터를 포함합니다. 여기에 사진, 이미지처럼 지금까지 기업에서 활용하기 어려웠던 멀티미디어 데이터까지를 포함하죠. 크기뿐만 아니라 다양성·속도라는 특징도 들어 있습니다. 따라서 단순히 데이터의 양이 많다고 빅데이터라고 부를 수 있는 건 아닙니다.

여기서 말하는 '크기'는 물론 데이터의 물리적 크기를 말합니다. 기업 데이터, 웹 데이터, 센서 데이터 등 페타바이트(PB, 1PB=1024TB) 규모로 확장된 데이터입니다. '다양성'은 데이터의 형태를 말하는데, 데이터의 형태에 따라 정형·반정형·비정형으로 종류가 나뉩니다. 마지막으로 '속도'는 데이터 처리 능력입니다. 데이터를 수집·가공·분석하는 일련의 과정을 실시간 또는 일정 주기에 맞춰 처리할 수 있는 능력을 말합니다.

그러니까 빅데이터는 방대한 양의 데이터를 효과적으로 처리하고 분석할 수 있는 기술에 초점을 둔 용어라고 할 수 있죠. 기업 관점에서는 '가치를 생성할 수 있는 데이터'를 빅데이터라고 해석하기도 합니다. 중요한 것은 오늘날과 미래엔 빅데이터를 처리하는 방식에서 가치가 창출될 것이며, 빅데이터에 대한 이해도가 기업의 성패를 가를 것이란 점입니다. 21세기 기업에 가장 중요한 자산은 '데이터'입니다. 미국의 시장조사기관인 가트너가 말했듯이 '데이터는 미래 경쟁력을 좌우하는 21세기 원유'인 셈이죠. 여러분은 얼마나 준비되어 있나요?

#데이터처리   #페타바이트

──────────── 스마트폰, PC를 넘어 자동차, 냉장고, 세탁기, 시계 등 우리 주변에 있는 모든 사물이 인터넷에 연결되는 것입니다.

최근 서울시는 주택가 담장을 허물고 주차장을 만드는 '그린파킹'에 사물인터넷 기술을 확대 적용한다고 밝혔습니다. 서울시는 그린파킹 주차면 바닥에 부착된 사물인터넷 센서가 차량 유무를 감지하도록 해 이용자들이 실시간 주차정보를 확인할 수 있도록 할 계획이라고 합니다. 그렇게 되면 주민들은 자신의 주차공간을 빌려주면서 부가수익(사용요금)도 얻을 수 있게 됩니다. 이 모든 것은 서울시가 개발한 앱을 통해 가능합니다. 이처럼 사물인터넷(IoT)은 사실 우리 실생활에 깊숙하게 들어와 있습니다. 스마트워치를 통해 자신의 운동량을 측정하거나, 스마트폰 애플리케이션을 통해 집에 있는 보일러를 조정하는 등의 경험이 이젠 많이 대중화되었거든요.

사물인터넷은 아주 간단히 말하면 모든 물건에 통신 기능 및 센서를 장착해 실시간으로 데이터를 주고받는 기술을 말합니다. 사물인터넷 기술이 적용된 각 기기로부터 정보를 수집하고 가공해 사용자에게 제공하죠. 이런 정보를 통해 멀리 떨어진 기기를 자동으로 구동하는 것이 가능합니다. 교통상황, 주변 상황을 실시간으로 확인해 무인자동차를 굴리는 것처럼 말이죠.

일반적으로 사물인터넷의 구동 과정은 3단계로 나눌 수 있습니다. 정보수집 단계, 정보 전송 단계, 그리고 가공한 정보를 사용자에게 제공하는 단계죠. 각 단계에 필요한 기술이 사물인터넷의 핵심 기술이 되는데 정보를 수집하는 센서 기술, 전송하는 네트워크 기술, 정보를 분석하는 빅데이터 기술이 그것입니다.

사물인터넷은 미래의 우리 삶 속에 필수적인 요소로 자리 잡을 전망입니다. 이미 삼성전자, LG전자, 구글, 아우디 등 세계 각 분야의 기업들은 사물인터넷 서비스의 개발·상용화에 나섰습니다. 손목에 감긴 웨어러블 디바이스에 터치 한 번, 말 한마디면 모든 것을 조정할 수 있는 세상이 이미 펼쳐지고 있습니다.

사물인터넷 기술이 우리 삶에 가져올 변화는 상상 이상이 될 것입니다. 하지만 빛이 있으면 그림자가 있는 법이죠. 모든 기기가 연결된 사물인터넷 인터넷 시대에 가장 큰 위협은 바로 보안 문제입니다. 과거엔 PC 정도만 해킹됐다면, 모든 제품이 해킹의 공격대상이 될 수 있죠. 건물과 자동차 운행 등 과거엔 불가능했던 공간까지 해커의 공격대상이 될 수 있습니다. 사물인터넷 시대의 보안을 위해 보안업체들 역시 인공지능(AI)을 동원한 보안솔루션을 개발하는 등 만반의 준비를 하고 있답니다.

#스마트디바이스 #웨어러블디바이스 #스마트 시티

─────────── 자동차와 인터넷과 모바일 기기 등 정보통신기술(ICT)을 융합하여, 사용자에게 안전성과 편의성을 제공하는 자동차를 말한다.

배트맨은 그가 차고 있는 배트기어(bat gear)의 스위치를 눌러 배트카를 소환합니다. 그가 어디에 있든 말이죠. 배트맨이 타는 배트카는 일종의 커넥티드카라고 볼 수 있습니다. 배트맨의 웨어러블 디바이스와 배트카 사이엔 네크워크가 형성되어 있어서 정보를 주고받는 것이죠.

커넥티드카는 어쩌면 자동차의 형태를 갖춘 스마트 기기라고 하는 게 더 정확한 표현일지도 모르겠습니다. 혹자는 커넥티드카 자체가 통신기기가 된다는 의미에서 '거대한 사물인터넷 기기'라고 부르기도 하죠. 자동차 안의 단말기를 통해서 자동차와 운전자에게 다양한 종류의 정보 서비스를 제공해주는 텔레매틱스(telematics) 기술에서 확장된 개념이라고 볼 수 있습니다. 텔레매틱스가 자동차와 운전자 사이의 연결성에 집중했다면, 커넥티드카는 스마트 기기 등을 통해 차체 외부와도 정보를 양방향으로 주고받는다는 점이 다르죠. 네트워크를 통해 다른 차량 혹은 통신 기반 시설과 무선으로 연결해 실시간으로 정보를 주고받습니다. 실시간 내비게이션이나 원격 차량 제어도 가능하고, 차량에 탑승한 상태에서 운전자는 웹서핑이나 멀티미디어 콘텐츠 등 인터넷과 모바일 서비스를 사용할 수 있죠.

커넥티드카의 궁극적인 목표는 목적지까지 스스로 달리는 자율주행 시스템의 실현입니다. 차체는 이동의 매개체로만 존재하고, 내부의 모든 작동은 기기가 자율적으로 판단해 처리하는 자동차 말입니다. 때문에 커넥티드카는 차체 개발과 함께 탑재 소프트웨어 기술이 매우 중요합니다. 그런 점에서 커넥티드카 개발에 먼저 뛰어든 기업이 애플사란 건 전혀 놀라운 일이 아닙니다. 애플의 창업자인 스티브 잡스는 원래 자체적으로 커넥티드카를 제작하려 했었다고 하죠. 하지만 부품 수급 문제 등 난항을 겪다가 결국 소프트웨어적 지원으로 개발 방향을 선회했다고 합니다. 애플은 2013년 차량용 운영체제(OS) 카플레이(CarPlay)를 개발하고 벤츠, 볼보 등 자동차 제조업체와 제휴하고 있죠.

구글 역시 커넥티드카 개발을 위한 연합을 결성했습니다. 2014년 오픈 오토모비티브 얼라이언스(OAA)를 통해 자동차 회사에 안드로이드 OS를 제공하기 시작했죠. OAA에는 아우디, 제너럴모터스, 현대기아차, LG전자 등이 가입해 있습니다.

최초의 커넥티드카는 1996년 제너럴 모터스에서 만든 캐딜락 드빌이었습니다. 온스타(OnStar) 서비스를 탑재한 이 자동차는 셀룰러 통신과 위성 통신을 기반으로 내비게이션, 차량 추적, 긴급 구조요청 전화 등의 서비스를 제공했죠. 2019년 현재는 5G를 탑재한 커넥티드카도 나오고 있습니다. 커넥티드카는 향후 자동차 산업의 '대세'로 자리 잡을 전망입니다.

#ICT #자율주행 #사물인터넷

──────── '구글세'란 다국적 IT 기업의 독과점 및 조세회피 문제를 해결하기 위해 부과하는 세금과 이들이 사용하는 콘텐츠에 대해 부과하는 이용 요금을 통틀어 일컫는 말이다.

구글세의 적용대상과 개념이 확장되고 있습니다. 처음에는 IT 공룡기업 구글만을 대상으로 했다면, 지금은 애플과 마이크로소프트 등 세금회피 지적을 받는 다국적 IT 업체 전체로 확대되고 있습니다. 구글세라고 했을 때 지칭하는 범위도 다국적 IT 기업의 독과점·조세회피 이슈에서부터 이들 기업의 무차별한 콘텐츠 사용을 문제 삼는 저작권 이슈까지 광범위하죠. 최근엔 '디지털세'란 이름으로 많이 불리고 있습니다.

구글을 위시한 다국적 IT 기업들은 세율이 낮은 국가로 세원을 이전해 조세를 회피하고 있다는 지적을 받아왔습니다. 특허료 등을 통해 막대한 이익을 올리고도 조세조약이나 세법을 악용해 세금을 내지 않았죠. 실제로 구글은 2011년 영국에서 32억 파운드(약 5조 4000억 원)의 매출을 올렸는데, 이 기간 구글이 영국 정부에 낸 법인세는 600만 파운드(약 100억 원)에 불과했습니다. 영국 법인세율이 20%인데도 말이죠. 구글은 세율이 낮은 나라로 소득을 이전해 법인세를 회피하는 '더블 아이리시' 전략을 통해 막대한 세금을 회피했다고 알려졌습니다. 구글세는 다국적기업의 이런 '꼼수'를 막기 위해 부과하는 세금입니다. 이 문제는 구글의 검색시장 독과점 폐해 문제와 함께 공론화되기 시작했기 때문에 '구글세'라고 하면 독과점 문제도 같이 포함하는 경우가 많습니다. 현재 유럽의 검색시장에서 구글이 차지하는 점유율은 90%가 넘습니다.

구글세는 한편으론 저작권 관점에서의 세금을 의미하기도 합니다. 구글은 신문이나 잡지에 실린 뉴스 콘텐츠로 이용자들을 끌어모아 막대한 광고 수익을 챙기는데, 이들 콘텐츠에 대한 저작권료를 세금으로 지불해야 한다는 것이죠. 그러니까 이 경우 구글세 포털사이트에 세금 형태로 징수하는 콘텐츠 저작료나 사용료를 말합니다.

구글세는 2008년 글로벌 금융위기 이후 유럽연합이 새로운 세원을 마련하기 위해 도입한 방안입니다. 우리나라에선 구글세 도입을 둘러싼 논란이 현재 진행형입니다. 정부는 이미 조세회피 차원의 구글세에 대해선 엄정한 입장을 내비친 바 있죠.

저작권료 차원의 구글세에 대해선 국내 IT 기업에 대한 역차별 해소 차원에서 도입이 검토되고 있는 상황입니다. 네이버와 다음카카오 등 국내 인터넷 검색업체들은 신문사와 출판사에 '게재료'란 이름으로 콘텐츠 사용료를 내지만 구글은 내지 않고 있기 때문입니다.

구글세란 이름으로 전 세계적으로 이뤄지는 수많은 규제에 구글은 억울하다는 입장을 표명합니다. 영국에서의 법인세 회피 논란에 대해서도 자사 사이트를 통해 영국 미디어에 방대한 광고 집행 기회를 제공하고 있다고 반박했고, 스페인의 구글세 도입엔 자사 사이트에서 스페인 뉴스 콘텐츠를 다 빼버리는 강수를 두기도 했죠.

#디지털세 #저작권료 #지식재산권법 #조세회피

바이오연료 화석연료 대체할 지속가능한 미래에너지

──────── 식물 재료와 동물 배설물 같은 바이오매스에서 얻을 수 있는 연료다. 바이오연료는 공급 원재료의 보충이 쉽기 때문에 석유·석탄·천연 가스 같은 화석연료와 달리 재생 에너지 자원으로 간주된다.

바이오연료는 연소 시에 석탄·석유 등 화석연료보다 이산화탄소를 적게 배출합니다. 바이오연료 앞에 '친환경, 지속 가능, 미래에너지' 등의 수식어가 붙는 가장 큰 이유죠. 그뿐만 아니라 태양광이나 조력, 풍력발전 등 기존의 대체에너지에 비해 생산 속도도 빠르고 대량생산이 가능하다는 장점이 있습니다. 물과 온도 등 비교적 통제하기 쉬운 조건만 맞으면 어디에서나 생산할 수 있고, 풍력이나 조력 발전에 비해 초기 생산 비용도 적습니다.

　바이오연료는 바이오에너지를 생산해 낼 수 있는 에너지원이 되는 식물·미생물·동물 등의 바이오매스와 음식쓰레기·축산폐기물 등을 열분해하거나 발효시켜 만듭니다. '바이오매스(Biomass)'란 식물과 미생물의 광합성 작용에 의해 생성되는 식물군, 균체와 이를 먹고 살아가는 동물체를 포함하는 생물 유기체를 말합니다. 생산에 사용되는 원료와 공정에 따라 바이오에탄올, 바이오디젤, 바이오가스 등으로 구분되는데요. 바이오에탄올은 식물체의 당분을 알코올 발효시켜 만듭니다. 이 바이오에탄올은 다시 옥수수나 사탕수수 등 곡물에서 직접 추출한 전분을 발효시켜 얻을 수 있는 '바이오에탄올'과 식물체에서 추출한 포도당과 박

테리아를 이용해 만드는 '바이오부탄올'로 구분되죠. '바이오디젤'은 유
채꽃·콩 등의 유지작물이나 폐식용유를 알코올 반응으로 연료화시켜
서, '바이오가스'는 음식물 쓰레기나 축산폐기물을 발효시키면 발생하는
메탄가스를 이용해 얻을 수 있습니다.

바이오연료는 인류가 오랜 기간 사용해 온 에너지원입니다. 가장 많이
생산되고 있는 액상 바이오연료는 에탄올로, 교통수단 같은 거대한 기
반시설에서 이미 대체로 사용되고 있죠. 우리나라에선 2015년 8월부터
'신재생에너지연료 혼합의무화제도'라고 해서 정유사가 의무적으로 바
이오연료를 경유에 일정량 혼합해 주유소에 공급하도록 하고 있습니다.
현재는 바이오디젤을 경유에 2~5% 정도로 혼합해 사용하고 있죠.

앞으로 바이오연료 시장은 빠르게 커갈 것으로 보입니다. 하지만 바
이오연료에 대한 비판도 꾸준히 제기되고 있습니다. 일단 바이오연료
를 얻기 위해서는 넓은 면적의 토지가 필요하고, 자원이 산재되어 있거
나 자원량의 지역적 차이가 크다는 것이죠. 바이오연료 반대론자들은
정제과정에서 발생하는 경제 및 환경 비용이 무시할 수 없다는 점을 지
적합니다. 바이오연료를 위한 동식물 생산의 경작지로 이용되는 막대한
자연이 사라질 수 있다는 주장도 있습니다. 바이오연료 생산에 투입되
는 곡물가격 상승도 단점으로 지적되는 부분입니다. 바이오연료는 여전
히 그 사용을 둘러싼 논란에 명쾌한 해답을 내리지 못하고 있습니다. 빠
르게 고갈되는 화석연료를 대체할 수 있다는 굉장한 장점에도 불구하고
상용화 속도가 더딘 이유입니다.

#바이오매스 #재생에너지 #바이오에탄올 #바이오디젤 #바이오가스

116 | 크리에이터 제작부터 유통까지 혼자 다 한다

〰〰〰〰〰 '크리에이터'의 사전적 의미는 '창조자'다. 요즘은 유튜브 같은 동영상 플랫폼에 자신이 제작한 동영상을 업로드하는 1인 창작자를 일컫는 말로 쓰인다.

요즘 초등학생 장래희망 상위권에서 빠지지 않는 직업이 바로 '크리에이터'입니다. 유튜브 등 소셜플랫폼이 대중화되고 1인 미디어가 확산하면서 새롭게 등장한 직업입니다. 아마추어 게임 방송부터 먹방, 뷰티, 일상까지 주제에 대한 경계 없이 자신만의 영상 창작물을 만들어 제공하는 이들을 말합니다. 1인 방송을 하는 V로거나 동영상 플랫폼 유튜브에 직접 제작한 다양한 장르의 영상을 게시·공유하는 유튜버들이 모두 크리에이터에 속합니다.

크리에이터는 혼자서 콘텐츠를 제작해 직접 유통시키는 '올라운드 플레이어'입니다. 최근 들어서는 크리에이터 시장이 거대해지면서 별도의 제작팀을 두고 영상에 출연만 하는 크리에이터가 등장하기도 했죠. 연예인 못지않게 높은 인기를 누리며 영향력을 발휘하는 이들도 있는데, '파워 크리에이터'라고 부릅니다. 파워 크리에이터는 충성도 높은 시청자들을 고객으로 두고 있습니다. 충성 고객들은 유튜브 같은 동영상 플랫폼에서 자기가 좋아하는 크리에이터의 콘텐츠를 '구독'하는 형태로 소비하죠. 특정 크리에이터의 새로운 콘텐츠가 업로드될 때마다 사용자들은 알림을 받고 그 콘텐츠를 시청하는 식입니다.

유명한 파워 크리에이터로는 게임 방송을 해설하는 스웨덴 출신 퓨디파이(PewDiePie), 코미디 영상물을 제작하는 스모쉬(Smosh) 등이 있는데 연간 수익이 한국 돈으로 100억 원이 넘는 것으로 알려져 있습니다. 국내에서도 게임 방송으로 유명한 '대도서관'이나 초등학생들 사이에서 대통령의 영향력을 행사한다고 해서 '초통령'으로 불리는 '양띵' 등이 있는데요. 역시 월 수천만 원의 수입을 올리고 있다고 합니다. 이들은 자신의 콘텐츠를 특화해 크리에이터 스스로가 브랜드가 되었죠.

크리에이터는 기본적으로 직접 만든 콘텐츠를 통해 수익을 창출합니다. 자신이 만든 콘텐츠를 많은 사람이 구독 시청하면서 동영상 콘텐츠에 대한 가치가 상승하는 것인데요. 영상 콘텐츠에 붙는 광고 수익, 콘텐츠 속 협찬 광고를 통한 수익 외에도 사회적 영향력이 커지면서 기존의 미디어까지 진출해 광고·출연 수익을 올립니다.

크리에이터는 그들이 만든 콘텐츠와 미디어의 영향력으로 새로운 비즈니스 가능성과 모델을 창조해냈습니다. 아예 1인 제작자·1인 채널의 방송 활동을 지원하는 MCN(Multi Channel Network) 비즈니스도 등장해 확대되고 있죠. MCN은 기존의 연예기획사처럼 파워 크리에이터를 발굴하고 관리하는 역할을 합니다. 파워 크리에이터의 활동 범위가 넓어지고 영향력이 커지자 정부와 지방자치단체, 대기업을 중심으로 파워 크리에이터 인재를 육성하고 지원하는 데 뛰어들고 있는 추세입니다.

#1인미디어 #유튜브 #소셜플랫폼 #MCN

117 | **유니콘기업** 상상 속에서나 가능한 존재

──────── '유니콘기업'이란 기업가치 10억 달러 이상, 설립한 지 10년 이하의 비상장 스타트업을 뜻한다.

상상 속의 동물 유니콘, 오래된 서양문학에 자주 등장하는 이 동물은 이마에 한 개의 뿔이 난 아름다운 백마의 모습을 하고 있습니다. 전설 속 유니콘은 신성한 힘의 상징입니다. 인간의 힘으로 발견하기 어려운 존재죠?

현실 세계에도 유니콘 같은 존재가 있습니다. 상장도 하지 않았는데 기업가치가 10억 달러(약 1조 1000억 원)를 넘는 스타트업입니다. 유니콘처럼 상상 속에서나 가능한 존재, 바로 유니콘 기업입니다. 여성 벤처 투자자인 에일린 리(Aileen Lee)가 2013년에 처음 사용한 용어입니다.

유니콘 기업은 상상 속 동물 유니콘과 달리 실재합니다. 2019년 5월 기준 전 세계 유니콘 기업은 346개로 집계됐는데, 대표적인 세계적 유니콘 기업에는 미국의 스페이스X, 핀터레스트, 팔란티어 테크놀로지 등과 중국의 샤오미, 디디 콰이디 등이 있습니다. 한국에도 쿠팡, 크래프톤(블루홀), 옐로우모바일, 우아한형제들(배달의민족), 엘앤피코스메틱, 위메프, 비바리퍼블리카(Toss), 야놀자 등이 유니콘 기업으로 분류되고 있죠. 이들 기업은 기업가치를 충분히 증명한 후 기업을 공개하는 절차를 밟아

나갑니다.

　최근엔 미국 실리콘밸리를 중심으로 유니콘보다 더 큰 규모의 스타트업들도 등장하고 있습니다. 이들을 부르는 용어도 새로 생겼죠. 유니콘 기업보다 열 배는 크다고 해서 '데카콘(Decacorn)'이라고 부릅니다. 기업공개 전 기업가치가 100억 달러(약 11조 원)를 넘어선 초거대 스타트업이죠. 대표적인 데카콘은 에어비앤비, 드롭박스, 스냅챗, 우버(Uber) 등입니다. 유니콘보다 희소가치가 있는 스타트업인 셈입니다. 관련된 용어들이 있는데 유니콘으로 성장했다가 망한 기업은 '유니콥스(unicorpse, 죽은 유니콘)', 유니콘의 100배(hecto) 가치를 가진 기업은 '헥토콘(hectocorn)'이라고 부릅니다.

#기업가치10억　#비상장스타트업　#유니콥스　#헥토콘

———————— 시드(seed) 펀딩 이후 최적화 단계에 들어가는 투자가 시리즈 A다. 시리즈 B는 시리즈 A를 통해 정식제품·서비스가 인정받은 후 사업을 확장하기 위한 자금을 확보하는 단계다. 시리즈 B를 통해서 사업이 어느 정도 확장되면 시리즈 C 펀딩으로 자금을 확보한다.

아이디어와 기술을 보유한 신생 벤처기업이 안정적인 수익을 내고 기업 공개를 할 수 있는 규모가 되기 위해선 꾸준한 투자가 이뤄져야 합니다. 스타트업이 자체적으로 자금을 조달하기가 어렵기 때문에 외부에서 투자를 유치하는데 이때 단계별로 진행됩니다. 시기와 투자금액에 따라 알파벳을 붙여 나가죠.

가장 먼저 이뤄지는 건 시리즈 A 투자입니다. 시리즈 A 투자는 스타트업이 종잣돈(시드머니)을 마련한 후 이어지는 투자를 말하는데, 시제품을 개발하고 본격적으로 시장 진출을 하기 전에 받습니다. 일반적으로 창업 직후부터 5년 차 사이에 시리즈 A 투자를 유치합니다. 액수는 스타트업 종류에 따라 수억에서 수십억 원대에 이르죠. 스타트업은 이때 받은 투자금으로 시판 제품을 개발하고 마케팅에 주로 사용합니다. 이 단계에선 소규모 벤처캐피탈리스트(VC)나 엔젤 투자자가 주로 참여합니다. '벤처캐피탈리스트'란 기술력, 사업 전망, 최고 경영자의 자질 따위를 갖춘 유망 벤처기업을 발굴하여 벤처캐피털 회사로부터 지분투자나 자금 지원을 이끌어 내고 이들을 상장기업으로 키우는 벤처 투자 전문가를 말합니다. '엔젤 투자자'는 기술력은 있으나 자금이 부족한 창업 초기 벤처기업에 자금 지원과 경영 지도를 해주는 개인투자자를 말하죠.

다음 단계가 시리즈 B 투자입니다. 시리즈 B 투자는 시장에서 어느 정도 성공 가능성을 입증한 스타트업이 제품의 최종 버전을 완성하기 위해 받는 투자입니다. 그러다 보니 투자 규모는 더 커지고, 수십억 원에서 많게는 수백억까지 집행하기 때문에 벤처캐피털 투자가 주로 이뤄집니다. 이때 가장 중요한 투자 포인트는 비즈니스 확장 가능성이겠죠.

시리즈 C는 훨씬 대규모의 투자가 이뤄집니다. 투자금액이 수천억 원에 달하기도 합니다. 주로 대형 벤처캐피털이나 투자은행이 참여하죠. 시리즈 C 투자를 받은 스타트업은 시장점유율을 본격적으로 높여가고, 그에 따라 생산 스케일업도 속도를 냅니다. 시리즈 C 투자를 받은 스타트업은 이미 자체 수익 활동만으로도 사업 확대가 가능한 수준이기 때문에 시리즈 C 투자금은 인수합병이나 기업공개를 위한 밑천으로 활용하기도 합니다.

스타트업 투자는 이 이후 액수와 시기에 따라 D, E, F 등으로 이어집니다. 하지만 우리나라에서 시리즈 C까지 가는 스타트업은 극히 드문 실정입니다. 한국무역협회 국제무역연구원이 2019년 5월 발표한 보고서에 따르면 2012~2015년 투자를 처음 유치한 스타트업 138곳을 2019년 4월까지 추적한 결과 시리즈 C 투자를 유치한 기업은 7곳에 불과했습니다. 전문가들 역시 건강한 스타트업 생태계 조성을 위해 시리즈 C 이후의 후기 투자가 활성화될 필요가 있다고 강조합니다. 건강한 창업 환경의 척도인 스타트업의 활성화를 위해 제도적 지원도 물론 필요하겠죠?

#벤처투자 #펀딩 #벤처캐피탈리스트 #엔젤투자

─────── 온라인 유통 산업에서 고객의 주문에 맞춰 고객의 물건을 준비하고 배송하는 모든 과정을 말한다. 물류 업체 입장에선 물건을 보관, 포장, 운송, 반송까지 물류처리 시스템을 한 번에 처리해주는 서비스다.

2006년 세계적인 배송업체 아마존이 새로운 서비스를 들고 나왔습니다. 중소 판매업체를 위한 물류 서비스 FBA(Fulfillment By Amazon)였죠. 그리고 2019년 국내외 모든 배송업체들이 FBA를 벤치마킹해 풀필먼트 서비스에 나서고 있습니다. FBA는 물류 배송 시스템의 혁신으로 불리는데, 그간 아마존 입장에선 '비용'이었던 재고문제와 배송을 수익원으로 전환한 것이죠. 아마존 자체적으로 물류센터를 운영하며 물품의 보관·포장·운송·반송까지를 담당하자 자체 물건은 물론 다른 업체의 물건까지 위탁받아 월별 재고 보관 수수료와 주문 처리 수수료라는 추가 수익까지 가져가게 되었습니다.

판매자 입장에선 판매의 전 과정을 아마존에 위탁할 수 있으니 편해졌죠. 복잡한 물류 서비스를 위해 별도의 업체와 계약할 필요가 없으니 비용을 절감할 수 있습니다. 물품 구매자 입장에선 물품 배송 속도가 더욱 빨라지고 하나의 업체에서 배송과 반송 문제를 모두 처리하니 사용자 편의성이 올라갑니다.

풀필먼트는 어느 날 툭 튀어나온 용어는 아닙니다. 과거 물류업계에서 사용하던 단어였는데, 제품이 물류센터에 입고된 뒤 출고되어 고객에게 전달되기까지의 전 과정을 의미합니다. 최근엔 전자상거래를 긴 유통업계에서도 흔히 사용하고 있습니다. 풀필먼트는 오더 풀필먼트와 이커머스 풀필먼트 2가지로 나뉩니다. 오더 풀필먼트는 오프라인에서 재고관리, 선별, 포장, 출고를 처리하는 일반적인 풀필먼트 서비스를 말합니다. 기존의 풀필먼트를 말하는 것이죠. 이커머스 풀필먼트는 온라인 마켓에서 고객이 주문한 데이터와 배송을 연계하는 풀필먼트 서비스로 아마존이 들고나온 FBA 같은 서비스를 말합니다.

전자상거래 시장이 어마어마한 속도로 성장하면서 풀필먼트 경쟁력이 업계의 경쟁력이 될 것이란 분석이 지배적입니다. 최근 국내외 많은 기업이 풀필먼트 물류센터를 신설하는 것도 이러한 추세를 반영하는 것이죠. 우리나라 최대 배송업체인 쿠팡 역시 아마존을 벤치마킹하며 '원스톱 물류' 서비스를 위한 시설을 구축하고 있습니다.

과거 시장을 보조하는 역할에 그쳤던 유통과 물류가 어느새 전자상거래의 핵심 경쟁력이 되었습니다. 기술 발달과 평준화로 우수제품의 생산기업이 크게 늘면서, 그만큼 빠르고 정확하게 소비자에게 전달할 수 있는 체계가 중요해졌기 때문입니다. 풀필먼트는 수백만 개 이상의 재고 물품을 실시간으로 관리하고 포장 배송까지를 일사천리로 진행해야 합니다. 따라서 효율적인 시스템 구축과 철저한 관리가 필요하죠. 일부 업체에선 인공지능(AI)을 도입해 이 문제를 해결하고자 하고 있습니다.

#물류배송 #이커머스

120 | 핫머니와 쿨머니 갑자기 대규모 자금이 이동할 때

───────── '핫머니(hot money)'란 국제금융시장을 이동하는 단기자금을 말한다. 투기적 이익을 목적으로 하는 투기 자본과 국내 통화 불안을 피하기 위한 자본 도피 두 종류가 있다. '쿨머니(cool money)'는 핫머니에 대비되는 '멋진 돈'이다. 가난구제나 빈민층 교육 같은 공익사업을 기업 형태로 운영하는 미래지향적 자본을 뜻한다.

'hot'이란 단어는 다양한 맥락에서 '뜨겁다, 조급하다, 섹시하다, 화끈하다'라는 의미로 사용됩니다. 뭔가 빠르고 급하다는 느낌의 단어인데, 핫머니는 이런 느낌을 그대로 가져왔습니다. 국제 금융시장에서 각국의 환율, 단기금리, 주가, 원자재가격 등의 변동에 따라 일시적으로 이동하는 대량의 자금을 말합니다.

'핫머니'는 국제 금융시장의 안정을 저해하는 요인으로 꼽힙니다. 갑작스럽게 움직이는 핫머니는 외환의 수급관계, 물가, 주가, 원자재가격 등의 급등락을 초래하기 때문이죠. 자금이 유출되는 국가에선 국제수지 악화, 환율 하락, 통화 불안 증대 등을 불러옵니다. 자금이 유입되는 국가에도 과잉 유동성에 의한 인플레이션 압력 등의 경제적 불안을 조성합니다.

핫머니 규제론자들은 금융시장에 일시적으로 거품을 일으킨 뒤 빠져나가는 핫머니가 산업자금으로 연결되지 않는다는 점을 지적합니다. 핫머니는 그저 투기성 자본일 뿐 생산적인 금융활동과는 거리가 멀다는 거죠. 1994년 멕시코의 외환위기, 1995년 영국 베어링 증권의 파산, 1997

년 동남아 위기 등 세계적인 금융혼란 뒤에는 핫머니가 있었다는 주장은 이런 맥락에서 이뤄집니다.

반대 의견도 있습니다. 짧은 시간에 고도성장을 하는 국가에선 이 핫머니가 개발자금으로 활용되기도 한다는 주장이죠. 시장 환율이 정상에서 벗어났을 때 주식이나 외환가격이 떨어질 때 핫머니가 '국제금융 경찰' 역할을 하며 시장 안정에 기여한다는 겁니다. 어느 쪽으로든 핫머니가 국민경제에 일정 부분 영향을 미치게 된다는 건 분명해 보입니다.

'쿨머니'는 핫머니의 부정적인 뉘앙스와 반대인 자금입니다. 기업은 사적 이윤을 추구하는 존재인데, 기업의 형태를 갖추긴 했지만 공익 목적의 사업을 추구하는 미래지향적 자본이 바로 쿨머니입니다. 법인으로서의 기업뿐만 아니라 자연인으로서의 기업인과 개인적인 부자 등이 모두 포함됩니다. 말 그대로 '쿨하게' 멋진 돈입니다.

#투기자본 #자본도피 #단기자금

〰〰〰〰〰〰 '바이바이 센세이션(Bye Buy Sensation)'이란 더 이상 설레지 않는 헌 물건은 버리고 새로 나온 제품을 통해 소비적 만족감을 얻는 행동을 나타낸 말이다.

채우기 위해 비우는 소비의 역설, 바이바이 센세이션은 현대 소비자들의 소비 패턴을 그대로 투영하고 있습니다. 빠르게 변하는 트렌드, 자고 일어나면 등장하는 신기술, 계절보다 빠르게 지나가는 유행 등 오늘날의 소비시장은 숨가쁘게 빠른 속도로 변화합니다. 최근에 구입한 물건도 금세 유행에 뒤처지니까요.

그래서일까요? 현대의 소비자들은 쉽게 질리는 경향이 큽니다. 소비재들이 쏟아져 나오는 시대다 보니 소비주기도 점점 짧아지고 있습니다. 패스트푸드(fastfood), 패스트패션(fastfashion), 패스트퍼니처(fastfurniture) 등 거의 모든 소비영역에서 빠른 생산과 빠른 소비가 쳇바퀴처럼 굴러가고 있습니다.

젊은 세대를 중심으로 등장한 '버리기' 문화는 바로 이 점을 건드렸습니다. 물질 중심 시대에 태어나 살아온 세대들은 버리기를 통해 번잡한 생활을 간소화하고 자신의 삶에 가치를 더했죠. 그런데 역설적이게도 그 빈자리엔 슬그머니 소비가 들어앉았습니다. 버리는 행위가 오히려 새로운 물건을 구매하는 최적의 구실을 만들어주는 셈이죠. 새로운 소비를 위해 버리는 삶을 실천하는 소비자가 늘고 있는 역설적인 현상이 바로 바이바이 센세이션입니다. 말하자면 버리기라는 이름의 소비인 셈입니다.

바이바이 센세이션 세대의 소비자들은 필요 없는 물건은 미련 없이 버리고, 꼭 필요한 물건만 간직합니다. 필요하지만 반드시 소유하고 있을 필요가 없는 물건은 공유나 대여를 통해 그때그때 가져다 씁니다. 이들 세대는 소유보다는 공유에 익숙합니다. 가난과 물질적 결핍을 겪어본 적은 없지만 유례없는 저성장기를 살아가고 있으니까요. 이들의 소비행태는 마치 클라우드에 데이터를 저장했다 필요할 때 꺼내 쓰는 것과 비슷하다 하여 '클라우드 소비'라고 부르기도 합니다.

일본의 정리 컨설턴트인 곤도 마리에는 '설레지 않는 물건은 버려라'라는 소비 철학으로 전 세계 젊은 소비자들의 마음을 사로잡았습니다. '단샤리(斷捨離)'로 압축되는 그의 미니멀 라이프 철학은 '들어오는 물건을 거절하고, 있는 물건을 버리며, 소유에 대한 집착으로부터 분리되는 것'을 뜻합니다. 바이바이 센세이션은 여기에 자신의 가치관에 맞는 또 다른 방식으로의 소비가 더해진 개념입니다. 물건 소유로부터의 해방과 필요에 따른 소비라니 한때 유행했던 노래 가사처럼 '소비인 듯 소비 아닌 소비 같은 소비' 아닐까요?

#단샤리   #미니멀라이프   #새로운소비

———————— '리테일테크'란 소매를 뜻하는 리테일(retail)과 기술을 뜻하는 테크놀로지(technology)를 합한 용어로 유통사업에 정보통신기술(ICT)을 접목한 것을 말한다.

미국의 월마트에 가면 조금 특별한 직원을 만날 수 있습니다. 성인 남성 허리 정도까지 오는 크기의 회색 로봇, 보사노바(Bossa Nova)입니다. 진짜 직원처럼 이름이 적힌 명찰을 단 AI 로봇이죠. 세계 최대 유통업체 월마트는 미국 350개 점포에 보사노바를 비치해 매장의 재고 관리와 가격표 관리 등 전반적인 매장 관리를 맡기고 있습니다.

4차 산업혁명의 바람이 유통가에도 불어왔습니다. 글로벌 유통 기업들이 모바일, 클라우드, AI 등 다양한 첨단기술을 매장에 도입하고 있죠. 바로 리테일테크입니다. 리테일테크는 AI와 빅데이터 등 4차 산업혁명의 주요 기술이 점차 넓은 영역과 결합해 가고 있음을 보여줍니다. 대표적인 사례가 2017년 미국 아마존이 선보인 무인매장 '아마존고'입니다. 아마존고는 딥러닝, 컴퓨터비전, 자율주행차 등 첨단기술이 적용된 매장입니다. 고객이 매장에 들어갈 때 스마트폰으로 아마존고 전용 애플리케이션을 실행한 뒤 쇼핑백에 물건을 담으면 AI센서가 고객을 인식하고 10분 안에 자동 결제하는 방식입니다. 고객으로선 대기시간을 줄어드니 좋지요. 매장 입장에선 회전율을 높일 수 있으니 매출에 도움이 됩니다.

게다가 소비자들의 구매패턴을 집적할 수 있어 이 데이터를 기반으로 효율적 매장 관리 계획을 세울 수도 있습니다.

우리나라에서도 지난해 8월 기업형 슈퍼마켓 이마트 에브리데이 삼성동점에 디지털 기술을 접목한 스마트 점포를 개점했습니다. 이 매장에는 출입문 대신 스피드게이트가 있어서 입장 시 별도의 인증 과정 없이 들어갑니다. 휴대전화에 간편결제서비스 앱인 SSG 페이를 설치해 손쉽게 결제하죠. 이 밖에도 온라인 구매를 돕는 챗봇, 패스트푸드점에 확산되고 있는 무인계산대(키오스크)가 리테일테크에 해당합니다.

점점 더 많은 유통업체에서 리테일테크를 접목하는 건 아무래도 생산 및 제품 관리에 효율적이기 때문이겠죠? 리테일테크를 통해 기업은 물류 및 재고, 매장 관리를 효율적으로 할 수 있습니다. 게다가 이렇게 쌓이는 고객·소비 관련 데이터를 활용해 더욱 효과적인 고객응대 서비스를 제공할 수도 있습니다. 소비자로서도 나쁘지 않은 변화입니다. 과정이 간소화됨에 따라 더 합리적인 가격으로 매장을 이용할 수 있고, 대기시간도 줄어드니까요.

물론 불편한 점도 있습니다. 일단 현금을 사용하지 못하고, 첨단기기 사용에 익숙하지 않은 고령층 고객들은 불편하다고 느낄 수 있습니다. 일부에서는 리테일테크의 발달로 일자리가 줄어드는 것 아니냐는 우려의 목소리도 나옵니다. 이런 어려움은 있지만 리테일테크는 점점 더 확산하는 추세라 앞으로 우리 삶 속에 어떤 형태로 자리하게 될지 궁금합니다.

#AI로봇 #아마존고 #딥러닝 #무인계산대

123	에고노믹스 "나는 남들과 달라" 소비로 나를 드러내다

〰〰〰〰〰 '에고노믹스'란 소비를 할 때 자신이 다른 사람과 다르게 보이고 특별하게 취급받기를 원하는 경향을 말한다.

"아이스 카페라테 톨 사이즈, 우유 대신 두유로 주시고 바닐라 시럽 한 번 펌프에 얼음 조금만 넣어 주세요."

최근 들어 커피전문점에서 이렇게 자신의 입맛에 따라 주문하는 고객이 많아지고 있다고 합니다. 기존엔 메뉴판에 적힌 것을 수동적으로 주문해 먹었다면 이젠 적극적으로 옵션을 선택해 자신만의 메뉴를 만들어 먹는 거죠. 소비를 통해 타인과 차별화하고자 하는 현대인의 심리가 반영된 새로운 소비문화인데, 이렇게 소비의 개인화를 통해 자기만의 취향을 드러내고자 하는 현상을 '에고노믹스'라고 합니다. 개인 중심의 경제, 개인주의 경제를 말하죠.

에고노믹스에서 소비는 '남들을 따라' '남들처럼' 하는 것이 아니라 '남들과 다르게' '나만의' 소비에 초점이 맞춰져 있습니다. 소비자의 주관이 매우 분명하고, 유행과 상관없이 자신이 중요하다고 생각하는 가치와 개성에 따라 돈을 소비합니다. 브랜드보단 개성이 중요하죠.

에고노믹스를 보여주는 대표적인 문화가 커스터마이징(customizing)과 튜닝(tuning)입니다. 맞춤제작을 의미하는 커스터마이징은 생산업체가 고객의 요구에 맞춰 맞춤형으로 제품을 생산하는 것입니다. 기성제품을 자신이 원하는 형태와 색상으로 변형시키는 거죠. 튜닝은 자동차, 휴대폰, 운동화, 의류, 인테리어 등 다양한 분야에서 디자인을 바꾸거나 기능 향상을 위해 하는 개조 행위를 말합니다.

전문가들은 에고노믹스가 점차 다변화·세분화되는 소비 트렌드의 단면일 뿐이라고 말합니다. 특히 개인주의 문화 속에서 나고 자란 2000년대 출생 세대가 주체적인 소비 연령대로 성장하는 2020년대 이후 에고 소비 패턴이 더욱 강해질 것으로 보입니다. 이런 에고노믹스가 주류 소비문화로 자리 잡으면서 고객 주문형 제품이나 맞춤 서비스, 탈 브랜드화와 믹스 앤 매치 현상이 확산할 것으로 예상합니다. 개별적 개성의 집합체로서 이뤄지는 소비 양식, 에고노믹스에 대응해 기업들의 적극적인 태세전환이 요구되는 시기입니다.

#개인중심주의   #개인주의경제   #차별화

124	렌트푸어 영혼까지 끌어모아 전셋값으로

~~~~~~~~~~~~~ '렌트푸어'란 치솟는 전세값을 감당하는 데 소득의 대부분을 지출하느라 여유 없이 사는 사람을 뜻한다.

정부의 연이은 집값 안정화 대책에도 불구하고 서울의 집값이 쉽게 잡히지 않고 있습니다. 한국감정원의 아파트 가격 동향에 따르면 2019년 11월 아파트 매매가격은 2018년 9·13대책 직전 수준으로 뛰어올랐다고 합니다. 전세시장 역시 오름세를 이어가고 있죠. 2019년 초 집주인이 세입자를 구하기 어려운 상황인 역(逆)전세난을 우려했던 서울 전세시장의 분위기가 반전된 것입니다. 전세로 나오는 물건보다 전세를 구하는 사람이 많은 '공급 부족' 사태인 거죠.

주거에 들어가는 비용이 올라가면 하우스푸어와 렌트푸어들이 증가합니다. 하우스와 렌트에 '가난한 사람들'을 뜻하는 형용사 poor가 붙어 만들어진 단어입니다. 집을 가지고 있지만, 소득 대비 무리한 대출이자나 세금 등을 부담하느라 빈곤하게 사는 사람을 하우스푸어라고 하죠. 렌트푸어는 하우스푸어의 전세판입니다. 급등하는 전셋값을 감당하는 데 소득의 대부분을 지출하느라 여유 없이 사는 사람을 말합니다.

우리나라는 2010년 이후 전셋값이 급등하면서 전세시장이 좀 더 싼 전셋집을 찾아 떠도는 전세난민이 양산됐습니다. 또 집주인이 전셋값

상승분을 월세로 돌리면서 반(半)전세가 크게 늘었죠. 이때 한번 오른 전셋값은 정부의 노력에도 쉽사리 가라앉지 않았고 지금까지도 여전히 이어지고 있습니다. 직장인들은 급여의 상당 부분을 주거비용으로 지출하고 있는데, 전세로 거주하는 직장인은 월소득의 약 25%를 매달 주거비로 지출하고, 월세 사는 직장인은 약 27% 정도를 지출한다고 합니다. 직장인 10명 중 8명이 자신을 하우스푸어 혹은 렌트푸어라고 생각한다는 조사결과도 있었습니다.

지금도 높은 전세금 때문에 렌트푸어들이 양산되고 있는데, 앞으로도 전세금이 오를 일이 많습니다. 일단 서울지역에 신규 입주물량이 감소하고 있습니다. 주택 공급의 감소로 집값이 고공행진을 하며 집을 사기가 어려워지고 있는 것이죠. 집값이 오르면 집 구매를 포기하고 전세를 찾는 사람이 많아집니다. 여기에 분양가 상한제 시행 등으로 분양가가 낮아지자 이른바 '로또 청약'을 위해 집을 사지 않고 전세에 남는 사람이 많아지는 것도 전셋값 오름세를 더합니다. 또 정시확대 등 대학입시 제도 개편을 앞두고 주요 학군지역의 수요가 증가하는 것도 상승폭 확대에 한 몫하고 있습니다. 집이 있는데 돈이 없는 하우스푸어, 집이 없고 소득 대부분을 주거비에 지출하는 렌트푸어. 뭐가 더 나을지 모르겠습니다.

#하우스푸어 #전세금상승

125 | 긱 경제 필요할 때마다 그때그때

〰〰〰 '긱 경제'란 빠른 시대 변화에 대응하기 위해 비정규 프리랜서 근로 형태가 확산하는 경제 현상을 말한다. 산업현장에서 필요에 따라 사람을 구해 임시로 계약을 맺고 일을 맡기는 형태의 경제 방식이다.

바야흐로 인스턴트 시대입니다. 음식도 빠르게 준비되는 인스턴트 음식을 먹고, 콘텐츠 소비도 SNS를 통해 빠르게 흐릅니다. 노동시장에도 이런 흐름이 등장했습니다. 필요에 따라 사람을 구하고, 그때그때 급여를 지급하는 인스턴트 노동시장 즉 긱 경제(Gig economy)의 출현입니다.

긱 경제는 모바일 시대에 특화된 경제 방식입니다. 기존의 노동시장에서는 기업이 직원과 정식 계약을 맺고 채용된 직원을 통해 고객에게 제품과 서비스를 제공합니다. 긱 경제에서는 기업이 발생하는 인력 수요에 따라 단기적으로 근로계약을 맺습니다. 필요한 인력은 모바일 플랫폼을 통해 구하죠. 이런 방식으로 택시, 주차대행, 가사도우미, 요리사까지 모바일로 호출합니다. 재능이나 시간 등이 있는 사람과 이를 필요로 하는 사람이 모바일 네트워크를 통해 연결돼 재화, 용역, 대가를 주고받는 거래방식입니다.

1920년대 미국 재즈 공연장에 설 연주자를 섭외할 때 공연장 주변에서 연주자를 구해 바로 공연에 투입했다고 하는데요. '긱'이란 용어는 여기에서 유래했습니다. 그러니까 긱이라는 단어엔 '하룻밤 계약으로 연주한다'라는 뜻이 담겨 있는 셈이죠. 지금은 '1인 자영업자로 기업과 단기간 계약을 맺고 일한다'라는 의미로 사용됩니다. 최근에는 온디맨드 경제, 즉 기업이 수요자의 요구에 즉각적으로 대응하여 서비스 및 제품을 제공하는 경제 형태가 등장하면서 그 의미가 더 확장됐습니다. 2015년 다국적 컨설팅사인 맥킨지는 긱 경제를 두고 '디지털 장터에서 거래되는 기간제 근로'라고 정의하기도 했죠.

긱 경제의 가장 큰 장점은 노동자들이 원하는 시간에 원하는 만큼 일할 수 있다는 것입니다. 서로의 필요에 따라 노동시장이 생성되므로 일자리를 효율적으로 창출할 수 있죠. 전업주부나 은퇴자들이 노동시장에 재진입할 수 있다는 측면에서 긍정적인 평가도 있지만, 비정규직을 양산한다는 비판을 피하지는 못합니다. 정규직의 비중이 작아지는 것도 그렇지만 긱 경제 내에서 종사하는 노동자는 최저임금이나 건강보험의 혜택을 받을 수 없는 등 사회제도적 보장을 받기 어려운 것도 문제입니다.

그 효과가 어떻든 긱 경제는 미국을 중심으로 확산하고 있습니다. 빠르게 성장하는 스타트업을 중심으로 전통적 개념의 기업 봉급체계가 무너지고, 근로자들이 벌어들인 소득을 바로 현금으로 지급하는 급여 방식이 확대되어 가고 있죠. 미국의 차량 공유 서비스업체 리프트와 우버가 그 대표적인 예입니다. 이들 회사는 직접 기사를 고용하는 대신 차량을 소유한 사람들을 드라이브 파트너로 계약합니다. 이 업체에 고용된 운전자들은 독립 계약자 형태로 서비스를 제공하고, 그날그날 현금으로 급여를 받습니다.

#비정규직 #프리랜서 #인스턴트노동시장

──────── 프린터로 평면으로 된 문자나 그림을 인쇄하는 것이 아니라 입체도형을 찍어낸다. 3D프린팅 기술은 산업계 전반에 영향을 주고 있다. 요즘은 자동차, 비행기 부품 같은 인공물뿐만 아니라 사람마다 다른 피부, 인공 관절, 장기 등 의료계에서까지 활용될 수 있다는 장점으로 주목받고 있다.

참 신기한 세상이죠? 기계로 혈관까지 살아있는 피부를 만들거나 사람이 먹는 요리도 뚝딱 찍어냅니다. 이 모든 것을 가능하게 하는 기술이 바로 3D프린팅입니다.

일반적으로 생각하는 '프린터'는 종이에 사진이나 그림, 글자 등을 인쇄하는 기계를 말합니다. 2차원의 평면에 역시 2차원의 대상을 인쇄합니다. 컴퓨터로 문서를 만든 후 인쇄 버튼만 누르면 종이 위에 내가 쓴 그대로의 문서가 출력되어 나옵니다. 이것만으로도 참 편리한데 누군가는 이 기술을 3차원 세계에 적용할 생각을 했습니다.

그 생각은 1980년대에 이미 구현되기 시작했습니다. 3차원 도면 데이터를 이용해 입체적인 물품을 생성하는 기술이었죠. 3D프린팅의 원리는 기본적으로 일반 잉크젯프린터의 출력 원리와 비슷합니다. 컴퓨터에서 작성한 후 디지털화한 파일이 프린터에 전송되면 잉크를 종이 표면에 분사해 2D 이미지를 인쇄하는데, 3D프린터 역시 마찬가지입니다. 다른 점이 있다면 2D프린터가 앞뒤와 좌우로만 운동하는 것에 비해, 3D 프린터는 여기에 상하운동을 더한다는 것입니다.

3D프린터는 결과물을 만드는 방식에 따라 적층형과 절삭형으로 구분됩니다. 적층형은 크게 한 층씩 쌓아올리는 방식입니다. 가루나 플라스틱 액체 또는 플라스틱 실을 종이보다 얇은 $0.01 \sim 0.08mm$ 층으로 겹겹이 쌓아 입체 형상을 만듭니다. 절삭형은 큰 덩어리를 조각하듯이 깎습니다. 적층형에 비하면 완성품이 더 정밀하지만, 재료가 많이 필요하고 컵처럼 안쪽이 파인 모양은 제작하기 어려운 데다가 채색 작업도 따로 해야 합니다.

3D프린터는 무한한 가능성을 가지고 있습니다. 간단한 조형물 제작을 넘어 최근에는 자동차나 비행기, 자전거 등까지 만듭니다. 피부는 물론 인체에 필요한 인공 관절이나 장기를 만드는 데도 사용합니다. 사람마다 조금씩 다른 모양의 관절·장기를 맞춤형으로 제작할 수 있다는 장점 덕분에, 최근 의료계에서는 3D프린팅 기술이 주목받고 있습니다.

3D프린터의 발명은 제품을 생산하는 방식을 완전히 바꿔놓았다는 점에서 '기술 혁명'으로 여겨지곤 합니다. 여기에 3D프린팅 제작 기술에 대한 지적 재산권 행사기간이 종료되고 제작 비용 자체가 떨어지면서 다양한 산업 영역으로 빠르게 확산하고 있습니다. 조금씩 가격도 저렴해져서 일반인도 쉽게 구매할 수 있고, 필요에 따라 소량의 물품을 제작하기에도 좋아서 소비자가 직접 3D프린터를 구매해 자신에게 맞는 물품을 만들어 사용하기도 합니다.

#입체프린터 #3D프린터 #소량생산

─────────── '뉴칼라'는 4차 산업혁명 시대에 나타날 새로운 직업 계층을 뜻한다.
학벌보다 실무자로서 기술력을 갖추었는지가 중요한 역량으로 평가된다.

"앞으로는 블루칼라, 화이트칼라를 넘어 다양한 뉴칼라(New Collar)의
일자리가 늘어날 것입니다."

미국의 IT솔루션 기업 IBM의 데이비드 반스 글로벌 인적자원 정책 총
괄 부사장은 국내 언론과의 인터뷰에서 이렇게 말했습니다. 뉴칼라의
등장이 미래의 노동시장을 재편할 것이란 전망이었죠. 뉴칼라란 무엇일
까요?

'블루칼라, 화이트칼라'라는 단어에는 이미 익숙할 겁니다. 블루칼라
는 생산직 노동자를, 화이트칼라는 전문 사무직 노동자를 말하죠. 뉴칼
라도 노동자 군을 말하는데, 4차 산업혁명시대에 나타날 이 노동자 계층
은 개인의 교육수준보다 기술 수준이 중요하다는 특징이 있습니다. 노
동력이 아닌 데이터가 중심이 될 4차 산업혁명 시대에 적합한 인재죠.

뉴칼라는 빅데이터, 인공지능, 클라우드 컴퓨팅 등의 현대 정보기술을
요구하는 일자리에서 일합니다. 대표적인 직업이 사이버 보안 분석가,
애플리케이션 개발자, 클라우드 컴퓨팅 전문가 등이죠. 이들은 4년제 대

학 중심의 전통적 교육 체계에서 벗어나 전문대학 교육, STEM(과학·기술·엔지니어링·수학) 교육, 산학 직업훈련 등 새로운 교육방식으로 육성된 인력인데요. 이들을 평가할 땐 학벌보다 실무자로서 기술력을 갖추었는 지가 중요합니다.

뉴칼라는 2016년 IBM 최고경영자(CEO) 지니 로메티가 처음 언급하며 알려졌습니다. IBM은 뉴칼라 인재 양성에 앞장서고 있는 기업이죠. 실제로 미국 IBM 본사에서 근무하는 임직원의 3분의 1이 뉴칼라고, 직원의 3분의 1이 2년제 학위 소유자라고 하네요. IBM은 한 발 더 나가 뉴칼라 인재 양성을 위한 학교를 설립했습니다. 2011년 미국 뉴욕에 정보기술 분야를 중점적으로 교육하는 P-테크 학교를 설립했는데요. 현재는 미국 전역에 55개교로 늘어났다고 합니다.

우리나라도 뉴칼라에 대한 인식이 확산하고 있습니다. 2019년 11월엔 교원그룹이 운영하는 인재육성학교 한국뉴칼라스쿨이 문을 열고 1기 신입생을 모집했죠. 이 학교는 교원그룹과 미래산업과학고, 명지전문대학이 5년제 통합교육과정으로 운영하는 '고숙련일학습병행제(P-TECH)' 학교로 인공지능, 데이터 사이언스, 가상·증강현실 등 4차 산업혁명 분야의 전문가를 양성할 예정입니다. 새로운 시대에 등장할 새로운 직업을 위해 우리 사회도 적극적으로 인재 양성에 뛰어들 것으로 보입니다.

#4차산업혁명 #블루칼라 #화이트칼라 #클라우드컴퓨팅 #STEM

━━━━━━━━━━ '프리코노믹스'란 일단 인프라가 구축되고 나면 제품이나 서비스를 생산하는 원가가 급속하게 줄어들어 그것을 공짜로 제공할 수 있게 된다는 이론이다. 디지털 산업에서 무료 제공을 기반으로 하는 경제를 의미한다.

"세상에 공짜 점심은 없다(There ain't no such thing as a free lunch)."

노벨 경제학상을 받은 밀턴 프리드먼의 유명한 말입니다. 자본주의 사회에서 대가 없는 거래는 없다는 의미로 사용되죠. 그런데 공짜로 제품이나 서비스를 제공함으로써 경제구조를 만들 수 있다는 이론이 있습니다. 공짜(free)와 경제학(economics)을 합성한 프리코노믹스(Freeconomics)입니다. 신경제, 공짜경제학이라고도 불리죠.

《롱테일 경제학》의 저자 크리스 앤더슨이 2007년 영국 경제전문지 《이코노미스트》에 소개한 이 경제 패러다임의 핵심은 소비자에게 서비스를 무료로 제공함으로써 새로운 수익은 물론이고 새로운 가치까지 창출한다는 겁니다. 무료가 유료를 구축하는 셈이죠.

현대사회에서 프리코노믹스의 대표사례로 꼽히는 것이 바로 포털사이트입니다. 포털사이트는 사용자를 대신해 정보를 모아 이용하기 편리한 형태로 가공합니다. 사용자는 별도의 사용료 없이 포털사이트가 제공하는 서비스를 이용할 수 있죠. 심지어 기업들이 공들여 생산한 콘텐츠도 포털사이트를 통해 무료로 접할 수 있습니다.

프리코노믹스의 기본 개념은 이렇게 이미 구축된 인프라를 활용해 서비스를 무료로 제공하는 것입니다. 이를 통해 소비자를 끌어들이고, 이 소비자에게 최초 서비스로부터 파생되는 서비스에 대해 다양한 선택권과 혜택을 부여하죠. 누구나 동영상을 무료로 보거나 올릴 수 있는 유튜브 서비스를 생각하면 이해가 쉬울 겁니다. 기본적인 동영상 서비스를 기반으로 앱을 종료한 뒤에도 영상이 끊기지 않게 하거나 오프라인에서도 미리 저장해둔 영상을 볼 수 있게 하는 프리미엄 서비스를 추가해, 사용자가 개별적으로 선택할 수 있도록 했죠.

실제로는 결코 '공짜 점심'이 아닙니다. 처음 공짜로 제공한 서비스가 소비자의 재방문과 재소비로 이어진다는 것을 염두에 두고 섬세하게 고안해낸 경제 구조입니다. 정보를 공짜로 모아주고 또 다른 정보를 생산할 수 있는 도구까지 제공하는 포털 역시 각종 콘텐츠의 블랙홀이 되면서 막강한 미디어파워를 갖게 됐습니다.

이처럼 프리코노믹스는 특정 기업에 대한 사용자의 의존성을 키워 독점을 확대하는 역할을 하기도 합니다. 특히 자본금이 많은 대기업일수록 이런 무료경쟁에서 살아남을 가능성이 크기 때문에 시장지배적 사업자에게만 기회가 있기도 합니다. 프리코노믹스 시장의 또 다른 큰 폐해는 자원의 낭비입니다. 홍보 목적으로 길에서 무료로 나눠주는 휴지나 무가지의 경우 이 물품을 대량생산하기 위해 자원이 과잉 사용될 우려가 있는 것이죠.

#공짜경제학   #크리스앤더슨

~~~~~~~~~~~~ 제품에 대한 정보를 텍스트가 아닌, 동영상과 이미지를 통해 얻는 것을 선호하는 소비자를 말한다. 홈쇼핑 등 텔레비전을 이용하는 T-커머스와 유튜브 동영상 등을 이용하는 V-커머스로 나뉜다.

1990년대 중반에서 2000년대 초반에 걸쳐 태어난 세대를 'Z세대'라고 하죠. 어릴 때부터 디지털 환경 속에서 자란 Z세대는 스마트폰과 같은 모바일 디바이스를 통해 생활방식과 소통방식을 체득한 '모바일 네이티브(mobile native)' 세대입니다. 이들은 활자를 읽는 것보다 이미지와 동영상을 보며 정보를 얻는 것을 선호합니다.

스트리밍 쇼퍼(Streaming Shopper)의 등장 배경엔 이들 세대가 있습니다. 스트리밍은 인터넷에서 영상이나 음성, 애니메이션을 실시간으로 재생하는 것을 말하는데요. 여기에 'shopper'를 더한 스트리밍 쇼퍼는 동영상이나 이미지를 이용한 구매를 선호하는 소비자를 말하죠. 최근 전자상거래 업계에서 주목하고 있는 소비자층입니다.

스트리밍 쇼퍼는 T-커머스와 V-커머스로 나뉩니다. T-커머스는 TV를 통한 상거래입니다. 기존에도 TV를 통한 상거래가 있었죠? 바로 홈쇼핑입니다. 기존의 홈쇼핑은 판매 제품별로 편성일정이 있고 생방송 중인 제품만 살 수 있었지만, T-커머스는 생방송이든 재방송이든 텔레비전을 보다가 리모컨을 이용해 즉시 주문 결제할 수 있습니다. 훨씬 즉

각적인 소비가 가능하죠.

V-커머스의 V는 비디오(동영상)를 말합니다. 웹사이트 속 영상을 통해 구매를 유도하고 제품을 파는 방식입니다. 상거래가 이뤄지는 매개체가 PC나 모바일 기기이며, 주로 소셜미디어를 통해 구매유도가 이뤄집니다. T-커머스보다 고객의 요구에 빠르게 반응할 수 있고, 판매자와 소비자의 쌍방 소통이 가능해 스트리밍 쇼퍼의 높은 호응을 유도할 수 있습니다.

이렇게 텍스트를 대신해서 동영상과 이미지로 소통하는 쇼핑 시장이 전체 상거래에서 점차 큰 영역을 차지할 전망입니다. 이에 따라 기업들도 동영상을 만들어 소비자들과 공감대를 형성하는 작업을 확대하고 있죠. 과거엔 마케팅이 TV에 집중됐다면, 스트리밍 쇼퍼를 공략하기 위해 모바일 플랫폼으로 확대하고 있는 추세입니다. 기술의 발달만큼 소비 트렌드 변화의 속도도 빠르네요.

#Z세대 #모바일네이티브 #T-커머스 #V-커머스

130	**딘트족** 돈 버느라 돈 쓸 시간이 없어요

━━━━━━━ '딘트족'이란 맞벌이로 수입은 두 배지만, 서로 시간이 없어 소비를 못하는 신세대 맞벌이 부부를 지칭하는 신조어다. 고학력이고, 디지털 기기에 익숙하며 커리어를 중시한다는 특성이 있다.

맞벌이 생활을 하는 젊은 부부, 요즘엔 주변에서 쉽게 볼 수 있죠. 요즘 젊은 부부는 결혼했다고 자신의 커리어를 포기하는 경우가 많지 않습니다. 고학력·저출산 시대에 태어난 이들은 가정생활만큼 자신의 커리어를 중시하니까요.

이런 부부의 특징은 경제적으론 풍족한데 시간적 여유가 없다는 것입니다. 부부가 같이 돈을 벌기 때문에 홑벌이 가정과 비교하면 수입은 두 배지만, 워낙 각자의 시간이 바쁘다 보니 소비에 쓸 여유가 없죠. 이런 신세대 맞벌이 부부를 지칭하는 용어가 바로 딘트족(Double Income No Time)입니다.

딘트족은 대체로 컴퓨터 사용 능력치가 높고 정보화 마인드로 무장하고 있습니다. 고학력·저출산 시대에 태어나 디지털 기기의 사용에 매우 익숙한 세대로 이뤄져 있고, 이들의 일상은 일이 중심이라 모든 여가활동이나 소비활동은 업무시간 이후로 미뤄집니다.

기업들은 늘어나는 딘트족의 성향을 파악해 자신들의 수익구조에 반영하기 위해 재빠르게 대처하고 있습니다. 퇴근하고 나서야 여가를 즐기는 딘트족의 지갑을 열기 위해 아예 밤늦게 문화행사를 열기도 하고, 퇴근 후에 쇼핑할 수 있도록 점포 영업시간을 연장하기도 하죠.

딘트족과 비슷한 개념의 신조어로 딩크족과 딘스족이 있습니다. 각각 'Double Income No Kid'와 'Double Income No Sex'의 약칭으로, 딩크족은 자녀를 두지 않는 맞벌이 부부를, 딘스족은 성(性)생활을 하지 않는 맞벌이 부부를 말합니다.

#고학력 #저출산 #딩크족 #딘스족

131	**OTT** 이젠 OTT가 대세

――――――― 'OTT'는 기존 통신 및 방송사가 아닌 새로운 사업자가 인터넷으로 드라마나 영화 등 다양한 미디어 콘텐츠를 제공하는 서비스를 말한다. 넷플릭스, 왓차 등 OTT 시장의 확장 속도에 비해 관련 규제가 미비해 문제가 되고 있다.

요즘 사람들은 모바일 디바이스를 사용해 다양한 영상 콘텐츠를 접합니다. 기존에는 영상물 소비가 전파나 케이블을 통해 공급됐다면 요즘엔 범용 인터넷망(public internet)을 통한 소비가 많아졌죠. 넷플릭스나 아마존 프라임, 유튜브, 푸크(pooq) 같은 OTT 서비스 이용도가 높아졌습니다.

OTT 서비스가 우리나라 미디어 시장을 뒤흔들고 있습니다. 이미 미국을 중심으로 미디어 시장의 구조를 재편한 OTT가 상대적으로 열세였던 국내 시장에서도 영향력을 빠르게 키워가고 있죠. 도대체 OTT가 뭐기에 이렇게 미디어 시장 전체가 떠들썩할까요?

OTT(Over The Top)는 한마디로 인터넷을 통해 볼 수 있는 TV 서비스라고 이해하면 됩니다. OTT 사용자는 범용 인터넷을 통해 콘텐츠에 접근하기 때문에 자신이 원하는 시간에 언제든 이 서비스에 접속할 수 있죠. 기존에는 TV를 보려면 방송사가 정한 편성 일정에 맞춰야 했지만, OTT 서비스는 이용 시간이 자유롭습니다. 그뿐만 아니라 스마트폰과 태블릿PC 등 다양한 기기에서 원하는 프로그램을 선택해서 볼 수 있습니다. 소비자가 원하는 방식으로 영상 콘텐츠를 소비할 수 있는 온디맨드(On-Demand) 방식이죠.

넷플릭스나 유튜브 등 OTT 업체들은 애초 온라인 스트리밍 서비스로 시작했지만 자체 콘텐츠를 제작하거나 독점 콘텐츠를 보유하는 등 미디어 시장에서의 영향력을 키우고 있습니다. 특히 넷플릭스는 정말 빠른 속도로 성장하고 있죠. TV나 영화에서만 볼 수 있던 연예인들이 넷플릭스 자체 제작물인 '넷플릭스 오리지널' 콘텐츠에 모습을 드러내는 경우도 드물지 않습니다. 우리나라 OTT 시장은 아직 유료 방송이나 지상파 방송에 비해 낮은 시장점유율을 보이지만 곧 미디어 시장의 지각변동을 일으킬 것이라는 전망이 우세합니다. 넷플릭스가 국내 OTT 전쟁의 포문을 열었죠. 넷플릭스는 국내 최대 엔터테인먼트그룹인 CJ ENM, 종합편성 채널인 JTBC와 잇달아 장기 계약을 체결하며 '우수 콘텐츠'라는 실탄을 확보했습니다. 국내 최대 통신사인 KT도 OTT 시즌을 발표했고, SKT도 미국 최대 OTT 서비스업체인 디즈니 플러스와 은밀한 접촉을 이어가고 있는 것으로 알려졌습니다.

한편 OTT에 대한 규제는 변변찮은 상황입니다. 특히 우리나라에서 OTT는 방송법이 아닌 전기통신사업법에 따라 부가통신사업자로 분류되기 때문에 시장 진입, 방송 내용, 광고 등에서 허가 없이 신고만 하면 됩니다. 방송사업자가 아니니까 공공성, 공정성 등의 측면에서 한층 자유롭죠. 콘텐츠의 공공성이나 규제의 형평성에 관련된 적지 않은 논란이 예상됩니다.

#범용인터넷 #온디맨드

132 | QLED 다 같은 LED가 아니다

～～～～～～～ 'QLED'는 양자점 발광다이오드를 말한다. 백라이트와 퀀텀닷 필름 대신 퀀텀닷 입자 하나하나가 스스로 빛과 색을 내도록 해 큰 폭의 화질개선 효과를 낼 수 있는 기술이다.

한국을 대표하는 두 기업, 삼성과 LG가 'QLED-OLED' 기술 논쟁으로 국제적인 난타전을 벌이고 있습니다. 2019년 9월 초 유럽 최대 디지털 박람회인 'IFA 2019'에서 처음 점화된 이 논쟁은 LG전자가 삼성전자를 '표시·광고의 공정화에 관한 법률' 위반 혐의로 공정위에 신고하고, 여기에 LG전자와 삼성전자가 상대를 비방하는 광고를 전면 제작하는 등 다소 거칠어지고 있는 상황입니다.

도대체 QLED가 뭐기에 이러는 걸까요? QLED란 퀀텀닷(quantum dot) 소자를 활용한 디스플레이입니다. 퀀텀닷 소자는 크기와 전압에 따라 스스로 다양한 빛을 내는 2~10나노미터(1나노미터=10억 분의 1미터)의 반도체 결정을 말하죠. 물질 종류의 변화 없이도 입자 크기별로 다른 길이의 빛 파장이 발생해 다양한 색을 낼 수 있으며, 기존 발광체보다 색 순도, 광 안정성 등이 높다는 장점이 있습니다. 퀀텀닷을 활용한 디스플레이는 수명이 길고 색 재현율이 높아 차세대 디스플레이 기술로 주목받고 있습니다. 여기에 백라이트가 필요한 LCD보다 더 얇게 만들 수 있다는 것도 장점입니다.

삼성전자는 2015년 퀀텀닷 기술을 적용한 TV를 처음 내놨고, 2016년 이를 업그레이드해 2세대 퀀텀닷 TV(퀀텀닷 SUHD TV)를 내놨습니다. LG가 문제 삼은 것은 삼성전자가 내놓은 퀀텀닷 TV는 LCD 패널과 백라이트 중간에 퀀텀닷 필름을 붙여 색 재현율을 높이는 형태라는 점이었습니다. LG전자는 공정위 신고 당시 삼성 QLED TV에 대해 "발광다이오드(LED) 백라이트를 사용하는 액정표시장치(LCD) TV인데도 불구하고 'QLED'라는 자발광 기술이 적용된 것처럼 소비자를 오인하게 만드는 허위·과장 표시 광고 내용을 담고 있다"라고 지적했죠. 이에 삼성전자는 "근거 없는 주장에 대해서는 단호하게 대응하겠다"라는 입장문을 내기도 했고요.

세계적 기술을 자랑하는 두 기업의 난타전이 이 산업에 긍정적 효과를 불러올지 제 살 깎아 먹기식 공방이 될지는 좀 더 두고 봐야 할 것 같습니다. 사실 소비자로서는 어느 기업이 잘하고 못하고를 따지는 것보다 발달한 기술력이 하루빨리 상용화되어서 그 혜택을 충분히 볼 수 있게 되길 기다릴 뿐이지만요.

#양자점발광다이오드 #퀀텀닷 #LED

PART 5

경제 흐름을 읽게 해줄
한국 경제와 최근 이슈

•

"온라인 원격수업, 스카이프 등이 유행 중이다. 사람들이
이것들을 사용하지 않으면 안 되는 상황에 놓여 있기 때문이다.
배달업 등은 잘 나가고 있다. 원격 진료도 마찬가지다.
이런 분야들은 오히려 성장할 가능성이 있다.
누구는 위기로 갈 것이고, 누구는 더 좋아질 것이다.
'재앙과 기회는 같은 것이다'라는 말을 떠올려야 할 때다."

_짐 로저스, 로저스 홀딩스 회장

•

133 | 디플레이션 어쩌면 인플레이션보다 더 위험한

~~~~~~~~~~~~~ '디플레이션'은 통화량이 상품 거래량보다 상대적으로 적어서 물가가 떨어지고 경제활동이 침체되는 현상이다. 반대 개념은 '인플레이션'이다.

경제 전반적으로 상품과 서비스의 가격이 지속적으로 하락하는 디플레이션(deflation). 물가가 내려가면 좋을 것 같은데 왜 이렇게 걱정하는 걸까요? 한 나라의 경제가 디플레이션이라면 어느 한 분야가 아니라 전반적인 물가 수준이 하락하는 상황이라는 것을 의미하기 때문입니다. 물가 인플레이션율이 0% 이하(마이너스 인플레이션)일 때를 말하죠. 인플레이션을 극복하기 위한 경제 조정정책인 디스인플레이션(disinflation)이나 경기불황을 뜻하는 디프레션(depression)과는 구분되는 개념입니다.

디플레이션 문제는 물가만 낮아지는 게 아니라는 점입니다. 시장에 유통되는 통화량 자체가 줄어들면서 돈의 가치도 커집니다. 돈의 가치가 커지면 사람들은 돈을 쓰지 않고 보유합니다. 소비자나 생산자, 투자자 모두 말이죠. 결국 소비와 투자가 모두 감소하게 됩니다.

이것은 전반적인 물가하락을 가져옵니다. 물건의 가격이 하락하면 기업들은 생산을 줄이겠죠? 기업의 생산활동이 위축되고, 이것은 다시 실업률 증가로 이어집니다. 실업률 증가는 곧 소득의 감소죠. 소득이 감소하면 가계는 또 소비를 줄입니다. 이런 식으로 디플레이션이 디플레이션을 낳는 악순환이 이어집니다. 여기서 끝이 아닙니다. 디플레이션이 되면 채무자의 채무액 실질가치가 상승합니다. 채무자는 날로 치솟는 채무압박에서 벗어나기 위해 소유한 자산과 재고를 처분하려 하겠죠? 시장에 자산과 재고가 쏟아져 나오니 그 가격은 더욱 하락합니다. 이런 과정이 반복되면서 결국 개인과 기업이 줄이어 파산하게 되는 겁니다. 결국 그 나라의 경제는 공황으로 들어가게 되죠.

이런 이유로 많은 경제학자는 디플레이션을 인플레이션보다 더 위험한 현상으로 보고 있습니다. 상품과 서비스에 대한 전체 수요의 급격한 감소를 이유로 디플레이션이 발생할 때 공황이라는 경기회복 불능 상태로 빠질 위험이 커지니까요. 실제로 과거 미국의 대공황이 디플레이션으로 인해 촉발됐었고, 일본의 '잃어버린 10년'도 마찬가지입니다.

2019년 11월 소비자물가지수가 0.2% 상승에 그치며, 역대 최장인 11개월 연속 1%를 밑돌았습니다. 여기에 2019년 3분기 국내총생산(GDP) 디플레이터가 1년 전보다 1.6% 하락하며, 외환위기 이후 20년 만에 가장 큰 폭으로 떨어졌죠. '디플레이터'란 수출품과 투자재 등을 포함한 국민경제 전반의 종합적 물가수준을 보여주는 지표를 말합니다. 경기침체 속에 물가가 하락하는 디플레이션의 전조라는 우려가 나오고 있는 상황입니다.

디플레이션을 타개하기 위해서는 통화량을 적정 수준으로 늘려야 합니다. 통화량이 늘면 물가가 오르고, 이에 따라 투자와 고용도 늘어나기 때문입니다. 이런 경기촉진 정책을 '리플레이션'이라고 합니다.

#경기침체 #인플레이션 #디스인플레이션 #디프레션

134	**세계무역기구(WTO)** 세계 경제 질서를 규율하는 선도부

———————— 세계무역기구(WHO)는 세계 각국의 자유로운 무역을 지원하고, 국가 간에 발생하는 마찰과 분쟁을 조정하는 등 세계 경제 질서를 규율하는 국제기구를 말한다. 1995년 1월 1일 정식으로 출범했는데, 우리나라는 1995년 1월 1일 WTO 출범과 함께 회원국으로 가입했다.

2019년 10월 25일, 정부가 농업 분야에서의 WTO 개발도상국 지위를 포기하기로 했습니다. 우리나라는 1995년 WTO 가입 시 개발도상국(개도국)임을 주장했지만, 1996년 OECD 가입을 계기로 농업과 기후변화 분야 외에는 개도국 특혜를 주장하지 않겠다고 선언한 바 있죠. 그런데 농업 분야에서도 개도국의 지위를 내려놓겠다고 한 겁니다.

이런 결정이 내려지자 국내 농업 관련 단체들이 들고 일어났습니다. 개도국 지위 포기 결정을 철회하라는 것이었죠. 그럴 만한 것이 우리나라 농업 분야는 WTO 농업 분야 개도국 지위를 유지함으로써 수많은 혜택을 누려왔습니다. 그동안 수입 농산물에 대해서 쌀은 513%, 인삼은 754% 등 어마어마한 관세 장벽으로 우리 농산물의 가격경쟁력을 보장했습니다. 또 농산물에 대한 각종 보조금 지원도 있었죠. 개도국 지위를 내려놓으면 높은 관세율과 연간 1조 4000억 원까지 줄 수 있던 보조금 혜택에 대한 조정이 불가피합니다. 그동안 개도국 지위라는 온실 속에 보호받던 국내 농업 분야가 스스로 살아남아야 하죠. 단기적으로는 농민들이 어려움을 겪을 수밖에 없습니다.

이번 조치는 미중 무역전쟁의 효과입니다. 중국을 압박하기 위해 미국이 꺼내든 카드에 우리나라가 걸려든 것이죠. 트럼프 미국 대통령은 국제사회에서 일정한 역량을 갖춘 나라가 개도국 지위를 고수하며 무역시장에서 특혜를 누리는 것을 그만둬야 한다고 주장했습니다. 그가 제시한 개도국 제외 기준은 ▲OECD 회원국 ▲G20 회원국 ▲세계은행 분류 고소득 국가 ▲세계 무역량 0.5% 차지 국가인데 우리나라는 여기에 모두 해당합니다.

그냥 무시하면 안 되냐고요? 글쎄요. 우리나라가 국제사회의 일원으로서 일정한 목소리를 내려면 그냥 무시하는 건 곤란합니다. WTO는 국제 무역 규범을 관장하고 있습니다. WTO의 목적은 세계 각국의 원활하고 자유로운 무역을 지원하는 것입니다. WTO는 세계 교역에 질서를 확립하고, 국가 간에 발생하는 마찰과 분쟁을 조정합니다. 일종의 사법부 역할을 하는데, 국가 간에 발생하는 경제분쟁에 대한 판결권이 있으며, 판결의 강제 집행권을 행사하기도 합니다. 그러니까 우리가 WTO 가입국으로서 세계 교역의 일원으로 남으려면 규범을 따르고 그에 걸맞은 책임감을 보여야 하죠. 우리 정부가 이번에 농업 분야의 개도국 지위를 포기한 것은 향후 미국 등 여러 국가와 마주하는 통상협상에서 선진국 지위가 유리하게 작용할 것이란 판단이 있었기 때문이라고 합니다.

#OECD #GATT #국제무역

135 | 분양가 상한제 집값 잡는 저승사자

―――――――― 부동산 가격의 급등을 규제하기 위한 정부 정책 중 하나다. 분양가 자율화에 반대되는 개념으로, 분양가 책정을 건축비와 택지비, 적정 이윤을 포함하여 법으로 규제하는 제도다. '분양원가 연동제'라고도 한다.

2019년 11월 6일, 2015년에 폐지됐던 민간택지 분양가 상한제가 부활했습니다. 국토교통부가 서울지역 27개 동의 민간택지에 분양가 상한제를 적용하는 방안과 조정대상지역을 일부 해제하는 방안을 결정했다고 밝혔습니다. 김현미 국토교통부 장관은 분양가 상한제 도입을 두고 '집값 안정을 위한 마지막 퍼즐'이라고 표현했는데, 서울지역 재건축 단지에서 시작된 분양가 과열 현상을 다스리기 위한 수단이라는 설명이 있었습니다.

참고로 서울 분양가 상한제 적용 지역은 ▲강남구는 개포 · 대치 · 도곡 · 삼성 · 압구정 · 역삼 · 일원 · 청담동 등 8개 동 ▲서초구는 잠원 · 반포 · 방배 · 서초 등 4개 동 ▲송파구는 잠실 · 가락 · 마천 · 송파 · 신천 · 문정 · 방이 · 오금동 등 8개 동 ▲강동구는 길 · 둔촌동 등 2개 동 ▲용산구는 한남 · 보광동 등 2개 동입니다. 이외 영등포구는 여의도동, 마포구는 아현동, 성동구는 성수동1가 등 각 1개 동이 적용됩니다.

분양가 상한제는 이렇게 정부가 주도해 부동산 가격을 안정시키는 제도입니다. 분양가 책정 방식을 법으로 규정해 분양가격을 정책적으로 조정하는 것이죠. 말하자면 분양가에 상한선을 정해두고 그 가격 이하로만 분양할 수 있도록 규제하는 겁니다. 부동산 시장을 안정시키는 방법 중 정부 개입이 가장 큰 편이어서 '극약처방'이라고도 합니다.

분양가 상한제는 필요에 따라 도입과 폐지, 부활을 거듭해왔습니다. 1989년 분양원가 연동제라는 이름으로 공공택지에 한해 시행했었죠. 1997년 외환위기로 인해 주택시장이 침체하자 부동산 시장이 전면 자율화되었고, 분양가 상한제는 사실상 사라졌습니다. 부동산 시장을 옥죄고 있던 고삐가 사라지자 신규 분양주택의 분양가격은 날로 치솟았고, 신규 물량뿐만 아니라 주변 아파트 가격까지 상승시키는 부작용이 발생하자 2005년에 분양가 상한제가 부활했습니다. 당시 이 제도는 공공택지에만 적용되었는데 2007년 9월부터 민간택지에 지어지는 주택에 대해서도 전면시행됐습니다. 언제나 지나친 규제는 시장의 위축을 불러오는 법인가 봅니다. 주택공급이 위축되고 아파트 품질이 저하되는 등 부작용이 나타나면서 2014년 분양가 상한제의 민간택지 적용 요건이 강화됐습니다. 이 제도는 사실상 유명무실해져 폐지된 거나 다름없었는데, 이번에 부활하게 된 겁니다.

분양가 상한제는 강도가 센 규제책인 만큼 부작용에 대한 우려가 크고, 풍선 효과에 대한 고민도 있습니다. '풍선 효과'란 풍선의 한 곳을 누르면 그곳은 들어가지만 다른 곳이 팽창하는 것처럼 문제 하나가 해결되면 또 다른 곳에서 문제가 생기는 현상을 말합니다.

#분양원가연동제　#분양가자율화　#택지

136 | 탄력적·선택적 근로시간제 나인 투 식스를 벗어난 근로방식

~~~~~~~~~~~~~~ '탄력적 근로시간제'는 최대 3개월 이내에서 평균 근로시간을 법정 근로시간에 맞춰 자유롭게 조정하는 제도다. '선택적 근로시간제'는 근로시간 출퇴근 시각을 근로자가 자유롭게 선택할 수 있는 제도다.

2018년 7월 1일부터 주 52시간 근무제가 시행됐죠? 법정 근로시간이 주 52시간으로 바뀌면서 기업들이 앞다투어 유연근무제를 도입하고 있습니다. 대표적인 유연근무제가 바로 탄력적 근로시간제와 선택적 근로시간제입니다. 비슷한 듯 다른 두 근로제, 구체적으로 어떻게 다를까요?

탄력적 근로시간제는 특정 일자의 노동시간을 줄이거나 늘려 평균 근로시간을 법정 근로시간에 맞추는 제도를 말합니다. 업무에 따라 어떤 날은 늦게까지 일을 해야 하는 날이 있을 수도 있으니 특정일의 노동시간을 연장하면, 그 대신 다른 날의 노동시간을 단축해 평균적인 노동시간을 법정 노동시간인 52시간에 맞추는 방식입니다. 고무줄처럼 근로시간을 조절해 주당 평균 근로시간을 맞추는 제도인 거죠. 단, 이렇게 평균 시간을 맞추는 게 최대 3개월이라는 기간 이내에 이뤄져야 합니다. 정부는 기업이나 기관에서 탄력적 근로제를 도입하더라도 특정일 하루나 1주에 한꺼번에 지나치게 많은 시간 동안 일을 몰아서 하지 못하도록 해놨습니다. 근로자를 보호하기 위해서죠.

선택적 근로시간제는 일정 기간(1개월) 총 근로시간을 정하고, 여기에 맞춰 개별근로자가 매일의 출퇴근 시간을 자주적으로 결정하게 하는 제도입니다. 근로자가 자신의 일정에 맞춰 원하는 시간대에 일할 수 있게 한 거죠. 개별근로자는 한 달 이내의 정산시간을 평균해 주당 근로시간이 40시간을 초과하지 않는 범위 안에서 1주 40시간, 1일 8시간을 초과하는 근로를 선택할 수 있습니다. 선택적 근로제를 도입한 기업에선 대부분 의무 근로 시간대를 두고, 이외의 시간에는 자유롭게 출퇴근할 수 있도록 하고 있습니다.

선택적 근로시간제는 근로시간을 효율적으로 운용할 수 있다는 장점이 있습니다. 회사로서는 인적자원의 활용도를 높이는 효과가 있습니다. 근로자마다 근무시간대가 달라서 이른 시각에 출근하는 직원도 있고, 늦은 시각까지 근무하는 직원도 있으니 사업장의 가동시간을 확장 운영할 수 있게 한 것입니다. 근로자도 자신의 업무 스타일에 맞춰 근로시간을 선택할 수 있으니 생산성이 올라갑니다. 이런 근로 방식은 스타트업이나 IT 업계를 중심으로 확대되고 있습니다. 판에 박힌 듯 모두가 나인 투 식스로 근무하던 과거와는 정말 많이 달라졌습니다.

#유연근무제 #주52시간근무제

─────── 주당 법정 근로시간을 기존 68시간에서 52시간으로 단축한 근로제도다. 종업원 300인 이상의 사업장과 공공기관은 2018년 7월 1일부터 '주당 근로 52시간'이 시행됐다.

한 카드사에서 저녁식사 시간대 결제시간 빅데이터를 분석한 결과 2018년의 결제시간이 6년 전인 2012년보다 1시간 더 빨라졌다고 합니다. 또 2018년 여가활동 업종 가맹점 매출이 전년동기 대비 훌쩍 뛰었다고도 하고요. 카드사는 이를 두고 주 52시간 근무제의 시행으로 인한 변화라고 분석하고 있습니다.

2018·2019년 기업의 최대 화두는 주 52시간 근무제였습니다. 국회가 2018년 2월 28일 주당 법정 근로시간을 52시간으로 단축하는 내용의 '근로기준법 개정안'을 통과시켰기 때문입니다. 이 새로운 근로기준법에 따라 주당 법정 근로시간이 기존의 68시간에서 52시간으로 단축됐는데, 주 최대 근로시간이 16시간 줄어든 거죠. 이 주 52시간은 법정근로 40시간을 기본으로, 연장근로 12시간을 더한 결과입니다.

사업장은 좋든 싫든 새로운 근로기준법을 받아들여야 합니다. 위반 시 사업주는 징역 2년 이하 혹은 2000만 원 이하의 벌금이 나오니까요. 정부는 제도적 변화가 기업에 지울 부담을 덜기 위해 기업 규모별로 제도를 순차적으로 적용하고 있습니다. 종업원 300인 이상의 사업장과 공공기관은 2018년 7월 1일부터 먼저 시행되었고, 50~299인 사업장의 경우 2020년 1월부터, 5~49인 사업장의 경우 2021년 7월부터 시행됩니다. 야근이 필요한 특례업종을 지정해 제도 적용의 융통성을 살리고 있습니다.

근로시간의 변화는 우리 삶에 큰 변화를 가져왔습니다. 실제로 주 52시간 근로제 시행 이후 직장인들의 소비 패턴 등 생활패턴에 변화가 감지됐는데, 스포츠·문화 관련 지출은 늘고 유흥 관련 지출은 감소했습니다. 직장에서의 단체 회식 문화가 줄고, 개별 직장인들의 여가활동이나 자기계발 활동과 관련한 지출이 늘어났다는 특징도 보입니다.

주 52시간 근무제 도입의 가장 큰 장점은 바로 근로자 삶의 질 향상입니다. 야근이나 휴일근무가 줄고 노동시간이 단축되면서 시간적 여유가 생기는 것이죠. 또 근로시간의 단축이 추가 인력에 대한 수요로 이어져 장기적인 관점에서는 일자리 창출 효과를 기대할 수 있습니다.

하지만 짧아진 근로시간에 대한 우려도 나옵니다. 근로자는 실질적인 임금 감소를 경험할 수 있고, 기업은 신규 채용에 대한 인건비 부담이 발생할 수 있기 때문입니다. 또 새로운 근로제도의 도입으로 임금체계, 업무형태, 기업문화 등 조직 전반에 걸친 혼란이 발생하고 이것이 완전히 해소되기까지 상당한 시간이 걸릴 거라는 점도 부정적인 효과 중 하나입니다. 주 52시간 근무제가 시행된 지 1년이 훌쩍 넘은 지금 제도 변화로 인한 소득감소나 생산성 저하 등의 문제가 제기되고 있지 않은 걸 보면 조금씩 자리를 잡아가는 것 아닐까 싶습니다.

#근로기준법

─────────── '지소미아'는 '군사정보 보호협정'이라고 불리며, 군사 동맹국끼리 비밀군사정보를 서로 제공할 때 제3국 누설을 막기 위해 체결하는 협정이다.

2019년 11월 22일 우리 정부가 한일 지소미아(GSOMIA) 파기 유예를 전격으로 발표했습니다. 한일 지소미아가 종료되는 23일 0시까지 24시간도 채 남지 않은 시점에서 내려진 결정이었습니다. 그 전날인 8월 22일 우리 정부는 한일 지소미아 협정을 연장하지 않을 것이라고 발표했죠. 앞서 일본은 한국의 강제징용 피해 판결을 문제 삼아 우리나라를 화이트리스트에서 배제했는데, 한일 지소미아 종료는 이에 대한 맞대응 차원에서 이뤄졌습니다. 화이트리스트에 대해선 다음 장에서 다시 살펴봅시다.

우리 정부가 한일 지소미아 연장 종료라는 강수를 꺼내 들자 당황한 건 일본만이 아닙니다. 미국도 당황했죠. 미국이 중국과 동아시아 패권 싸움을 하는 데 있어 한미일 군사협력이 중요한 역할을 하고 있기 때문입니다. 따라서 미국은 방위비 협상 카드 중 하나로 지소미아 연장을 요구하며 노골적으로 한국을 압박했습니다.

동아시아 정세 유지에 있어 지소미아가 굉장히 강력한 카드인 것만은 분명합니다. 지소미아는 국가 간에 군사 기밀을 공유하기 위해 맺는 협정이니까요. 군사기술뿐만 아니라 전술 데이터, 암호정보, 고도의 시스템통합기술까지 전쟁 발생 시 공동 군사작전을 펼치기 위한 모든 기밀정보를 교류하는 것을 내용으로 합니다. 이 협정에 따라 국가 간 정보 제공 방법, 정보의 보호와 이용 방법, 정보 보호 의무와 파기 방법 등의 구체적인 내용까지 규정됩니다. 물론 지소미아를 체결해도 군사정보가 무제한 제공되는 것은 아닙니다. 제도나 협약의 이행은 상대국이 자국을 취급하는 정도에 맞춰 이행한다는 입장이나 태도, 즉 군사적 상호주의에 따라 선별적인 정보 교환이 이뤄지니까요.

우리나라는 2019년 현재 미국, 러시아, 베트남 등 20여 개국과 지소미아를 체결한 상태입니다. 일본과는 2016년 11월 23일 처음 체결했고, 이 협정에 따라 한국과 일본은 북한 핵 미사일 정보 등 1급 비밀을 제외한 모든 정보를 공유할 수 있도록 했습니다. 협정의 유효기간은 1년이어서 매년 연장해야 하죠.

계약 종료시점인 11월 23일 0시를 앞두고 한일 지소미아 종료는 유예했지만, 한일 간 문제가 해결된 건 아닙니다. 한국 정부는 일본 정부와의 관계 개선과 관련 협상 가능성을 전제로 '협상하는 동안만 종료 효력을 유예'했죠. 일종의 조건부 연장입니다. 일본이 우리 정부의 제안을 받아들이지 않으면 언제든지 지소미아의 효력을 종료시킬 수 있는 상황입니다. 우리나라는 2020년 8월 24일 지소미아를 또 한 차례 연기하기로 발표했습니다.

#군사정보보호협정 #한일관계 #화이트리스트

——————— '화이트리스트'는 규제 면제나 특혜 제공, 접근 허가 등 우대하기 위해 만든 국가 목록이다. 블랙리스트에 반대되는 의미로 쓰인다.

국제 교역에서 화이트리스트는 '안전 보장 우호국'을 뜻합니다. 서로 특별한 관계라 수출 허가 절차에서 일반적으로 적용되는 규제나 조건을 면제하는 등 우대해주는 국가 목록을 말하죠. 일본에선 이를 '백색국가'라고 부르는데요. 2019년 8월 일본이 한국을 백색국가 명단에서 제외하는 개정안을 의결하며 국제적인 분쟁으로 비화했습니다. 일본은 대체왜 그랬을까요?

일본이 한국을 백색국가 리스트에서 제외한 결정적인 계기는 2018년 한국 대법원이 일제 강점기 피해자에 대해 보상을 판결한 것 때문이었습니다. 한국 대법원은 일제 강점기 당시 강제징용 피해자가 일본 기업을 상대로 낸 손해배상 청구 소송에 대해 1인당 1억 원씩을 배상하라고 확정했습니다. 일본은 1965년에 체결된 한일 청구권 협정에 따라 강제징용 피해에 대해 개인에게 배상할 의무가 없다고 주장해왔죠. 예상했던 대로 일본은 한국 대법원의 결정을 받아들이지 않았습니다. 이 판결에 대해 일본은 경제보복으로 반응했고, 한국을 백색국가 리스트에서 제외하는 개정안이 등장했죠. 일본은 7월 4일부터 불화수소, 폴리이미드, 포토레지스트 등 반도체·디스플레이 3개 핵심소재에 대한 수출규제 조치를 시행했습니다.

역사 앞에 반성 없이 자국의 이익만 주장하는 일본의 행태에 대해 우리나라도 가만히 있지는 않았습니다. 한국 정부는 일본이 한국을 안보협력 파트너로 인정하지 않는다는 것을 근거로 한일 지소미아 협정의 종료를 결정했습니다. 우리나라도 일본을 화이트리스트에서 제외했으며, 일본의 반도체 3개 품목 수출규제와 관련해선 WTO에 제소했습니다. 정부는 일본의 조치가 상품무역에 관한 일반협정(GATT)을 비롯해 무역원활화협정(TFA), 무역 관련 투자 조치에 관한 협정(TRIMs), 무역 관련 지식재산권에 관한 협정(TRIPS) 등을 위반했다는 입장입니다. 2019년 11월 22일 우리 정부가 한일 지소미아 종료 효력 정지를 연장하겠다고 밝힘에 따라 일본 측의 3개 품목 수출규제에 대한 WTO 제소 절차도 정지된 상태입니다.

일본의 역사를 망각한 행동은 국민적 공분을 불러일으켰고, 2019년 여름부터 일본제품 불매운동이 전개되기 시작했습니다. 일본행 여행이 급감했고, 일본산 제품 구매 역시 줄었습니다. 편의점에서 손쉽게 사 먹던 일본산 수입맥주 판매량도 뚝 떨어졌죠. 일본 재무성의 한국에 대한 맥주 수출 실적에 따르면 2019년 10월에는 일본 맥주 판매 수량과 금액 모두 '제로(0)'를 나타냈다고 합니다.

#안전보장우호국   #블랙리스트

140	**남북경협** 한반도 영구 평화를 위한 정지작업

~~~~~~~~~~~ '남북경협'이란 통일에 대비하고 민족 경제를 균형 있게 발전시키기 위해 남한과 북한이 경제적으로 협력하는 일을 말한다. 단순 물자 교역, 위탁 가공 무역, 남한 기업의 북한 현지 투자 등이 이에 속한다.

2000년 6월 15일 역사적인 남북정상회담이 성사됐습니다. 이날 남북 정상은 민간교류의 확대를 위한 제도적인 틀을 마련한다는 원칙에 합의하면서 6·15 남북공동선언을 채택했죠. 남한과 북한 사이 경제협력은 이날을 기점으로 활성화됐습니다. 이후 2002년 9월 남북장관급회담과 남북경제협력 추진위원회 회의, 적십자회담에서의 합의사항을 바탕으로 핵심 경협사업의 본격적인 착수에 들어갔습니다. 주요 합의 내용은 ▲ 경의선 철도, 동해선 임시도로 연결 ▲개성공단 건설 착공 ▲임진강 수해방지 및 임남댐 공동조사 ▲4개 경협합의서 발효 및 북측 시찰단 방문 ▲대북 식량, 비료 지원 등입니다.

남북경제협력사업은 단순한 물질적 교류와 투자가 아닙니다. 경제협력이라는 이름으로 남북 상호 간의 신뢰를 구축하며 통일을 준비해가는 단계로서의 의미가 크기 때문입니다. '평화 만들기(peace making)' 사업이나 다름없습니다. 나아가 한반도의 평화와 안정을 유지하고 교류와 상호투자를 통해 남북관계 발전에 힘을 더하는 사업이기도 합니다.

특수한 환경에서 특수한 목적으로 이뤄지는 사업이기 때문일까요? 남북경협은 남북관계와 한반도를 둘러싼 국제 정세에 따라 부침을 겪어왔습니다. 특히 2010년 발생한 천안함 폭침이 북한 소행으로 밝혀지면서 5·24 조치로 개성공단을 제외한 모든 남북경협이 중단되기도 했죠.

남북 경제협력의 상징으로 꼽히는 개성공단과 금강산 관광사업도 마찬가지입니다. 개성공단 조성사업은 2000년 8월 한국 기업인 현대와 북한이 합의한 사업이었습니다. 북측이 토지를 남측에 임대하는 방식으로 조성됐는데, 2003년 6월 개성공단 착공식이 있었고, 2004년 처음으로 개성공단에서 제품이 생산됐습니다. 별다른 문제 없이 굴러가던 개성공단은 2013년 4월 8일부터 9월 15일까지 가동이 중단되었습니다. 북한이 한미 군사훈련 및 최고 존엄 모욕 등을 문제 삼으며 개성공단 잠정중단과 북한 근로자 전원 철수를 지시했고, 이후 개성공단은 6개월간 잠정 폐쇄됐습니다.

여러 차례에 걸친 남북 실무회담 끝에 개성공단의 굴뚝이 다시 피어오르기 시작했지만 안타깝게도 개성공단은 또 한 번 폐쇄됐습니다. 2016년 2월 북한이 핵실험과 장거리 미사일 발사 도발을 하자 이번에는 우리 정부에서 개성공단 폐쇄조치를 내렸습니다. 남북관계 경색에 따른 갑작스러운 조치에 개성공단 내에 입주했던 우리 업체들 역시 큰 피해를 볼 수밖에 없었죠. 개성공단은 이때 이후 지금까지 멈춰 서 있습니다.

2008년 7월 11일 북한을 방문한 남한 관광객이 피격으로 사망하는 사건이 발생하면서 금강산사업 역시 멈춰 섰습니다. 현재는 영구폐쇄론까지 나오고 있는 상황입니다.

#615남북공동선언　#남북경제협력　#금강산관광사업　#개성공단

141	**재건축 초과이익 환수제** 투기방지? 재산권 침해?

━━━━━━━━━━ 재건축으로 땅값이 상승하면서 생긴 이익의 일부를 정부가 거둬들이는 제도다. 재건축을 통해 조합원이 평균 3000만 원 이상의 개발이익을 얻으면 정부가 이익의 최고 50%까지를 부담금으로 징수한다.

2018년 1월 재건축 초과이익 환수제가 부활했습니다. 재건축 초과이익 환수제의 핵심은 재건축으로 발생한 이익 일부를 '과도한' 것으로 보고 국가가 이를 징수하는 것입니다. 개발이익 환수제의 일종이죠. 개인이 취득한 이익을 국가가 부담금 형태로 규제한다는 점에서 이중과세, 평등권 침해 등 논란이 제기되기도 합니다.

초과이익 환수가 어떻게 이뤄지는지 조금 더 구체적으로 볼까요? 재건축을 통해 각 조합원이 평균 3000만 원 이상의 개발이익을 얻으면 정부가 이익금액 중 10~50%를 부담금으로 가져갑니다. 이때 부담금 수준은 조합추진위원회 구성부터 입주 시까지 오른 집값에서 정상주택 가격상승분·공사비·조합운영비 등을 제외한 초과이익의 수준을 따져 누진율을 적용합니다. 조합원 1명당 3000~5000만 원의 이익에 대해서는 10%의 부담률, 5000~7000만 원은 20%, 7000~9000만 원은 30%, 9000~1억 1000만 원은 40%, 마지막으로 1억 1000만 원 초과부터는 50%가 적용됩니다. 조합원 1명당 개발이익이 3000만 원 이하라면 부담률 0%가 적용되어 내지 않아도 됩니다. 말로 풀어쓰니 복잡하죠? 다음 사례를 봅시다.

A시 아파트값이 5억 원이었는데, 4년 뒤 준공됐을 때 11억으로 뛰었다고 가정합시다. 개발비용이 1억 원, 4년간 A시 아파트값 상승률을 기준으로 정상적인 가격상승분은 2억입니다. 그럼 조합원 1명이 얻은 개발이익은 3억 원이 되겠죠? 부담금 징수구간에서 개발이익 1억 1000만 원 초과 시 개발이익의 50%가 부담금으로 징수되기 때문에, 이 아파트의 조합원은 1억 1500만 원의 부담금을 내야 합니다. 개발로 인해 많은 이익을 볼수록 많은 부담금을 환원해야 하는 구조죠.

재건축 초과이익 환수제를 시행하면 자연스럽게 과도한 이익을 추구하려는 행위를 규제할 수 있습니다. 이 제도는 토지에 대한 투기를 방지하고, 토지의 효율적인 이용을 촉진하기 위해 도입한 것입니다. 애초 2006년 9월에 도입됐던 것이 글로벌 금융위기 등의 영향으로 부동산 경기가 침체하자 2012년부터 환수제 시행이 유예됐었죠. 최근 또다시 부동산 시장이 과열되자 2018년 1월 1일부로 부활시킨 것입니다. 수도권 과밀억제 권역에 있는 재건축 단지에 적용되고 있습니다.

#이중과세 #평등권

──────── '젠트리피케이션'은 도심에 사람들이 몰리면서 개발이 가속되고 임대료가 오르면서 원주민이 바깥으로 내몰리는 현상을 말한다. 도시 개발에 따른 불가피한 현상이라는 주장과 지역 주민이 뿌리내리지 못하게 한다는 주장이 엇갈리고 있다.

젠트리피케이션은 더 이상 우리에게 낯선 단어가 아닙니다. 도심 임대료가 오르면서 발생하는 젠트리피케이션은 서울과 지방 주요 도시에서 흔하게 나타나는 사회현상이 됐죠. 많은 사람에게 친숙한 방송인인 홍석천이 방송과 SNS상에서 수차례 젠트리피케이션으로 인한 고통을 호소하기도 했는데요. 실제로 그는 2019년 12월 6일 '14년간 운영하던 이태원 식당을 폐업하기로 했다'라며 그 원인으로 젠트리피케이션을 지목했습니다.

이 단어가 세상에 등장한 건 겨우 55년 전입니다. 1964년 영국의 사회학자 루스 글래스가 처음 사용한 개념인데요. 그는 신사 계급을 뜻하는 '젠트리'란 말을 변형시켜 '구도심이 번성해 중산층 이상의 사람들이 몰리는 현상'을 지칭하는 의미로 이 단어를 만들었습니다. 임대료가 오르고, 이로 인해 원주민이 내몰리는 현상까지를 지칭합니다.

일반적으로 젠트리피케이션은 몇 가지 단계를 거칩니다. 우선 도시의 발전에 따라 대도시일수록 중심 시가지에서 도시 주변으로 거주 인구가 확산해나갑니다. 이런 현상을 '교외화'라고 하는데요. 도시인구의 교외화가 진행되면서 자본이 교외 지역으로 몰리는 반면, 도심지역은 교외로 이주할 여력이 없는 저소득층이 거주하는 낙후지역으로 전락합니다. 도심이 낙후한 '슬럼'이 되면서 집값이 내려가겠죠? 이 공간엔 값싼 작업공간을 찾아온 예술가들이 모여듭니다. 이들이 다양한 활동을 펼치면 지역의 문화가치가 다시 상승하죠. 도시가 재활성화되는 거예요. 개발자본이 투입되면서 낙후됐던 도심지역의 주거 환경이 향상되고, 부동산 가격 등 전반적인 자산 가치 역시 상승합니다. 이렇게 되면 주거비용도 더 들죠. 결국 원래 살던 주민은 높아진 비용을 감당하지 못하고 거주지에서 밀려나게 되는 겁니다.

우리나라에서 젠트리피케이션을 보이는 대표적 지역으론 서울 홍익대학교 인근과 경복궁 인근의 삼청동·북촌, 이태원 등이 있습니다. 다들 '핫플레이스'로 떠오른 지역들이고, 원주민이 빚어낸 고유의 색깔이 뚜렷한 곳들입니다. 이 지역만이 가진 독특한 분위기가 입소문을 타며 유동인구가 늘어나자, 가맹점을 앞세운 기업형 자본들이 물밀듯이 들어와 임대료를 높였습니다. 결국 가난한 예술가나 기존 거주자들은 더 이상 이곳에 살지 못하고 이 지역에서 밀려나고 있죠.

최근에는 지자체를 중심으로 떠오르는 도심지역에 원주민과 새로운 자본 간 상생 협약을 체결하고, 젠트리피케이션 방지조례를 만드는 등 올바른 도시재생을 위해 노력하고 있습니다.

#구도심 #도시재생 #유동인구

143 | 외환보유고 국가의 외화 비상금

────────── '외환보유고'란 대외 지급 준비 자산으로 중앙은행이 보유하고 있는 외화자산을 말한다. 우리나라 IMF 사태의 주요 원인 중 하나이기도 하다.

1997년 12월, 국가부도 위기에 처한 한국은 국제통화기금(IMF)에서 자금을 지원받았습니다. 그리고 IMF는 많은 것을 바꾸어놓았죠. 기업들의 줄도산이 이어졌고, 정치권에서는 정권 교체가 이루어졌어요. 이 기간에 무수히 등장한 단어가 있는데, IMF 사태가 일어난 원인 중 하나로 지목된 '외환보유고'입니다. 외환보유고는 국가가 비상사태에 대비해 비축하고 있는 외화자금입니다. 일종의 최종 대외지급 준비 자산이라고 할 수 있는데, 긴급사태 시 국가의 안전판 역할을 해줄 뿐만 아니라 환율을 안정시키고 국가 신인도를 높이는 데 기여합니다. 국제신용평가회사들이 국가 신용도를 평가할 때 염두에 두는 가장 중요한 요소 중 하나이고, 외국인 투자가들의 투자 결정에도 큰 영향을 미치는 요인입니다. 국가의 외환보유고가 크고, 외환보유액이 많을수록 국가의 지급능력이 뛰어나다는 것을 의미하기 때문이죠.

　1997년 당시 한국은 외화 보유액 부족으로 유동성 위기에 부닥쳤습니다. 단기 외채가 급증하던 시기였는데, 은행들 역시 수익률에 급급해 위기관리에 소홀했던 거죠. 당시 기업들은 부채를 늘려 규모 키우기에만 급급했습니다. 이런 상황에서 태국, 인도네시아 등에서 시작된 경제위기가 동아시아 지역에 빠르게 전파되자 외국인들은 외채를 빠르게 인출했습니다. 외채 인출 규모가 당시 외환보유액으로는 감당할 수 없을 지경까지 이르렀고 결국 금융기관의 지급불능 사태로 이어지고 만 것입니다.

1997년에 외환보유고의 중요성을 비싼 대가를 치르고 몸으로 체감한 우리나라는 이후 외화 보유에 힘쓰고 있습니다. 2019년 10월엔 우리나라 외환보유액이 사상 최대치를 기록했죠. 2019년 11월 5일 한국은행 발표에 따르면, 2019년 10월 말 우리나라의 외환보유액은 4063억 2000만 달러였습니다. 하지만 외환보유고가 많다고 무조건 좋은 것은 아닙니다. 외환보유고는 일종의 국가 비상금고입니다. 달러, 유로, 엔화 등 외국 통화, 각종 해외 유가증권, 금 등으로 구성되는데, 이들 화폐를 보유하려면 그 값을 치러야 합니다. 그러니까 우리나라의 외환보유고가 국민 전체가 갚아야 할 일종의 빚이라고 생각하면 적당합니다.

또 외화의 미국 의존성도 문제로 지적됩니다. 현재 우리나라가 보유하고 있는 외환보유액 중 약 25%는 미국 국채라고 하는데, 그만큼 변동성이 크다는 말과 같은 겁니다. 미국이 국채를 대거 팔아버리면 미국 국채 가격이 내려가므로 우리로선 손해 보고 팔아야 하고, 국채 매물이 확 늘면 이후 미국이 발행하는 국채 금리가 오르게 되어 미국 정부의 눈치를 볼 수밖에 없게 됩니다. 그럼 적정 외환보유고란 어느 정도일까요? 아쉽게도 정답은 없습니다. 일반적으로 3개월 정도의 수입대금을 낼 수 있는 정도가 적정선으로 알려져 있는데, 이견도 많습니다.

#지급준비자산 #IMF #국가신용도

144 | 카니발라이제이션 경쟁이 부른 제 살 깎아 먹기

~~~~~~~~~~~~~ '카니발라이제이션'은 기능이나 디자인이 탁월한 후속 제품이 나오면서 해당 기업이 먼저 내놓은 비슷한 제품의 시장을 깎아 먹는 경우를 말한다. 예를 들면 해외의 값싼 노동력으로 제작한 저가 상품이 국내 시장에 들어와 국내에서 만든 고가 제품을 밀어낼 때 쓰는 용어다.

사람이 인육을 먹는 식인 문화, 카니발리즘(cannibalism)에서 비롯된 무시무시한 단어가 카니발라이제이션(카니벌라이제이션, 캐니벌라이제이션, 카니발리제이션 cannibalization)입니다. 산업계에서의 카니발라이제이션은 자기 시장을 잠식하는 행위를 말합니다. 한 기업에서 새로 출시한 제품이 기존 시장을 잠식하는 현상입니다. 기능적으로나 디자인적으로나 뛰어난 새 제품이 기존 제품의 시장점유율을 깎아 먹고, 기존 제품의 수익성과 판매율은 감소하는 거죠.

카니발라이제이션이 발생하는 이유는 크게 2가지입니다. 하나는 기술발전에 따라 발생하는 것으로, 첨단기술이 등장하면 기술진보에 맞춘 제품으로 시장의 흐름이 변화하는 것이죠. 또 하나는 시장세분화입니다. 카니발라이제이션은 시장을 수요층에 따라 나눠 각 수요층에 걸맞은 마케팅 전략을 펼치는 것을 의미하기도 합니다. 오늘날 소비자의 수요는 각양각색이죠. 과거처럼 인기제품 한두가지로 소비자의 다양한 수요를 충족시킬 수 없는 시대라 기업은 이런 소비자 수요에 맞추기 위해 제품 성능과 디자인, 크기 등을 다양화합니다. 그 과정에서 자사의 기존 제품

시장이 잠식되더라도 새로운 소비층을 잡으려 하는 것이죠.

사례는 많습니다. 특히 기술발전 속도가 빠른 IT 제품군에서 자주 볼 수 있습니다. 카니발라이제이션은 해당 산업의 발전으로 이어지기도 하지만, 오히려 기존 시장까지 잃어버리며 실패로 이어지기도 합니다. 성공적인 사례가 바로 애플사(社)의 아이패드와 아이폰입니다. 애플은 2010년 태블릿PC인 아이패드를 내놓았습니다. 아이패드는 스마트폰과 넷북의 중간 크기로, 기존의 PC보다 훨씬 작고 가벼운데 PC에서 수행할 수 있는 작업을 상당 부분 처리할 수 있었죠. 아이패드 출시로 애플에서 제조하던 노트북인 맥북 시장을 잠식할 것이라는 우려가 제기됐고, 실제로 맥북 판매는 아이패드 출시 이듬해인 2011년과 2012년을 기점으로 줄었습니다. 애플이 만들던 개인용 컴퓨터 매킨토시는 아예 역사 속으로 사라졌죠. 하지만 아이패드의 성장은 맥북의 손해를 메우기에 충분했습니다.

언제나 성공적인 카니발라이제이션만 있는 것은 아닙니다. 1880년에 설립된 미국 기업 코닥은 필름카메라 시장을 주도하며 한 시대를 풍미했습니다. 코닥은 사진산업의 리더답게 디지털카메라도 일찍 개발했지만, 자사의 주력상품이던 필름카메라 시장을 잠식할까 걱정하느라 결국 디지털카메라 출시 시기를 놓치고 말았습니다. 눈 깜짝할 새 경쟁기업의 디지털카메라가 쏟아져 나왔습니다. 코닥은 2005년에야 뒤늦게 디지털 기업으로의 변신을 선언했으나 2012년 파산 보호 신청을 하며 뼈아픈 실패를 맛봐야 했습니다.

#자기시장잠식

〰〰〰〰〰〰 '좀비기업'이란 지속 가능한 수익을 창출하지 못하고 정부나 은행의 도움을 받아 간신히 유지되는 한계기업을 말한다.

영화 속에 등장하는 좀비는 살아 움직이는 시체입니다. 원인 모를 바이러스에 감염되어 이미 죽은 사람이 산 사람처럼 움직이죠. 이미 죽었기 때문에 온몸이 부패해 썩은 냄새가 진동합니다. 영화 속에만 존재하는 좀비가 현실 세계로 나온다면 어떻게 될까요? 좀비처럼 겨우 목숨만 부지하는 껍데기 기업을 '좀비기업'이라고 부릅니다. 스스로 번 돈으로는 대출이자도 갚지 못하는 상태의 기업이죠. 정식 명칭은 '한계기업'으로 회생 가능성이 없는 파산 직전의 회사를 말합니다.

2008년 금융위기 이후 세계적으로 좀비기업이 많이 늘었는데, 우리나라 정부 역시 이 시기 기업 줄도산을 막기 위해 회생 가능성이 없는 중소기업에까지 일괄적으로 긴급자금을 지원하며 좀비기업을 양산했습니다. 2009년 한국개발연구원(KDI) 분석에 따르면, 당시 좀비기업이 전체 기업의 14.8%에 해당하는 2600여 개에 이르렀다고 합니다. 기업경영성과 평가사이트 CEO 스코어가 2018년 한 해 대한민국 500대 기업의 경영성과를 평가해본 결과 59곳이 빌린 돈의 이자조차 갚지 못하는 좀비기업이었습니다.

경영성과가 좋지 않다고 모두 좀비기업인 것은 아니고, 보통 이자보상배율(이자보상배율 = 영업이익/이자비용)이 3년 연속 '1' 미만일 때 좀비기업에 해당한다고 봅니다. 이자보상배율은 기업의 재무건전성을 판단하는 기준의 하나인데, 한 기업이 지고 있는 부채 대비 영업이익으로 산출합니다. 회사의 부채가 회사가 벌어오는 영업이익보다 크면 1보다 작고, 영업이익보다 적으면 1보다 크겠죠. 그러니까 이자보상배율이 1 미만인 기업은 잠재적 부실기업이라고 볼 수 있습니다. 금융비용을 영업비용으로 감당할 수 없는 기업이기 때문이죠. 좀비기업은 이 이자보상배율이 3년 연속 1 미만을 기록한 기업을 말합니다. 좀비기업과 건전한 기업을 나누는 기준은 결국 '빚(부채)을 갚을 수 있는지'가 핵심입니다.

좀비기업은 정부와 은행 채권단의 도움을 받아 간신히 명맥을 유지합니다. 기업 지원금은 한정돼 있으니 정부나 은행자금이 좀비기업으로 흘러들면 정상기업들이 자금 확보에 어려움을 겪을 수 있고, 좀비기업 때문에 생긴 부실채권 증가가 금융기관의 부실로 이어질 수도 있습니다. 이래저래 좀비기업이 늘수록 경제 전반적으로는 좋지 않은 영향을 미치게 됩니다. 물론 업종에 따라 부채비율이 높은 기업도 있어서 단순히 이자보상배율로만 가지고 좀비기업 여부를 판단하기는 어렵습니다. 좀 더 지속적이고 종합적인 재무 흐름을 파악해야 하니까요.

#한계기업 #회생불가 #정상기업

146 | 특허괴물 특허제도의 허점을 파고들어 자라난 괴물

〰〰〰〰〰〰 '특허괴물'은 제품을 직접 제조하지 않고, 특허권 혹은 지식재산권만 집중적으로 보유함으로써 특허권 사용료 수입으로 이익을 창출하는 회사를 말한다. 자신들이 보유하고 있는 특허를 침해했다고 판단되는 기업에 소송을 제기해 막대한 이익을 얻기도 한다.

2019년 4월, 삼성전자가 야심 차게 출시를 준비 중이던 '갤럭시폴드'가 특허권 침해 소송에 휘말렸다는 소식이 전해졌습니다. 유니록(Uniroc)이 라는 회사가 미국 텍사스 지방법원에 소를 제기하며 갤럭시폴드가 자사가 보유한 안드로이드 빔 수신에 대한 특허권과 무선 네트워크 통신에 대한 특허권을 침해했다고 주장한 건데요. 유니록이 세계적인 특허거래 전문업체. 이른바 '특허괴물'로 알려지며 국내에서 특허괴물에 대한 관심이 높아졌습니다.

특허괴물은 보통 자체적으로 물건을 생산·판매하지 않고 특허권만 보유하고 있습니다. 이런 회사는 물건의 판매를 통해 수익을 내는 대신, 보유하고 있는 특허권의 사용료나 특허권 분쟁 합의금으로 수익을 창출하죠. 특허 보유량이 먹거리인 겁니다. 특허괴물은 수익성이 있는 대량의 특허권을 개인 또는 기업으로부터 매입하거나, 원천기술을 보유한 소규모 기업을 아예 인수합병해 특허권을 확보합니다. 이후 특정 기업이 특허기술을 무단으로 사용한 제품이나 서비스를 출시하면 사용료를 요구하는 협상을 벌이죠. 협상이 잘 안 되면 소송 등을 통해 기업을 압박해 막대한 보상금을 챙깁니다. 갤럭시폴드의 특허권 분쟁으로 유명세(?)를 탄 유니록은 2018년에만 국내에서 52건의 특허소송을 제기한 전형적인 특허괴물입니다. 삼성전자뿐만 아니라 LG전자, 카카오, 네이버 자회사인 라인 등 국내기업들과 여러 건의 소송을 진행한 이력이 있죠.

어떻게 특허만 가지고 회사가 굴러갈 수 있을까요? 그건 바로 특허가 가진 재산권적 특성 때문입니다. 현대사회에서 '특허'란 발명한 것에 대해 배타적 독점권을 가지는 것입니다. 특허권을 침해할 경우 해당 기술에 대한 사용을 금지할 수 있으며, 특허권을 침해한 개인 또는 기업에 민형사상의 책임을 물을 수도 있습니다. 특허 관련법은 나라마다 조금씩 다른데요. 가장 강력하게 특허권자의 권리를 보호해주는 나라는 미국입니다. 특허괴물이 주로 미국에서 활동하는 것도 이런 이유죠. 2018년 기준 미국에서 한국 기업을 상대로 제기된 소송 중 46%(132건)가 특허괴물이 제기한 것이라고 하네요. IT기술이 빠르게 발전하고 특허권이 점차 중요해짐에 따라 국내에서도 특허 관련 소송이 점점 증가하고 있습니다. 한국 토종 특허괴물도 등장했으니까요.

특허제도의 약점을 파고들어 자라는 특허괴물을 어떻게 바라봐야 할까요? 시각이 분분한데 긍정적으로 바라보는 이들은 특허괴물 또한 자본 시장의 플레이어 중 하나로 인정해야 한다고 주장합니다. 특허괴물이 자신들이 쥐고 있는 특허권을 무기 삼아 합의금을 끌어내는 것 자체는 불법이 아닙니다. 당연히 비판론도 만만치 않습니다. 빈번한 특허소송으로 불필요한 사회적 비용이 증가한다는 게 비판론자들의 주장입니다.

#특허시장

윔블던 효과 자국인보다 외국인이 더 많은 영국 금융시장

━━━━━━━ 윔블던 테니스 대회에서 주최국인 영국선수보다 외국선수가 더 많이 우승하는 것처럼 영국 금융기관의 소유주가 영국인보다 외국인이 더 많아지는 것을 말한다.

매년 여름 영국 런던 교외 윔블던 지역에서 테니스 대회가 열립니다. 저 유명한 윔블던 대회죠. 세계에서 가장 오랜 역사를 지닌 테니스 대회로, 이곳에서 우승하면 '테니스 황제'로 군림하게 됩니다. 영국에서 열리는 윔블던 테니스 대회는 국제대회라서 매년 수많은 외국 선수들이 출전합니다. 우승 트로피도 영국선수보다 외국선수가 더 많이 가져가곤 하죠. 2013년 앤디 머레이라는 영국 선수가 윔블던 단식에서 승리했는데, 무려 77년 만에 영국인이 윔블던 트로피를 차지한 것이었다고 합니다. 가장 최근인 2019년 경기만 봐도 세르비아 테니스 선수 노박 조코비치가 2년 연속 왕좌에 올랐죠. 영국에서 열리는 경기인데 정작 영국선수는 많이 우승하지 못하는 상황, 이런 상황을 빗대어 만들어진 경제용어가 바로 '윔블던 효과'입니다.

윔블던 효과란 말이 처음 등장한 건 1986년 영국이 자국 금융시장을 해외에 개방하던 시기였습니다. 당시 영국 총리는 마거릿 대처였는데, 대처 정부는 세계 금융시장에서의 영향력을 되찾기 위해 외국 금융회사의 시장 진입을 허용하는 등 대규모 규제완화 조치를 단행했습니다. 하

지만 시장의 흐름은 대처 정부가 바라던 것과는 다소 다르게 흘러갔습니다. 영국에 대거 진출한 외국의 대형 금융사들이 자생력이 약한 영국 회사들을 빠르게 합병해 나가기 시작했기 때문입니다. 결국 외국자본이 영국 금융시장을 장악하는 형태가 되면서, 영국의 금융기관 소유주가 영국인보다 외국인이 더 많아지는 결과를 초래했습니다.

이때부터 외국자본이 국내 시장을 지배하는 현상을 두고, 윔블던 효과라는 말이 사용되었습니다. 이 단어 뒤엔 당연히 부정적인 뉘앙스가 짙게 깔려 있죠. 윔블던 효과로 인한 부작용으로는 투자이익이 전부 외국으로 빠져나가는 국부유출, 적대적 M&A로 인한 경영권 위협, 국내 경제 정책의 무력화 문제 등을 꼽습니다.

최근 들어서는 윔블던 효과에 대한 재해석이 이뤄지고 있습니다. 사실 영국 금융시장의 개방은 결과적으로 영국 증권 산업 전반의 경쟁력 강화로 이어졌고, 이를 발판으로 런던은 세계 금융의 중심지로 재기할 수 있었습니다. 따라서 요즘은 시장개방을 통한 국내기업의 경쟁력 강화라는 긍정적인 의미로 사용되기도 합니다.

#외국자본 #국부유출 #시장개방

〰〰〰〰〰 '추락한 천사'란 투자 적격 등급을 상실한 기업 혹은 해당 기업이 발행한 채권을 말한다.

'추락한 천사' 세기말 SF영화 제목 같은 이 단어가 경제학 용어란 사실을 알고 있나요? 한때 잘 나가다가 추락한 기업의 채권을 말하는데, 특히 투자등급으로 발행되다 기업의 신용하락으로 신용등급이 투기등급 수준으로 하락한 채권을 의미합니다.

이 용어는 2005년 미국의 제너럴모터스와 포드의 신용등급이 동시에 투자 적격에서 정크등급으로 강등되면서 언론에 등장했습니다. 창공을 날던 천사가 추락하는 것처럼, 초거대기업이 하루아침에 그 명성을 잃었다며 붙인 이름이었죠. 작명 센스가 상당히 극적이죠?

기업활동에 있어 신용등급은 천사의 날개만큼이나 중요합니다. 기업의 존속 여부를 좌우할 수 있는 투자금과 직결되기 때문입니다. 신용평가에서 투자 부적격 등급으로 떨어지면 자금조달에 어려움을 겪을 수밖에 없죠. 기업이 아무리 높은 금리를 제공한다고 해도 기관투자자들이 위험도가 큰 채권을 매입하려 들지 않을 테니까요.

우리나라에서도 2014년 2월 국제신용평가 기관인 무디스가 LG전자와 GS칼텍스 신용등급을 투자 적격에서 최하위 단계인 'Bea3'로 한 단계씩 낮추면서 추락천사에 대한 우려가 나온 바 있습니다. 'Bea3'는 투자 적격 10단계 신용등급 중 최하위에 해당합니다. 여기에서 한 단계만 더 떨어지면 투자 부적격, 즉 '정크(junk)' 등급으로 들어갑니다. 당시 무디스는 이들 기업의 신용등급 하락 원인으로 '세월호 사건과 메르스 사태로 약화된 소비심리'를 지목했습니다.

추락한 천사라는 용어는 최근 들어 사용처가 확장되어 채권, 국가신용도, 주식 등 여러 영역에서 두루 쓰이고 있습니다. 최근엔 가상화폐의 급등과 급락에도 이 용어를 적용하기도 합니다. 또 성장성은 있으나 신용등급이 낮은 중소기업이 발행한 채권이나 M&A 자금을 조달하기 위해 발행한 채권 등을 모두 포함하는 넓은 의미로 쓰이기도 합니다.

#신용등급 #정크등급

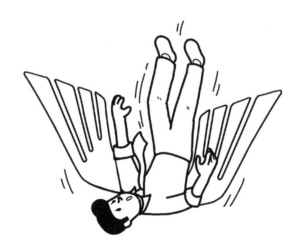

| 149 | **넛크래커** 위에서 누르고 밑에서 치고 올라오고 |

〰〰〰〰〰〰〰 '넛크래커'란 외환위기 당시 우리나라가 선진국에는 기술과 품질 경쟁에서 밀리고, 개발도상국에는 가격경쟁에서 밀려 호두까기 기계 속의 호두 같은 처지가 되었음을 일컫는 말이다. 최근 들어 '신 넛크래커'란 말이 등장했다. 엔화 약세로 경쟁력을 회복한 일본과 기술력·구매력을 갖춘 중국 사이에 낀 한국 기업의 처지를 의미한다.

지난 10년간 한국의 기계부품 수출경쟁력이 일본은 물론이고 중국보다도 뒤처지고 있다고 합니다. 일본의 아베노믹스 이후 엔화가치 절하로 일본제품의 수출 가격경쟁력이 생기며 우려했던 현상이 실제로 벌어진 거죠. 우리나라는 엔화약세와 산업부문에 대한 선제적 구조조정으로 경쟁력을 회복한 일본과, 크게 향상된 기술력과 막대한 구매 규모를 갖춘 중국 사이에 끼어 국제 경쟁력이 약화되었습니다. 이렇게 두 나라 사이에 끼어 옴짝달싹하지 못하게 된 우리나라의 상황을 가리켜 '신(新) 넛크래커'라고 부릅니다.

'신'이 단어 앞에 붙었다는 건 기존에 이미 '넛크래커'가 있었다는 의미겠죠? '넛크래커'라는 용어는 1997년 IMF 외환위기 당시에 처음 등장했습니다. 미국의 컨설팅 전문업체 부즈 앨런 앤드 해밀턴사(社)가 한국 경제를 분석한 보고서에서 "한국은 비용의 중국과 효율의 일본의 협공을 받아 마치 넛크래커(호두까기 도구) 속에 끼인 호두처럼 되었다"라고 표현하며 알려지게 됐죠. 당시 한국 기업들은 일본보다 품질 및 기술력 측면에서 처지는 상황이었는데, 여기에 인건비가 상승하면서 그나마 우위에 있던 가격경쟁력마저 중국에 빼앗기고 말죠. 넛크래커는 우리나라가 일본보다는 품질과 기술력이 처지고, 중국보다는 가격경쟁력에서 밀리는 상황을 나타낸 것이었습니다.

이 말 속에는 당시 한국이 외환위기를 극복할 수 없을 것이라는 빈정거림이 깔려 있었습니다. 하지만 한국 기업은 위기 상황을 돌파해냈죠. 정보기술(IT) 분야에서 급속한 발전을 이루면서 반도체, 가전제품, 휴대폰 등 세계 최고의 IT 국가로 발돋움했습니다. 일부에선 가격은 일본보다 낮고 기술은 중국보다 앞섰다며 '역 넛크래커'라고 부르기도 했습니다. 고부가가치의 특화품목에 주력한 결과입니다.

2010년 이후 시장은 또 변화해 신 넛크래커 현상이 등장합니다. 정치불안, 구조조정 등으로 주춤하던 일본이 아베노믹스 이후 수출 분야 가격경쟁력을 갖추게 됐고, 여기에 중국 기업이 넓은 내수시장을 기반으로 급격한 기술발전을 이루면서 한국 기업의 국제 경쟁력이 약화되는 현상이 나타난 것이죠. 기존의 넛크래커에서는 가격, 원천기술, 품질 등이 경쟁력 변수였다면, 신 넛크래커에서는 환율, 연구개발 투자, 비관세 장벽 등이 중요한 변수로 떠올랐습니다.

최근 미국 트럼프 대통령의 관세 폭탄에 맞서 중국이 보복 조치에 나서며 양국 사이에 낀 한국에 다른 종류의 넛크래커 위기가 온 것이 아니냐는 우려가 나오고 있습니다. 우리나라는 GDP 45% 이상을 수출에 의존하는 국가입니다. 따라서 미중 무역전쟁으로 세계 주요국 가운데 가장 큰 손해를 입을 것이란 어두운 전망이 나오고 있습니다.

#외환위기 #신넛크래커 #역넛크래커

150 | 아세안 동남아의 발전을 위하여

─────────── '아세안'은 경제성장 및 사회·문화 발전을 가속하고, 동남아시아 지역
의 평화와 안전을 추진하기 위한 목적으로 1967년 8월 8일 인도네시아·말레이시아·
필리핀·싱가포르·타이 정부에 의해 설립된 국제기구다.

2019년 11월 25일부터 26일까지 부산 벡스코에서 2019 한·아세안 특별
정상회의가 열렸습니다. 한국과 아세안 국가 정상들이 모여 한·아세안
지역의 평화와 번영을 위한 성명서를 채택했죠. '평화, 번영과 동반자 관
계를 위한 한·아세안 공동비전 성명'에는 ▲사람 중심 공동체 ▲상생번
영의 혁신 공동체 ▲평화로운 동아시아 공동체라는 3대 미래 청사진이
담겨 있습니다. 나아가 비자 제도 간소화, 항공 자유화 등 인적 교류와 포
괄적경제동반자협정(RCEP)의 협정문 타결 등 경제적 교류 활성화를 위
한 초석을 놓았죠.

아세안은 경제협력과 발전, 회원국 간 또는 회원국과 비회원국 간 무
역촉진, 그리고 회원국 간의 공동연구와 기술협력 계획을 목표로 구성
된 조직입니다.

회원국은 태국, 미얀마, 라오스, 브루나이, 캄보디아, 인도네시아, 말레
이시아, 필리핀, 싱가포르, 베트남입니다. 이 중 태국, 미얀마, 라오스, 베
트남, 캄보디아 등 5개국은 메콩강을 끼고 있어 발전 가능성이 큰 메콩
유역 국가로 분류합니다. 이 기구의 조직 구조는 회원국의 정상들이 회

합하는 정상회담, 매년 교대로 각 회원국에서 10개 회원국의 외무장관들이 개최하는 각료회의, 각료회의에서 토의된 사업계획을 조정·수행하는 장관회의, 주최국의 외무장관과 9명의 해당국 주재 가맹국 대사로 구성되는 상설위원회, 사무총장이 주재하는 자카르타 상설사무국 및 기타 8개 위원회와 수많은 부속위원회, 특별조직으로 구성되어 있습니다.

전문가들은 아세안과의 협력으로 한국의 동남아시아 시장 선점 효과를 누릴 수 있다고 말합니다. 아세안은 동남아시아의 공동 안보 및 자주 독립 노선의 필요성 인식에 따른 지역 협력 가능성을 모색하기 위해 창설된 국제기구입니다. 최근엔 그 경제적 잠재력이 주목받고 있습니다. 아세안은 연 2조 5000억 달러 규모의 대규모 시장으로, 세계적인 저성장 기조에서도 연간 5%대의 높은 성장률을 기록하는 곳이기도 합니다. 6억 명이라는 거대 시장을 기반으로 하면서도, 평균 연령이 30세에 불과해 매우 매력적인 시장으로 꼽힙니다.

전 세계적으로 보호무역주의에 대한 우려가 커지는 가운데 아세안과의 경제협력이 우리 기업의 경제활로를 열어줄 수 있을 것이라 예상합니다. 향후 더욱 발전할 아세안 시장에서 선점 효과를 누릴 수 있고, 신규일자리 창출 및 상생 성장을 이룰 수 있을 테니까요. 한국은 아세안의 중요성을 확인하고, 한국의 무역·투자·원조 주요 대상으로 분류했습니다. 또 한·아세안 교류를 꾸준히 유지하며 지역 협력을 강화하고 있습니다. 지난 11월 한·아세안 특별정상회의에 앞서 2009년 제주와 2014년 부산에서 한·아세안 특별정상회의를 개최하기도 했습니다.

#동남아시아 포괄적경제동반자협정

151 | 브랜드 네이밍 제품의 성패를 가르는 이름!

──────── '브랜드 네이밍'이란 회사나 제품에 대한 철저하고 깊이 있는 연구로 오랫동안 소비자에게 기억되고 사랑받는 상표 이름을 짓는 일을 말한다. 소비자에게 브랜드 이미지를 각인시키고, 이후 시장성에 큰 영향을 주기 때문에 중요하게 다룬다.

새로운 사람을 만나면 가장 먼저 물어보는 것이 있습니다. 이름이죠? 제품을 살 때도 마찬가지입니다. 새로운 제품을 볼 때 가장 먼저 확인하는 게 브랜드의 이름이니까요. 한 브랜드의 이름은 단순한 것이 아닙니다. 제품에 대한 호기심을 자극하거나 해당 브랜드에 대한 이미지를 만드는 데 중요한 역할을 하니까요. 가장 기본적인 브랜드 표현방식이자 소비자가 브랜드를 인지하는 첫걸음입니다.

　따라서 브랜드 이름을 정하는 행위를 뜻하는 브랜드 네이밍은 매우 중요한 과정일 수밖에 없습니다. 특히 하루가 멀다고 신제품이 쏟아져 나오는 현대사회에서 브랜드 네이밍은 다른 제품과 차별화할 수 있는 돌파구 역할을 합니다. 같거나 비슷한 상품들이 즐비한 마트의 매대에서 고객들이 한 번이라도 더 자사제품으로 눈길을 주게 하려고 기업들은 치밀하게 브랜드 네이밍 전략을 짭니다. 기업은 자신의 상품과 서비스가 가진 특성이나 개성을 유리하게 표현하면서도 소비자에게 친숙하게 다가갈 수 있는 이름을 찾아 고심합니다.

브랜드 네이밍 전략은 무수히 많습니다. 때론 굉장히 익숙한 단어를 사용하고, 때론 어디에서도 본 적 없는 독특함으로 승부수를 띄우기도 합니다. 어떤 전략을 사용하든 성공적인 브랜드 네이밍을 위한 공통적인 접근법이 있는데 우선 기억하기 쉬워야 한다는 겁니다. 직관적이고 이미지가 연상되는 브랜드 이름일수록 소비자의 머리에 각인되기 쉬우니까요. 또 타깃 소비자가 사용하는 언어로 발음하기가 쉬워야 합니다. 아무리 예쁜 이름이라고 해도 발음이 어렵다면 기억하기도, 말하기도 쉽지 않으니까요. 이밖에도 이름이 짧을수록, 숫자와 함께 표기될수록 인상적인 브랜드 이름이 될 수 있다고 합니다.

브랜드 네이밍은 기업의 중요한 마케팅 포인트 중 하나로 자리 잡았습니다. 브랜드 네이밍에 대한 기업들의 관심이 커지면서 진화를 거듭하는 중입니다. 과거엔 기업의 주요 의사결정자나 제품 개발자가 직접 브랜드 이름을 정했지만, 요즘은 브랜드 이름을 짓는 데 더 큰 비용과 노력을 투입합니다. 아예 전문회사에 수천만 원을 지급하며 의뢰하기도 하죠. 제품의 성패를 가르는 브랜드 네임, 여러분의 마음속에 각인된 브랜드 이름은 무엇인가요?

#판매전략 #타깃소비자

——————— '키코'는 환율이 일정 범위에서 변동할 경우 미리 약정한 환율에 약정 금액을 팔 수 있도록 한 파생 금융상품이다. 환율이 약정 범위 밖으로 나가면 손해가 커지기 때문에 사전고지에 대한 분쟁이 진행 중이다.

키코는 2007년부터 국내 수출 기업에 집중적으로 판매된 금융상품입니다. 쉽게 말해 사전에 정해놓은 환율 상하한선 안에서 미리 약속한 환율에 외화를 팔 수 있는 상품이죠. 2007년, 2008년 국내 은행들은 키코를 환차손 위험을 줄이기 위한 금융상품으로 홍보하며 판매했습니다. 달러 가격이 내려가더라도 어느 정도 선을 보장해주겠다는 식의 설명이었죠. 처음에 키코는 급격히 떨어지는 달러환율로부터 기업의 자산을 지켜주는 상품처럼 보였지만, 2008년 초 미국발 글로벌 금융위기가 발생하자 원·달러 환율이 급격하게 상승하면서 문제가 생겼습니다. 환율이 키코 상품에서 미리 정해놓은 상한선을 뚫고 올라가면서 키코에 가입했던 수출중소기업 피해가 속출했죠. 왜 이런 피해가 발생했는지를 이해하기 위해선 키코의 작동 원리를 들여다봐야 합니다.

키코상품은 환율이 일정한 구간 안에서 변동한다면 약정환율을 적용받지만, 하한 이하로 떨어지면 계약을 무효화하고 상한 이상으로 올라가면 약정액의 1~2배를 약정한 환율에 매도해야 합니다. 예를 들어 어떤 기업이 1000만 달러를 1달러당 약정환율 1000원, 하한 950원, 상한

1050원으로 정해 은행과 키코 계약했다고 가정해봅시다. 만기 시 환율이 하단 범위 내인 960원으로 내려가더라도 이 기업은 약정환율 1000원을 적용받아 달러당 40원의 환차익을 누릴 수 있습니다. 또 만기 시 환율이 1040원이면 약정한 환율보다 높은 시장환율로 매도할 수 있어 이익을 얻게 되죠.

문제는 약정한 상하한 범위 밖으로 환율이 떨어지거나 치솟을 때입니다. 환율이 950원 밑으로 내려가면(녹아웃) 이 계약은 자동으로 무효가 됩니다. 계약한 업체는 그대로 환손실을 입게 되죠. 환율이 상한선을 뚫고 올라가면 더 큰 손실을 봅니다. 왜냐하면 키코 계약엔 보통 상한 이상으로 오르면 약정금액의 2배 이상을 팔아야 한다는 옵션이 붙기 때문입니다. 약정액 1000만 달러 외에 추가 1000만 달러를 오른 환율로 매입한 후 약정환율인 1000원으로 은행에 매도해야 하죠. 이런 구조라 환율이 미리 정한 상한선을 넘어가면 키코에 가입한 기업의 손실은 눈덩이처럼 커지게 되는 겁니다.

2008년 글로벌 금융위기 당시 키코에 가입했던 국내 중소기업들이 줄도산 위기에 처한 것은 바로 이런 이유 때문이었습니다. 환율이 하한과 상한 사이에서 변동한다면 기업에 이익을 안겨줄 수 있지만, 궁극적으로는 얻을 수 있는 이익에 비해 손실 위험성이 훨씬 큰 상품이었던 것이죠. 당시 키코 공동대책위원회가 파악한 바에 따르면 723개 기업이 환차손으로 약 3조 3000억 원의 손해를 입었다고 합니다.

#파생금융상품 #약정환율

――――――― '밀레니얼 세대'는 1980년대 초반~2000년대 초반 출생한 세대를 가리키는 말로, 정보기술(IT)에 능통하며 대학 진학률이 높다는 특징이 있다. 브랜드보다 실용성, 집단보다 개인의 행복에 집중하는 경향을 보인다.

한 시대 소비의 흐름을 이해하기 위해서는 소비문화를 주도하는 세대의 특징을 이해해야 합니다. 최근 경제활동의 중심으로 떠오른 세대는 밀레니얼 세대, 즉 1980~2000년 사이에 출생한 세대죠. 2020년 기준으로 20~40세의 연령대를 구성하는 밀레니얼 세대는 세계 경제에서 생산활동은 물론 소비에서도 핵심세력으로 부상했습니다. 2020년 이후 세계 노동인구의 35%를 차지하고, 이미 은퇴세대로 넘어간 베이비붐 세대를 대체해 새로운 소비문화를 이끌어갈 주역으로 평가받고 있죠.

밀레니얼 세대는 몇 가지 특징을 갖고 있는데요. 일단 대학 진학률이 높지만 평균적인 소득수준이 낮습니다. 이들 세대는 2008년 글로벌 금융위기 이후 사회에 진출했는데, 취업난과 일자리 질 저하 등을 겪었습니다. 대학 학자금 부담과 낮은 소득으로 인해 경제적 부담을 짊어지고 있습니다. 그 때문에 결혼이나 내 집 마련 등을 미루는 경우가 많습니다. 소유보다는 공유나 구독 중심의 소비 패턴이 형성된 것도 이 때문입니다. 연애·결혼·출산보다는 자신의 행복을 추구하며 다양한 취미생활을 즐깁니다.

밀레니얼 세대는 또 IT 기기와 소셜네트워크서비스(SNS) 사용에 친숙합니다. 이들은 청소년 때부터 인터넷을 사용하며 자랐기 때문에 스마트폰, 태블릿PC 등 모바일 기기 사용에 능숙하며, 인터넷 검색으로 많은 것을 해결하고, 구매 역시 IT 기기를 이용합니다. SNS를 통해 소통하고 자신을 표현하는 데 익숙하죠. 전통적인 마케팅 광고보다는 인스타, 페북, 블로그 등 SNS를 통해 개인적으로 얻은 정보를 신뢰합니다.

이들은 SNS를 통해 자신의 의사표현을 분명히 하고 적극적인 소비를 해나갑니다. 트렌드에 민감하지만 브랜드를 따라가기보다는 윤리적이고 합리적인 소비를 선호합니다. 아무리 유명한 제품 또는 기업이라도 갑질 논란, 부정한 가격인상, 제품 제조과정에서의 부정이나 환경오염 유발 등 기업윤리에 관한 이슈가 발생하면 SNS를 통해 빠르게 공유하고 불매운동을 벌이는 등 적극적인 소비를 통해 자신들의 존재감을 과시합니다. 밀레니얼 세대는 일상에 집중합니다. 직업적 성공보다 본인의 일상과 행복을 추구하고, 퇴근 후 라이프를 즐기죠. 불확실한 미래를 위해 희생하기보다는 현재를 즐기고 자신이 가치를 두고 있는 것에 과감하게 투자하는 경향이 짙습니다.

이런 밀레니얼 세대의 특성을 반영한 신조어들도 등장했는데요. 소소하지만 확실한 행복을 뜻하는 '소확행', 가격대비 심리적 만족도가 높다는 뜻의 '가심비', 일과 삶의 균형을 뜻하는 '워라밸(워크 라이프 밸런스 work and life balance)' 등이 있죠. 큰돈을 들이지 않으면서 만족감을 주는 작은 사치를 선호하는 세대라고 할 수 있습니다.

#베이비부머 #SNS #소확행 #가심비 #워라밸

154	크라우드 펀딩 새로운 시대의 새로운 투자방식

〜〜〜〜〜〜〜 '크라우드 펀딩'은 온라인을 통해 자금을 조달하는 방식을 말한다. 문화예술 활동이나 공익사업을 후원하는 후원형, 실현된 사업의 지분을 보상으로 받는 지분형, 자금을 대출해주고 이익을 받는 금융형 등이 있다.

2012년 4월 미국의 크라우드 펀딩 사이트 킥스타터에 시계가 하나 올라왔습니다. 손목에 차는 스마트폰인 '페블(Pebble)'이었습니다. 당시 페블을 개발한 회사는 미국의 신생기업이라 기존 금융권에서 자금을 융통하는 데 어려움을 겪고 있었습니다. 결국 페블은 생산자금을 모으기 위해 킥스타터에서 10만 달러를 목표로 모금을 진행했는데 놀랍게도 모금 시작 후 단 2시간 만에 목표액을 넘겼고, 최종 모금액은 무려 1000만 달러를 넘었습니다.

2000년대에 등장한 크라우드 펀딩은 온라인 플랫폼을 이용해 다수의 소액투자자로부터 투자를 유치합니다. 웹 기반이라 잠재적 투자자들에게 자금이 필요한 이유와 아이디어의 가치에 대해 쉽게 공유할 수 있었죠. 페블처럼 아이디어는 있지만 자금이 없는 예비 창업자들이나 창업 초기의 기업들은 크라우드 펀딩 플랫폼을 통해 사업계획을 홍보하고 자금을 조달하고 있습니다.

크라우드 펀딩은 진행하는 방식에 따라 후원형, 기부형, 대출형, 지분투자형(증권형) 등으로 나눕니다. 먼저 후원형은 대중의 후원으로 목표금액을 달성하면 프로젝트가 성공하는 방식입니다. 기부형은 보상을 조건으로 하지 않고, 순수한 기부 목적으로 지원합니다. 대출형은 개인과 개인 사이에서 이뤄지는 P2P 금융이라고 보면 됩니다. 소액대출을 통해 개인 혹은 개인사업자가 자금을 지원받고, 만기에 원금과 이자를 다시 상환해주는 방식이죠. 지분투자형은 이윤 창출을 목적으로 비상장 주식이나 채권에 투자하는 형태로, 투자자는 주식이나 채권 등의 증권으로 보상을 받습니다. 우리나라는 2011년에 후원·기부·대출형이 먼저 등장했습니다. 2016년 1월에는 처음으로 증권형 크라우드 펀딩이 도입됐죠.

국내의 대표적인 플랫폼 두 곳 중 하나인 와디즈(Wadiz)는 국내에서 가장 규모가 큰 크라우드 펀딩 플랫폼입니다. 후원형과 지분투자형을 동시에 갖춘 하이브리드형 크라우드 펀딩 사이트죠. 주로 아이디어 상품이나 벤처 기술 구현 위주의 프로젝트가 이곳에 올라옵니다. 다른 하나인 텀블벅(Tumblbug)은 대표적인 후원형 크라우드 펀딩 사이트로, 대부분 예술, 창작, 영화, 음악 등 문화예술과 관련된 프로젝트가 올라옵니다.

이 사이트에 접속한 예비 투자자는 등록된 프로젝트를 살펴보고 투자하고 싶은 프로젝트를 골라 중개사이트 계좌로 돈을 보냅니다. 해당 프로젝트가 목표금액을 달성하면 중개사이트는 수수료를 뗀 다음 생산자에게 돈을 전달하고, 해당 아이디어를 실제 제품 혹은 서비스로 구현하게 되는 거죠. 만약 모금기간 내에 목표액이 채워지지 않으면 모금참여자의 돈은 모두 돌려줍니다. 온라인 플랫폼의 발달이 우리 생활에 기여하는 좋은 사례입니다.

#자금조달방식 #소액투자 #스타트업 #창업자금

하루 10분, 키워드로 배우는

세상에서 제일 쉬운
경제 수업

2020년 10월 21일 초판 1쇄 인쇄
2020년 10월 28일 초판 1쇄 발행

지은이 | 김경민, 박혁진
펴낸이 | 이종춘
펴낸곳 | ㈜첨단

주소 | 서울시 마포구 양화로 127 (서교동) 첨단빌딩 3층
전화 | 02-338-9151
팩스 | 02-338-9155
인터넷 홈페이지 | www.goldenowl.co.kr
출판등록 | 2000년 2월 15일 제 2000-000035호

본부장 | 홍종훈
편집 | 조연곤
교정 | 주경숙
디자인 | 말리북
전략마케팅 | 구본철, 차정욱, 나진호, 이동후, 강호묵
제작 | 김유석
경영지원 | 윤정희, 이금선, 이사라, 정유호

ISBN 978-89-6030-568-7 13320

BM 황금부엉이는 ㈜첨단의 단행본 출판 브랜드입니다.

황금부엉이에서 출간하고 싶은 원고가 있으신가요? 생각해보신 책의 제목(가제), 내용에 대한 소개, 간단한 자기소개, 연락처를 book@goldenowl.co.kr 메일로 보내주세요. 집필하신 원고가 있다면 원고의 일부 또는 전체를 함께 보내주시면 더욱 좋습니다.
책의 집필이 아닌 기획안을 제안해주셔도 좋습니다. 보내주신 분이 저 자신이라는 마음으로 정성을 다해 검토하겠습니다.